长江边的名城

长江边的名城

程遂营 著

河南大学出版社
HENAN UNIVERSITY PRESS
·郑州·

图书在版编目（CIP）数据

长江边的名城 / 程遂营著. -- 郑州：河南大学出版社，2021.11

ISBN 978-7-5649-4919-8

Ⅰ.①长… Ⅱ.①程… Ⅲ.①长江流域－城市－介绍 Ⅳ.①K928.5

中国版本图书馆CIP数据核字（2021）第253871号

策划编辑 于华龙
责任编辑 陈　巧
责任校对 孙增科
封面设计 郭　灿

出　　版	河南大学出版社
	地址：郑州市郑东新区商务外环中华大厦2401号
	邮编：450046
	电话：0371-86059750（高等教育与职业教育出版分社）
	0371-86059701（营销部）
	网址：hupress.henu.edu.cn
排　　版	郑州市今日文教印制有限公司
印　　刷	河南文华印务有限公司
版　　次	2021年11月第1版
印　　次	2021年11月第1次印刷
开　　本	710mm×1010mm　1/16
印　　张	17.75
字　　数	251千字
定　　价	49.00元

（本书如有印装质量问题，请与河南大学出版社营销部联系调换。）

目 录 Contents

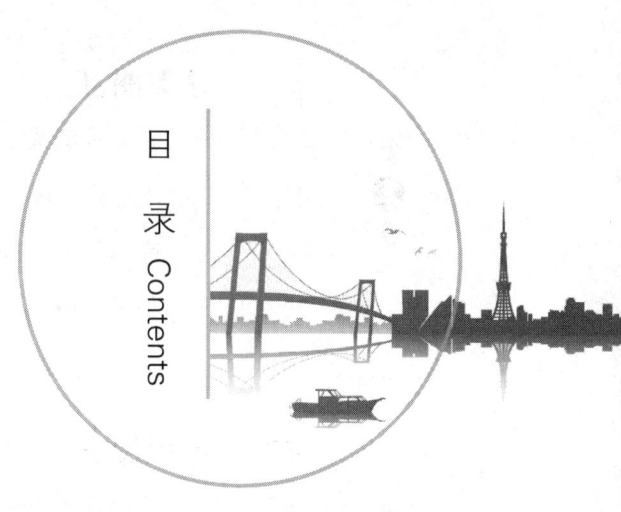

第一章

001　大江东去
005　一、"山高水长"与"自足乐活"
009　二、"地广水阔"与"忧患家国"
012　三、"诗意江南"与"儒雅倜傥"
015　四、"母亲河"的期盼

第二章

019　秘境玉树
022　一、通天河
025　二、女儿国
029　三、勒巴沟
035　四、嘛呢堆

第三章 寻美丽江

- 039 寻美丽江
- 042 一、高原紫禁城
- 045 二、木府好家风
- 047 三、徐霞客丽江行
- 052 四、茶马古道

第四章 革命遵义

- 057 革命遵义
- 060 一、北有孔子，南有尹珍
- 065 二、杨氏土司
- 068 三、钓鱼城
- 070 四、海龙囤

第五章 蜀都之光

- 075 蜀都之光
- 078 一、蜀王蚕丛
- 081 二、杜宇与杜鹃
- 084 三、太阳神鸟与青铜面具
- 086 四、五丁力士与金牛道

第六章 天府之国

- 091 天府之国
- 094 一、李冰履职蜀守
- 096 二、千古都江堰
- 100 三、天府之国的形成
- 102 四、繁华万里桥

第七章 107 芙蓉女儿

- 111 一、女校书
- 115 二、薛涛笺
- 118 三、卓文君与花蕊夫人
- 121 四、文翁与女性教育

第八章 125 风雨草堂

- 128 一、草堂落成
- 130 二、杜工部由来
- 133 三、歌咏成都
- 139 四、家国草堂

第九章 143 眉山苏家

- 146 一、"三苏"时期的眉山
- 149 二、眉山苏氏家族
- 153 三、程夫人教子
- 157 四、眉山现象启示

第十章 161 千年盐都

- 164 一、井盐鼻祖
- 166 二、胡慎怡堂
- 170 三、抗战井盐
- 173 四、灯会与盐井河

第十一章

179	**宜人宜宾**
182	一、宜宾由来
185	二、客家巨商周达元
188	三、西南第一馆
191	四、文化李庄

第十二章

195	**巴渝春秋**
198	一、巴蛇吞象
200	二、勇猛巴师
203	三、断头将军
205	四、吉祥重庆

第十三章

211	**川东锁钥**
214	一、王濬楼船下益州
216	二、金陵王气黯然收
220	三、名成八阵图
223	四、战火中重生

第十四章

227	**朝天码头**
230	一、朝天码头朝天子
232	二、码头工人与重庆火锅
235	三、苏轼惊险过三峡
239	四、川江号子

第十五章

243　巴山夜雨

246　一、阳春白雪与下里巴人
249　二、"巴山夜雨"与"剪烛西窗"
252　三、天风琴社里的外国人
256　四、"剪烛西窗"的高罗佩

第十七章

259　我住长江头

262　一、郦道元的三峡情
265　二、故宫的楠木来自哪里
268　三、麻乡约创业记
272　四、长征中的彝海传奇

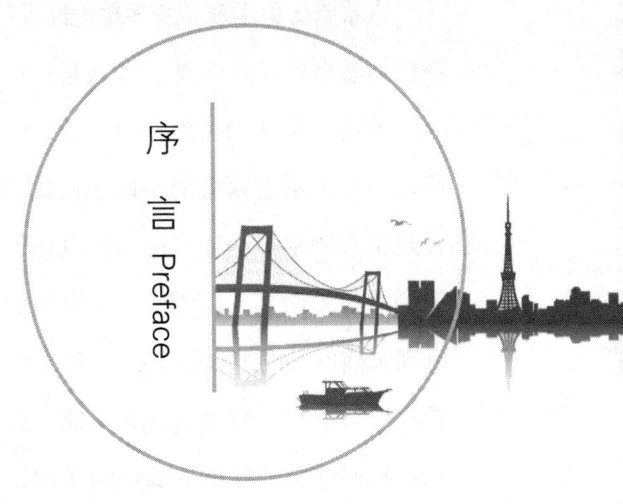

序言 Preface

我曾在不同场合就同样一个问题问过多人:"长江最主要的特点是什么?"绝大多数人的回答都是一个字"长"。仔细想想,这也没错!长江发源于"世界屋脊"的青藏高原,干流流经我国的青海、西藏、四川、云南、重庆、湖北、湖南、江西、安徽、江苏、上海11个省(自治区、直辖市),全长6378公里,是亚洲和中国第一长的河流。

我始终认为,在中华文明发展的历史上,大江、大河哺育大的城市和文明,中小江、河哺育中小城镇、乡村及其文明。而在所有大江、大河哺育不同城市和文明的过程中,长江和黄河是最慷慨的。在现代流行的"八大古都"中,长江和黄河哺育下的大古都就有西安、洛阳、南京、开封、安阳、郑州六座。长江哺育了成都平原、江汉平原、江淮平原和长江三角洲平原,孕育了上游的巴蜀文化、中游的荆楚文化和下游的吴越文化;长江流域的成都、重庆、荆州、长沙、武汉、安庆、南昌、南京、扬州、苏州等也成为我国古代城市中的佼佼者,盛极一时,独领风骚!也正是从这个意义上,我们才充满敬意地把长江和黄河一起称为中华民族的"母亲河"。

古希腊历史学家希罗多德曾经说过这样一句话:"埃及是尼罗河的赠礼!"我们当然也可以这样说:"中国是长江与黄河的赠礼!"

不过,长江和黄河一南一北、一"长"一"黄"、一"江"一"河",毕竟还是昭示着两者的不同。在我的脑海里,一想到黄河,不由自主地就会浮现出奔腾咆哮的壶口瀑布的画面,就会想到李白的"黄河之水天上来,奔流到海不复回"、王维的"大漠孤烟直,长河落日圆";而一想到长江,浮现在眼前的,则是三峡的美景,是李白"朝辞白帝彩云间,千里江陵一日还""孤帆远影碧空尽,唯见长江天际流"的情景。人是有个性的,江河又何尝不是如此!同样雄浑壮阔的长江与黄河,因为水量和水质的差异、流域内地质地貌的不同以及水上交通运输能力的高下,便显示出了不同的特性。

我生长在黄河与长江之间的淮河流域,工作以后长期生活在黄河岸边的古都开封,随时都可以约上三五好友或带上家人拜谒城北9公里以外的黄河。但如果从时序上来说,在见识黄河之前,我早早就结缘了长江。

1984年,我考上了位于武汉的华中师范大学。丹桂飘香的金秋时节,我来到江城武汉,第一次看到了浩浩的长江,并在武汉长江大桥上留下了在武汉求学的第一张照片。在美丽的桂子山,我写了第一篇赞美长江的广播稿,第一次大着胆子登台演讲,第一次学习跳舞,学会了唱第一支歌。

1986年,我们年级组织外出考察,提供了两条路线供大家选择:一条是西北黄河流域的西安、敦煌,另一条是长江上游的成都、重庆。我毫不犹豫地选择了后者,有幸拜谒了成都武侯祠、杜甫草堂、都江堰,登上了青城山。返程时,又从重庆乘坐游轮顺江而下,第一次欣赏到了秀丽的三峡。

也许是上天的安排,大学毕业十年之后的1999年,我又来到了长江下游的古都南京,在南京大学攻读博士学位。本科和博士期间在长江之滨前后7年的生活经历,令我再也挥不去脑海中对长江的记忆。

从2014年起,我在央视《百家讲坛》先后播讲了"六大古都""黄河上的古都""丝路上的古城"三个系列节目,算是"古都、古城系列"吧。后来,这三个系列讲座分别以《程遂营讲六大古都》《黄河上的古都》《丝绸之路上的古城》《海上丝路古城》四本书的形式公开出版。一些关心"古都、古城系列"节目的朋友偶尔会问我："程老师，你讲了黄河，为什么不讲讲长江呢？"所以，我始终觉得欠长江一个交代。

其实，讲过"黄河上的古都"后，我就有接着讲长江系列节目的打算。但考虑到"一带一路"与古代丝绸之路的密切关联，我尝试从特殊视角解读"一带一路"的重大意义，所以，就有了"丝路上的古城"系列节目的策划和播出。2021年，央视《百家讲坛》栏目进行新选题策划，我在与编导老师商议后，决定把"长江边的名城"系列节目列入议程，并获得栏目组领导审批。我心里异常欣慰，终于有机会以特有的方式回报长江母亲了！

长江沿岸的古都不少，但数量更多的是历史文化名城。所以，我觉得把这个系列节目定名为"长江边的名城"应该是比较合适的。同时，我个人认为，长江边的名城有这么几个特点：一是数量比较大。熟悉长江的朋友都知道，长江不仅源远流长，而且上中下游的支流也特别多。在长江干支流城市中，仅仅冠以国家级和省级"历史文化名城"的就有几十座，数量很大。二是文化有差异。比如，以上游的成都、重庆为核心形成了巴蜀文化圈，以中游的荆州、武汉、长沙为核心形成了荆楚文化圈，以下游的南京、苏州为核心形成了吴越文化圈。还有玉树的藏文化、丽江的滇文化、遵义的黔文化、汉中的秦巴文化、南昌的赣文化，以及上海的海派文化等。同时，作为蜀文化代表的成都与巴文化代表的重庆即使同处巴蜀文化圈，其文化也存在差异性；即使同处荆楚文化圈的长沙和武汉、同处吴越文化圈的南京和江苏，也有不同的城市文化。三是关联性较强。和黄河不同的是，自古至今，长江上中下游之间都能通航，这才有了成都杜甫草堂附近"门泊东吴万里船"的情景，有了李白从武汉黄鹤楼"烟花三月下扬州"的水上旅行。所以，历史上，便利的长江航运使上中下游名城之间的物资、信息和人员交流从来不曾停止过，长江上中下游城市之间的关联性特别强，互通有无、相互提携、相得益彰，在一定意义上形成了跨越时空的城市命运共同体。

为了较为详细地解读长江名城、辨析长江文化，我在讲座里把长江边的名城按上、中、下游分为三个部分进行讲解，而且对于成都、重庆、长沙、武汉、南昌、南京、上海等部分大都市分多集进行探讨。尽管如此，由于篇幅限制并考虑到与长江关系的紧密程度，还是有不少颇具特色的长江干支流名城没能涉及，留下了一些遗憾。

本书是在央视《百家讲坛》系列节目"长江边的名城"（第一部）的基础上加工而成的，涉及玉树、丽江、遵义、成都、眉山、自贡、宜宾、重庆八座城市。考虑到成都、重庆文化的厚重性，分别用了四集内容加以解读；再加上一个总前言和上集的小结，所以，本书就由十六个部分组成。

城市是千面的，也是千变的；城市是有个性的，更是有精神内涵的。尽管我曾不止一次地用脚步去丈量长江城市的悠久历史，去品味长江城市的厚重文化，但我知道，呈现在大家眼前的这本册子，仍然只代表这些长江名城的部分光彩。就如同长江一样，尽管我们品读它已经数千年，但谁又能说彻底读懂了长江！

所以，这本册子只是对长江岸边部分名城的一帧素描。如果大家能够从中有所得、有所悟，于愿足矣！

2020 年 10 月 18 日
于开封仁和小区

第一章

大江东去

城市文化自测题

1. 长江干流全长6300多公里，从长度上居于世界_____。

   A. 第一位　　　　B. 第二位　　　　C. 第三位　　　　D. 第四位

2. "夜郎自大"这个成语典故出自_____。

   A. 秦始皇时期　　B. 汉高祖时期　　C. 汉武帝时期　　D. 魏武帝时期

3. "人人尽说江南好，游人只合江南老"出自《菩萨蛮·人人尽说江南好》，其作者是_____。

   A. 韦庄　　　　　B. 元稹　　　　　C. 白居易　　　　D. 苏轼

4. 我国第一大淡水湖是_____。

   A. 青海湖　　　　B. 洞庭湖　　　　C. 鄱阳湖　　　　D. 太湖

5. 据统计，长江流域的水资源总量、粮食产量、生产总值、人口总数等均占全国总数的_____。

A. 1/5 左右　　　B. 1/4 左右　　　C. 1/3 左右　　　D. 1/2 左右

参考答案

1.C　2.C　3.A　4.C　5.C

开篇的诗

长江之歌

胡宏伟

你从雪山走来,春潮是你的风采;

你向东海奔去,惊涛是你的气概。

你用甘甜的乳汁,哺育各族儿女;

你用健美的臂膀,挽起高山大海。

我们赞美长江,你是无尽的源泉;

我们依恋长江,你有母亲的情怀。

你从远古走来,巨浪荡涤着尘埃;

你向未来奔去,涛声回荡在天外。

你用纯洁的清流,灌溉花的国土;

你用磅礴的力量,推动新的时代。

我们赞美长江,你是无尽的源泉;

我们依恋长江,你有母亲的情怀。

[注]长江发源于世界屋脊的青藏高原,干流流经青海、西藏、四川、云南、重庆、湖北、湖南、江西、安徽、江苏、上海11个省(区、市),最后注入东海。同时,数百条支流延伸至贵州、甘肃、陕西、河南、广东、广西、浙江、福建等8个省(区)。干流全长6300多公里,仅次于尼罗河和亚马孙河,居于世界第三位。长江哺育了沿岸的土地和人民,也哺育了沿岸的众多城市,所以,被沿岸人民亲切地称为"母亲河"。

《长江之歌》创作于1984年,是中央电视台纪录片《话说长江》的主题曲,由胡宏伟作词，王世光作曲。这首歌又是一首优美的抒情诗，表达了中国人民与长江的紧密联系和深厚情谊，曾经长期在大江南北流行。

我生长在黄河与长江之间的淮河流域，长期工作在黄河岸边的古都开封。但在见识黄河之前，我就早早与长江结了缘。30多年前，我考上了位于江城武汉的一所大学，第一次看到了浩浩的长江，并在武汉长江大桥上留下了大学时期的第一张照片。那时候，正赶上中央电视台播出大型纪录片《话说长江》，校园广播站几乎每天都要播出优美的《长江之歌》：

> 你从雪山走来，
> 春潮是你的风采；
> 你向东海奔去，
> 惊涛是你的气概。
> 你用甘甜的乳汁，
> 哺育各族儿女；
> 你用健美的臂膀，
> 挽起高山大海。
> ……

——胡宏伟《长江之歌》

这首歌歌词生动，曲调优美，每次聆听都使我如痴如醉，感慨万千。

我还记得，大学期间，我们年级组织外出考察，提供了两条路线供大家选择：一条是大西北黄河流域的西安、敦煌，另一条是长江上游的成都、重庆。我选择了后者，有幸拜谒了都江堰、杜甫草堂，登上了青城山，饱览了山城重庆风光。返程时，又从重庆乘坐游轮顺江而下，第一次欣赏了秀丽的三峡。也许是上天的安排！大学毕业10年之后，我又来到了长江下游的古都南京，攻读博士学位。这样掐指一算，大学和博士期间我总共在长江之滨前后呆了7年时间。这一段生活经历，加上后来又无数次游览、参观长江流域的一些城市，使长江成为我脑海中再也抹不去的美好记忆。

我始终认为，在中华文明乃至世界文明发展的历史上，大江、大河哺育大的城市和文明；中小江、河哺育中小城镇、乡村及其文明。而在我国所有大江、大河哺育不同城市和文明的过程中，长江和黄河是最慷慨的。就长江而言，她哺育了成都平原、江汉平原、江淮平原和长江三角洲平原，孕育了上游的巴蜀文化、中游的荆楚文化和下游的吴越文化；长江流域的成都、重庆、长沙、武汉、南昌、南京、苏州、上海等也成为我国古今城市中的佼佼者。

我还认为，城市是文明的重要载体。为了表达对母亲河长江的敬意，从现在开始，我将和大家一起走进长江边众多的历史文化名城，其中既包括大都市成都、武汉、上海等，也包括遵义、岳阳、扬州等中等城市，同时也会讲到玉树、乌镇、瑞金等小城镇，兼顾长江上下游、左右岸、干支流不同区域的城市，去品味博大精深的长江文明。

首先和大家交流一下我对长江名城的总体印象，算作系列讲座的开篇吧。就我个人的理解而言，我觉得可以用三句话来分别简要概括长江上、中、下游地理环境和城市文明的特点，即"山高水长与自足乐活""地广水阔与忧患家国""诗意江南与儒雅倜傥"。下面，我们就先从长江上游的城市文明说起。

一、"山高水长"与"自足乐活"

长江上游指从青藏高原的长江源头到湖北宜昌这一段。我把这一段的地理环境特点概括为"山高水长"，把长江上游城市文明的特点概括为"自足乐活"。

为什么这么说呢？

长江上游全长4500多公里，占了长江干流总长度（6300多公里）的70%以上。主要支流有沱沱河、岷江、嘉陵江、乌江、雅砻江，以及大渡河、赤水河等，流经青海、西藏、四川、云南、重庆、贵州、湖北等7个省（直辖市、自治区）。长江上游流经地区多以高原、山地、盆地为主，青藏高原、云贵高原、横断山脉、大巴山脉、四川盆地等都在这个区域。这不就是"山高"嘛！长江上游干流长度占了长江总长度的70%以上，再加上众多支流，这不就是"水长"嘛！

"山高水长"意味着什么？

意味着高山阻隔、大河拦路。大诗人李白青少年时期生活在四川盆地，他曾慨叹道：

噫吁嚱！危乎高哉！
蜀道之难，难于上青天！
……
尔来四万八千岁，不与秦塞通人烟。

——李白《蜀道难》

李白告诉我们，上青天有多难，进出蜀地（即今四川盆地）就有多难！交通极其不便，再加上古代信息通信不发达，给生活在这里的人们带来什么样的影响呢？

一是相对封闭。很多人都知道"夜郎自大"这个成语典故，用来比喻那些狂妄自大、无知肤浅的人。典故出自司马迁的《史记·西南夷列传》，其中有这么一段话：

西南夷君长以什数，夜郎最大。其西，靡莫之属以什数，滇最大。……于是天子乃令王然于、柏始昌、吕越人等，使间出西夷西，指求身毒国。……滇王与汉使者言曰:"汉孰与我大?"及夜郎侯亦然。

——《史记·西南夷列传》

这段话的意思是说,在汉朝初年的时候,在西南夷数十个君长里,夜郎侯的势力最强大;在夜郎以西靡莫等数十个君长里,滇王的势力最强大。汉武帝时期(公元前122年),为了寻找通往身毒(今印度)的通道,派遣使者王然于、柏始昌、吕越人等到达西南夷的云南和贵州等地区,见到了滇王和夜郎侯。当时,云南和贵州一些少数民族往往以一座城市为中心,割据一方,自称王、侯,对外面的世界知之甚少。所以,滇王和夜郎侯都向汉朝使节提出了同样的问题:"和汉朝相比,滇国或者夜郎国哪个更大呢?"在今天看来,这是一个连小学生都觉得可笑的问题,但两千多年前的滇王和夜郎侯却并不觉得可笑,因为他们真的不了解外面的世界,不知道汉朝有多么广大!"夜郎自大"这个成语就是这么来的,今天用来比喻那些狂妄无知、自负自大的人。

大家知道,滇是云南的简称,那么,夜郎国在哪里呢?

史书记载,夜郎国是贵州境内的少数民族建立的政权,大约存在了300多年,到西汉末年汉成帝(公元前33—前7年在位)时被中原王朝所灭。古夜郎国到底在哪里?这是一个有争议的问题。综合各种文献和考古资料,我个人比较倾向于在今天以遵义为中心的地区。遵义在长江上游的赤水河畔,"夜郎自大"不就很形象地说明了西南地区的封闭性嘛!

二是自足乐活。道路和信息的不通造成了长江上游城市文明的相对独立发展。在这个区域,长江既孕育了以成都为中心的蜀文化,以重庆为中心的巴文化,也孕育了黔、滇、藏文化的一部分。它们或依托大平原比如成都平原,或依托小的山间盆地、谷地建立城市,发展农业、畜牧业或渔业,往往能够自给自足,自得其乐。我觉得,"夜郎自大"本身也透着某种意味的自得其乐。

而据史书记载,都江堰工程建成后,成都平原:

水旱从人,不知饥馑,时无荒年,天下谓之天府也。

——《华阳国志·蜀志》

解决温饱问题一直都是中国人的梦想,而自从都江堰开凿成功以后,成都平原就成了没有荒年的"天府"之地,老百姓"不知饥馑",再也没有尝过饿肚子的滋味了。再加上美味的川菜、火锅,以及茅台镇的茅台、宜宾的五粮液等众多美酒,颇有一种古代小康的感觉,生活在这里的人们有足够的资本关起门来自得其乐。

前些年,有一个网传的说法:如果乘坐飞机经过成都的上空,就能闻到川菜的香味,听到噼里啪啦打麻将的声音。当然,这种说法有些夸张,带有一定调侃意味。但既然有这种传闻,也应该是有些依据的。从30多年前上大学到现在,我几次到成都,似乎都能从那里人们热情、开朗、闲适的个性中看到自足乐活的影子。

不过,试图对外交往、了解外部世界是人的天性,所以,怎么走出去成为"山高水长"的大西南必须面对的问题。当然,最便利的莫过于利用长江了。其实,长江上游的干流和很多支流都有良好的通航条件,在三千多年以前,这里的人们便开始利用长江进行人员和货物运输了。大诗人杜甫住在成都时有一首诗说:"窗含西岭千秋雪,门泊东吴万里船。"诗中的"万里船"富含深意:一方面指从万里之外的东吴,也就是长江下游的南京航行来到成都的船只;另一方面,还暗指停泊在万里桥码头的船。三国时期,诸葛亮为了联吴抗曹,曾派大臣费祎出使东吴。临出发时,诸葛亮亲自为费祎送行。费祎深知责任重大,所以,将要登舟之时,站在桥头,握住诸葛亮的手说:"万里之路,始于此桥。"(李吉甫《元和郡县志》)万里桥从此得名。万里船、万里桥,说明了长江带给成都的便利水上交通条件。

可以想象，如果没有长江的水上交通，不知道还会有多少"夜郎国"！而一个个像万里桥这样的码头，沟通了长江上游与中游、下游，甚至海外，"山高水长"的蜀道才不再艰难，长江上游的成都、重庆、遵义、丽江等名城才具备了发展繁荣的交通基础。

二、"地广水阔"与"忧患家国"

从湖北宜昌到江西湖口是长江的中游。这一段总长950多公里，占长江干流总长度的不足15%。但就是在这样一个不长的区域，却哺育出了以湖北、湖南为核心的荆楚文化，江西的赣文化，还有少部分支流涉及秦巴文化以及中原文化。

我把长江中游的地理环境特点概括为"地广水阔"，把长江中游的城市文明特点概括为"忧患家国"。

谈到"地广水阔"，我常常想起宋朝词人柳永的词作《雨霖铃·寒蝉凄切》中的这么几句话：

> 执手相看泪眼，竟无语凝噎。
> 念去去千里烟波，暮霭沉沉楚天阔。
>
> ——柳永《雨霖铃·寒蝉凄切》

还有，毛泽东主席在武汉横渡长江的时候创作的一首词《水调歌头·游泳》里有这么几句话：

> 才饮长沙水，又食武昌鱼。
> 万里长江横渡，极目楚天舒。
>
> ——毛泽东《水调歌头·游泳》

两首词中，前一首说到了"楚天阔"，后一首说到了"楚天舒"。"阔"和"舒"都表达了广阔无垠的意思。为什么说楚天广阔无垠呢？春秋战国时期，以今荆州为核心，建立了楚国。楚国势力最大的时候，几乎囊括了长江中下游的所有地区，与黄河流域的众多诸侯国相抗衡。所以，人们就把以楚国为核心的这个区域形成的文化称为楚文化，或荆楚文化。"水阔"怎么讲呢？在荆楚文化区域内，有长江的干流和汉水、湘江、赣江等众多支流，以及浩渺无垠的云梦泽、八百里洞庭湖以及鄱阳湖等众多湖泊，这不是典型的"地广水阔"嘛！

那么，这个区域的城市文明有什么样的独特之处呢？

我们首先得提到一位爱国诗人，他的名字叫屈原。屈原是今宜昌秭归人，曾任战国时期楚国的三闾大夫，兼管内政外交。当时，秦国异军突起，对其他六国虎视眈眈，楚国面临着随时被秦国吞并的严重危机。在此形势下，屈原屡次上书楚怀王，指出楚国内政、外交、军事方面的问题，试图挽救楚国危局。但屡次进谏，都无果而终，还受到排挤被流放。眼睁睁看着自己的祖国一步步走向败亡，而又无力营救，屈原万分忧伤。最后，投汨罗江自尽。在屈原死后50多年，楚国被秦国灭亡。但他在《离骚》中表达的"路漫漫其修远兮，吾将上下而求索"（《离骚》第97句）这种充满忧患意识和家国情怀的词句，却为荆楚文化奠定了基本的价值取向。

在屈原之后，对荆楚忧患文化形成具有里程碑意义的莫过于这么一句话："先天下之忧而忧，后天下之乐而乐。"这句话是宋代词人范仲淹在《岳阳楼记》中留下的名言。和屈原一样，范仲淹也是一位爱国的政治家，他曾主持北宋的"庆历新政"，试图刷新吏治、重振朝纲。但在朝廷守旧势力的排挤下，新政失败，范仲淹被贬谪外放。这时候，他的好朋友，也是"庆历新政"的支持者滕子京谪守巴陵郡，巴陵郡也就是今天的湖南岳阳，重修岳阳楼。楼成之后，请范仲淹写了《岳阳楼记》，由此留下了那句传诵千古的名言。

我觉得，正是因为有像屈原、范仲淹这样的人以及他们饱含家国情怀的人生经历和文学作品，才最终把荆楚文化定格在了"忧患家国"上。

历史的实践证明，在这种忧患意识、家国情怀的长期熏染下，荆楚文化后来迸发出强大的力量。特别是在近百年的历史上，可以说"一鸣惊人"，力挽狂澜。

中国近现代史上具有重大历史转折意义的大事件几乎都与荆楚文化有关。比如，晚清时期，湖南长沙府湘乡人曾国藩组织湘军，镇压了太平天国运动，挽救了清朝将要灭亡的命运。而后，曾国藩倡导的洋务运动，又成为中国向西方全面学习的一个标志，推动中国走向近代工业文明。这是第一件事。

第二件事，1911 年，在湖北武昌爆发了孙中山领导的辛亥革命，推翻了清朝的腐朽统治，彻底埋葬了封建社会，开启了中国历史的新纪元。

第三件事，1927 年 8 月 1 日，周恩来、贺龙、朱德、刘伯承、叶挺等在江西南昌发动起义，打响了武装反抗国民党反动派的第一枪。而后，朱德又率领南昌起义部队到井冈山和毛泽东会合，在井冈山建立革命根据地，并最终埋葬了蒋家王朝，建立了社会主义新中国。8 月 1 日这一天，成为中国工农红军即后来的中国人民解放军的建军节。

在这个过程中，荆楚文化中不顾个人生死、安危，舍弃小家、心怀国家的"忧患意识"及表现出来的精明、智慧、务实、坚韧、不拘小节、一往无前的个性特点展露无遗，湖南长沙、湖北武昌、江西南昌等历史文化名城也被载入史册。

历史往往有惊人的巧合！2020 年初，一场突如其来的新冠疫情降临荆楚大地。英雄的武汉人民众志成城，付出了巨大牺牲，再一次经受住了这次史无前例的疫情的考验，也再次验证了荆楚大地"忧患家国"的博大情怀。

三、"诗意江南"与"儒雅倜傥"

长江在江西湖口至上海为下游，全长930多公里，和中游的长度差不多。这个区域形成了以江苏、浙江为核心的吴越文化，另外还有以安徽为中心的徽文化、以上海为中心的海派文化。

说起长江下游文化，人们往往会想起当年吴越争霸的故事，谈到吴王夫差爱江山更爱美人造成的国破家亡，以及越王勾践的卧薪尝胆。今天，如果我们放下吴越的成败不论，细细观察，就会发现，当年的吴越具有和其他的诸侯国完全不同的自然环境。史书里把它描述为：

水行而山处，以船为车，以楫为马。

——《越绝书》卷八

也就是说，对于吴越人，行在水上，住在山里。舟船和船桨就相当于北方人的车和马，人们之间的交通往来都要依靠船。所以，当年吴越争霸的胜负主要取决于水军的强弱。

船多是因为水多。长江下游河道宽阔，水流平缓，非常适合水上交通运输。同时，长江下游南岸以太湖为中心，有大量的湖泊、沼泽。利用这些湖泊、沼泽，吴王夫差时期开凿了数段运河，京杭大运河里连接淮河和长江的邗沟也是吴王夫差最早组织开凿的。隋炀帝时期，把我国的海河、黄河、淮河、长江和钱塘江五条大河连为一体，开通了京杭大运河。从此以后，借助便利的水上交通优势，吴越地区的经济、文化得到了快速发展，长江下游城市群也以崭新的面貌登上中国历史舞台。那么，这种崭新的城市面貌呈现出什么色彩呢？

我个人倾向于用"诗意江南"来形容这种城市面貌。也就是说，"小桥流水人家""杏花春雨江南"的美好意象和长江下游城市群关联起来，成了留给中国人的特有印象。这种印象从大量唐宋诗篇中都有明显的反映。

> 江南好，风景旧曾谙。
> 日出江花红胜火，春来江水绿如蓝。
> 能不忆江南？
> ——白居易《忆江南》（其一）

这是白居易的《忆江南》中的三首诗中的第一首。

> 人人尽说江南好，游人只合江南老。
> 春水碧于天，画船听雨眠。
> ——韦庄《菩萨蛮·人人尽说江南好》

这是韦庄的《菩萨蛮·人人尽说江南好》。

> 春江潮水连海平，海上明月共潮生。
> 滟滟随波千万里，何处春江无月明！
> ——张若虚《春江花月夜》

这是张若虚的《春江花月夜》。

> 京口瓜洲一水间，钟山只隔数重山。
> 春风又绿江南岸，明月何时照我还。
> ——王安石《泊船瓜洲》

这是王安石的《泊船瓜洲》，等等。

这种"诗情画意"的江南意象已经成为吴越文化的标志,深深植根于中国传统文化中。而且,你很难把这种意象和其他区域文化联系起来。

同时,以富足的经济和相对发达的文化、教育作为基础,江南城市群表现出不同于长江中、上游城市的文化特点。我个人喜欢把这种文化特点概括为"儒雅倜傥"。也就是说,在诗情画意的江南意象中熏染出来的吴越城市文化带有一种精致儒雅、风流倜傥,甚或略带时尚奢靡的特点。

三国时代的东吴大将周瑜,面对百万曹军,临危不惧,从容应对,"羽扇纶巾,谈笑间,樯橹灰飞烟灭"(苏轼《念奴娇·赤壁怀古》),取得了赤壁大战的胜利,奠定了三足鼎立的格局。

东晋时期的宰相谢安,面对前秦苻坚带领的百万大军,周密部署,运筹帷幄,以少胜多,取得了淝水之战的胜利,挽救了东晋王朝的命运。史书记载,在大敌当前、激战正酣的时候,他为了稳定后方人心,竟然和大臣从容饮茶对弈,甚至弈棋赌墅,也就是通过下棋赌输赢,而赌资是各自的山间别墅,成为历史上临危不惧、泰山崩于前而色不变的代表人物。

就连国破家亡做了大宋俘虏的南唐后主李煜,也没有泯灭江南文化给予他自身的特有气质和才华,留下了"问君能有几多愁,恰似一江春水向东流"(李煜《虞美人·春花秋月何时了》)这样的千古绝唱。

儒雅倜傥的气质和才情在周瑜、谢安、李煜这些人身上展现无遗。

春秋时期的管子讲过一个道理:"仓廪实而知礼节,衣食足而知荣辱"(《管子·牧民》)。意思是说,你不可能让一个连肚子都吃不饱的流浪汉讲求礼仪、尊严。相应地,儒雅倜傥的个性特点也必须建立在雄厚的经济基础之上。所以,我们注意到,历史上,"鱼米之乡""上有天堂,下有苏杭""苏湖熟,天下足"等描绘的不正是江南的富庶吗?纵横捭阖于明清时期的徽商及其商业资本不是也主要云集在扬州、苏州、乌镇等城镇?就连康熙和乾隆不是也因羡慕江南繁华,而多次南下巡游吗?就这样,一个建立在富足、繁华基础上、"儒雅倜傥"甚至略带奢靡的"诗意江南"传播开来,深入人心。

四、"母亲河"的期盼

大家知道,中国人最讲求孝道。而生养我们的"母亲"在中国人的心目中是最亲切、最尊贵、最饱含深情的称谓。我们往往把祖国、把大地比喻为我们的母亲,再就是把长江和黄河比喻为中华民族的"母亲河"。此外,我们很少把这个高贵的词语用于其他方面。在谈论中国文化的时候,很多人喜欢把长江和黄河放在一块进行对比,而我们讲"长江边的名城"也有必要对这个问题做出回应。

从共性方面来讲,长江和黄河是我国排名前两位的大河。长江干流全长6300多千米,是中国第一长的河流。黄河干流全长5400多千米,是仅次于长江的第二长河。长江和黄河流经我国2/3左右的省(直辖市、自治区),用甘甜的乳汁哺育了众多平原、草原、土地、城市和人民。没有这两条大河的滋养,就没有中华民族的昨天、今天和明天!

我觉得,黄河文化与长江文化没有绝对的优劣之分,但有发展先后之别。

黄河处于北方,而长江处于我国南方,由于气候、环境、人口等方面因素的不同,两条大河所孕育的文化在发展历程中也有明显的差异。

尽管在长江上游也出现了三星堆文明、下游也出现了良渚文明等多种文明形态,但总体来说,黄河流域的文明比长江流域文明较早进入了繁荣昌盛时期,夏、商、周、秦、汉、隋、唐,直到北宋,在长达三千年左右的时间里,黄河文明发展的高度都超过长江流域,国家的政治、经济和文化中心长时间保留在北方黄河流域的各大城市。但这种局面在魏晋南北朝以后,已经在悄然发生着变化。

促成这种变化的原因是什么呢?

首先跟粮食作物有关。古代中国以农业立国,民以食为天,粮食就是国家的命脉。黄河流域的粮食作物以粟,也就是小米为主,兼有麦、豆等。长江流域则以稻为主,兼有渔、猎。粟、麦、豆都是半干旱粮食作物,非常适宜在黄河流域黄土地带种植。而且，种植过程也相对简单，播种、灌溉、施肥、收割就可以了。稻子适宜于在温暖湿润、水源丰富的地区生长，栽培技术和种植过程则比较复杂，除草、插秧、中耕，雨季要放水排水，干旱时则需要灌溉，费时费力，技术复杂。没有精耕细作，很难有较高的产量。如果同样靠天收获，耐干旱的粟作植物当然要比技术要求复杂的稻作植物更容易些。简单地说，靠天吃饭的话，这里比较容易养活人。

其次与劳动力有关。在中华文明早期，黄河中下游地区集中了我国绝大部分人口。这个地区的农业生产在战国、秦、汉时期就已经达到比较高的水平，铁犁牛耕、精耕细作已经非常普遍。而江南地区则地广人稀，"饭稻羹鱼"，劳动生产率一直不高。司马迁在《史记》里说这里的人们：

江淮以南，无冻饿之人，亦无千金之家。

——《史记·货殖列传》

江淮以南地区的人们，饿不着，但也不富裕，很少有富有千金的家庭。

到了魏晋南北朝时期，黄河中下游地区战争不断，动荡不安。于是，中原地区大量人口向江、浙、皖、赣等长江下游一带迁徙。东晋末年、唐末五代、两宋之际和明清之际是几次大规模的移民时期，从北方迁移到南方的人口少的几十万，多的时候达数百万。大量人口迁移到南方，不仅给江南提供了充足的劳动力，也带来了先进的农业生产技术，大大提高了江南的稻作农业生产力水平。所以，到了唐宋之际，以江、浙为中心的吴越地区就取代黄河中下游地区，成为我国新的经济重心。大运河开通后，我国的政治中心仍然保留在北方，而经济、文化中心却在江南。数不清的粮食、物资通过大运河运输到北方，维系着封建国家的一统江山，这种局面一直持续到清朝灭亡。

所以，我个人认为，长江和黄河就像一对双胞胎姊妹，相依为命、心心相通；长江和黄河文化就像中华文明的双璧，相得益彰、交相辉映，都为中华民族的形成、发展和繁荣做出了无可替代的重要贡献。我们应该一视同仁，而不能厚此薄彼。

不过，中华民族在长江和黄河流域的活动已经有数千甚至上万年的历史，流域内的自然和人文状况发生了巨大变化。而我们把长江、黄河称作"母亲河"，其实意味着很多很多。

首先，母亲是生命体，既然有生命，就可能有患病的时候。比如说，人类在长江流域的大规模生产活动和过度开发，已经造成长江流域水土流失、水质污染、湖泊萎缩和环境退化。被誉为"八百里洞庭"的洞庭湖，乃是我国第二大淡水湖（第一大淡水湖是长江下游的鄱阳湖），湖面最大时有1.2万平方千米。但由于围湖造田，到了清朝末年，已经缩小一半，只剩下大约6000平方千米；到1949年，再缩小到4300多平方千米。到20世纪90年代末，湖面只有不足2700平方千米，只剩下了她最大面积时的1/5多一点儿，蓄洪、调节、通航能力大大降低。被誉为"白银盘里一青螺"（刘禹锡《望洞庭》）的君山（洞庭山），甚至已经和湖岸相连，真是触目惊心。我们的母亲河病了，病得还不轻，我们必须正视这个现实，"共抓大保护，不搞大开发"迫在眉睫。

其次，母亲河也不仅只有人类这一个独生子女。一切长江流域的土地、动物、植物、微生物，都需要长江母亲的乳汁来哺育。白鳍豚、中华鲟、藏羚羊、熊猫等都应该和人类一样有它们天然的生存空间。人类虽然处在长江生物链的最顶端，享有优先权，但优先权并不等同于垄断权，我们不能完全剥夺其他子女生存的权利。

老子说"上善若水"，长江是一位默默无语的善良的母亲。孔子说"逝者如斯"，人的生命是短暂的，而长江是世世代代奔流不息的。据统计，长江流域的水资源总量、粮食产量、生产总值、人口总数等均占到全国总数的1/3以上，长江经济带被公认为我国经济最发达、最有活力、最有潜力的地区之一。所以，对待哺育了我们几千年、上万年，又肩负着中国未来命运和前途的母亲河，不能只叫在嘴上，而应该全身心地用行动去感恩、去崇敬、去关心、去呵护！

  我觉得，作为一条大河，长江最好的状态就是碧水东流，生机勃勃，两岸人类、植物和动物和谐共处！我坚信，这是长江母亲的愿望，是现代人的愿望，更是中华民族子子孙孙的共同愿望！

第二章

秘境玉树

城市文化自测题

1. 玉树平均海拔超过_____。

   A. 5000米　　　B. 4000米　　　C. 3000米　　　D. 2000米

2. 《西游记》第47回说到,唐僧师徒西天取经被一条大河拦住了去路。河边石碑上刻着两行字"径过八百里,亘古少人行"。这条大河是_____。

   A. 通天河　　　B. 流沙河　　　C. 黑水河　　　D. 子母河

3. 唐蕃和亲,文成公主远嫁松赞干布,唐太宗派出的送亲使节是_____。

   A. 李靖　　　　B. 李绩　　　　C. 李道宗　　　D. 李孝恭

4. "自从贵主和亲后,一半胡风似汉家"(《陇西行》)说明文成公主和松赞干布和亲后中原文化对藏族文化的深刻影响。诗的作者是_____。

   A. 高适　　　　B. 陈陶　　　　C. 李益　　　　D. 曾参

5. 在藏语里,"玉树"的意思是_____。

A. 吉祥如意　　　B. 高原　　　　　C. 货物集散之地　　D. 遗址

参考答案

1.B　2.A　3.C　4.B　5.D

城市诗篇

陇西行（其四）

陈 陶

黠虏生擒未有涯，黑山营阵识龙蛇。
自从贵主和亲后，一半胡风似汉家。

[注] 玉树位于青海省西南部，是长江上游通天河畔的一座文化名城。玉树境内平均海拔在 4000 米以上，气候寒冷，空气稀薄，交通困难，生存环境很差。可玉树人偏偏就生存了下来，而且成功地创造出了长达数千年的城市文明。据统计，截至 2020 年，玉树城市人口 40 多万，超过 90% 的人口是藏族，是青海省内藏族分布最集中的地区。

陈陶（约 812—888 年），唐代诗人，曾创作《陇西行》四首，其中第四首以唐蕃和亲的历史为背景，"一半胡风似汉家"描述的是文成公主、金城公主远嫁吐蕃赞普后，中原地区的汉文化对青藏高原藏族文化的深刻影响，成为汉藏民族友好交往的一段佳话。而位于长江源头的玉树是联结唐朝都城长安与吐蕃政治中心拉萨之间的中间城市，在玉树留下了很多优美的传奇故事。

今天，我们将和大家一起走进长江最上游的一座文化名城——玉树。

玉树位于青海省西南部，青藏高原腹地，是三江之源，长江、黄河、澜沧江三条大河的发源地，还是藏羚羊的主要栖息地。长期以来，由于山高路远、道路不便，加上这里平均海拔在 4000 米以上，平原地区的人来到这里很多人都会出现高原反应。所以，自古至今，能来到这里并长期生活在这里的人很少；

在没有来过的人的心目中，这里自然就成了一块秘境之地。

对照地图可以看到，玉树位于长江上游的通天河畔。但翻阅资料的时候我却发现，我们的祖先在相当长的时期里，一直把岷江作为长江的上游；到了300多年前，明末大旅行家徐霞客进行了长江溯源的探索，告诉我们金沙江才是长江的正源。但金沙江以上是什么江，徐霞客并不知道。其实，金沙江以上就是通天河。通天河汇集了高山冰雪融水，穿行于唐古拉山脉和昆仑山脉的宽谷之中，自西北向东南纵贯玉树全境，全长800多公里，哺育了玉树文明，养育了玉树人们。

所以，如果按中华文明上下五千年来计算，就是说在四千多年的时间里，我们都不知道通天河是长江的上源，而通天河畔的玉树文明也自然显得遥远而神秘。

虽然很多朋友对玉树可能会有些陌生，但一提到通天河这个名字，几乎妇孺皆知。其中原因，要归功于古典名著《西游记》。

一、通天河

《西游记》第47—49回说到，唐僧师徒在西天取经的过程中，被一条大河拦住了去路。这条河波浪滔天、宽阔无比。只见河边立着一块石碑，碑上刻着三个大字"通天河"。大字下边还有两行小字：

径过八百里，亘古少人行。

——《西游记》第47回

这就告诉人们，河宽有八百里，自古以来就人迹罕至。接下来，为了过通天河，唐僧师徒演绎了一场惊心动魄的降魔除怪故事。在观音菩萨的帮助下，力擒通天河里的灵感大王。最终，通天河里的一只老白龟出来相助，让唐僧师徒站在它硕大的龟壳上渡过了大河，继续踏上取经之路。

可那只千年白龟帮唐僧师徒渡过通天河是有条件的。老白龟说，自己已经在通天河修行了一千多年，希望唐僧到达西天后，帮它问问如来佛祖，看它什么时候脱离本壳，得到一个人身，唐僧满口答应。唐僧取经回来又路过通天河，那只老白龟早已等在了河边，照样驮着唐僧师徒过河。快到河对岸的时候，白龟问起相托之事，唐僧傻眼了。为什么？他忘了老龟的嘱托，没有向如来询问。听到这里，老龟一气之下把唐僧师徒掀翻在通天河里。幸亏离岸边已经很近了，唐僧师徒上了岸，找了一块巨石晾晒被水浸湿的佛经。这段经历，就是《西游记》第99回，唐僧取经经历九九八十一难的最后一难。

《西游记》的名气太大了，而通天河的故事又栩栩如生，从此以后，通天河就成为家喻户晓的一条河流。

不过，《西游记》毕竟是小说，虚构的成分很多。那么，人世间是不是真的有这么一条大河？有的话，这条大河又位于哪里？这些问题却很少有人仔细想过。

甚至有些朋友会说，《西游记》里的通天河是不是就是玉树附近的通天河呀！乍一听，还真有些符合度：

其一，名字一致，都叫通天河。

其二，方位符合。唐僧是到西天（印度）取经的，通天河就在西部青藏高原腹地，大致符合唐僧取经所走的路线。

其三，长度相似。通天河的长度为800多公里，而原著中也有通天河宽"八百里"的记载。

这些原因乍听起来有些道理，其实不然。

根据玄奘取经回来之后，他的弟子帮他整理出版的《大唐西域记》和其他历史文献记载，唐僧取经走的是古丝绸之路，即从长安出发，经河西走廊，出敦煌，再经新疆去了西天——印度。回来时也走新疆，根本没有走青藏高原这条线路，怎么可能经过玉树的通天河呢！所以，《西游记》里通天河的故事只是小说作者吴承恩先生的杜撰。

刚才我们说了《西游记》里描述的仙界的通天河，其实，在具有人间烟火气息的人间通天河畔的玉树发生的故事一点儿也不比《西游记》里的通天河故事逊色。

据玉树人传说，通天河为天河的下游。也就是说，这条河和天都上的河流是相连的，通着天的，所以叫通天河。其实，通天河是万里长江最上游的那段河。它发源于玉树西北的三江源地区，哪三江呢？黄河、长江、澜沧江。也就是说，这三条大江、大河的发源地都在玉树境内，黄河在三江源的北边，澜沧江在南边，长江在中间。长江在三江源地区发源后，汇集了高山冰雪融水形成的很多支流，浩浩荡荡，穿行于唐古拉山脉和昆仑山脉的宽谷之中，自西北向东南纵贯玉树全境，全长800多千米。这段800多千米的河流，就是通天河，接下去，是金沙江。

同时，玉树先民还给通天河起了一个更朴素的名字——牦牛河，这又意味着什么呢？这得说到玉树人跟牦牛的密切关系。

牦牛是玉树古代先民主要的生产资料和生活来源。一方水土养一方物，牦牛体大毛长，特耐寒，能负重，适于在海拔很高、空气稀薄、气候寒冷的雪域高山草原生存，被称为"高原之舟"。玉树大部分地区海拔都在4000—5000米之间，同时，在河水冲击下，通天河中、下游（及其众多支流）河谷两岸冲刷出很多台地，长出牧草，形成了大小不一的草原牧场，为牦牛繁衍生息提供了绝佳的条件。据记载，玉树先民早在3000多年前就驯化了牦牛，类似中原地区驯化鸡、猪、狗。牦牛帮助人们运输、负重，解决人的基本肉食、喝奶和取暖问题，变成了人们亲密的朋友。所以，牦牛在古代乃至今日玉树人生活中具有神圣的地位。供奉牦牛头骨，编排牦牛舞蹈，甚至以牦牛命名山河成为当地的一种传统。通天河被称为"牦牛河"也就不奇怪了。

2020年6月份，我曾经到玉树。当地人告诉我，至今，通天河畔仍然生活着数十个野牦牛群，经常在玉树西部高山草原上出没。

借助于牦牛，玉树人就在通天河两岸的谷地开展游牧活动，蓄养牦牛、马、羊，而后又在台地种植青稞，开展农耕活动；再加上通天河及其众多支流、湖泊盛产鱼类，所以，通天河中下游两岸就成为玉树人理想的栖息地。玉树人硬是把生存环境恶劣的这块秘境之地，变成了雪域高原的天堂都市，创造了人类生存的奇迹。

二、女儿国

《西游记》给予玉树的惊喜还没完。

在《西游记》第53—55回里，吴承恩先生为我们安排了一个极富传奇色彩的西梁女国故事。那里没有男人，国中人靠喝"子母河"里的河水来繁衍人口。唐僧在那里还遇到了貌美多情的女国王，演绎了一段离奇的爱情故事。大家知道，现实生活中，根本不可能靠喝什么"子母河"水来怀孕、生孩子的！

不过，在玉树城市的发展中，却演绎过一段真实版的女儿国传奇。

这个古国是一个部落联盟政权，它的名字叫"苏毗"。

据文献和考古资料发现，大约一千五六百年前，相当于中原地区的魏晋南北朝至隋朝时期，青藏高原地区形成了苏毗、党项、吐谷浑等12个部落联盟，今玉树地区是由古羌族建立的苏毗的发源地。有幸的是，很多古代汉文和藏文典籍中，都留下了关于苏毗的记载，其中《隋书》记载最详细：

> 其国代以女为王。王姓苏毗，……女王之夫，号曰金聚，不知政事。国内丈夫唯以征伐为务。山上为城，方五六里，人有万家。……复有小女王，共知国政。……气候多寒，以射猎为业。出鍮石、硃砂、麝香、牦牛、骏马、蜀马。尤多盐，恒将盐向天竺兴贩，其利数倍。
>
> ——《隋书·西域传》

根据上面这段记载，再结合其他一些资料，我们知道，在政治方面，苏毗这个部落联盟是由女人主政的。女王姓苏毗，她的丈夫叫"金聚"（意思是"家人"）。但金聚无权处理国家政事，只从事战争、耕田或狩猎。苏毗还有一个小女王，协助女王共知国政。女王和小女王之间的关系类似女皇和女宰相。女王实行终身制，女王死后，在女王家族中，再推选出贤德的女子二人，一人为女王，另一位为小女王，继续执政。这就是说，苏毗女国不是全由女性组成，只是以女权为核心立国，女人地位高，男人地位低。

从生产方式上看，那时的苏毗已经进入奴隶社会阶段。那里的气候比较寒冷，部落人民在山上筑城，城周长五六里，城中有超过一万户的人家，以畜牧业和农业为主，兼有狩猎。手工业和商业已经发展到一定地步，有了纺织、缝制、冶炼、铸造等简单的生产技术。

从对外交往来看，这段记载还告诉我们：一，苏毗境内物产丰富，出产䤴石、硃砂、麝香、牦牛、骏马、蜀马等。二，苏毗产盐，苏毗商人已经开辟了通往拉萨，直到天竺（今印度）的商道，将食盐运销印度，获利好多倍。另外，这段史料还记载，在隋文帝时期（开皇六年，586年），苏毗女王倾慕中原文化，曾经派使节远赴长安，向隋朝进贡，互通友好。隋朝皇帝可能会赐予苏毗女王一些珍贵的礼品，比如丝绸、漆器、茶叶等，这些应该是苏毗女王非常喜欢的东西。这说明，苏毗时期，玉树通往中原地区的道路已经得到了开辟，并与中原地区有了初步的经济、文化往来。

无独有偶，在《大唐西域记》、新旧《唐书》中也有类似的"女国"记载。《隋书》、两《唐书》都是正史，《大唐西域记》又是唐僧取经亲身经历的记载，可信度都比较高。这就是说，在包括玉树在内的我国西南、西北地区，的确存在过所谓的"女儿国"。究其原因，主要是因为那里区位相对偏僻，发展相对滞后，部分保留了母系氏族社会遗风的缘故。

说到这里，我们完全有理由相信，《西游记》的创作者吴承恩先生可能是读了《隋书》中关于苏毗，或者《大唐西域记》、两《唐书》里女国等相关记载后，突发灵感，创作了《西游记》里西梁女儿国的那段爱情故事。

有些事情，就是这么奇怪！吴承恩先生生活在长江下游的淮安，从来没有到过长江上游，却在《西游记》里精彩呈现了"通天河"和"女儿国"的故事。而且，还与玉树的历史无缝对接，天然巧合。我真佩服作者丰富的想象力，这也许正是文学名著广为流传的原因所在吧。

发源于玉树的苏毗政权大约存在了三四百年，到了唐朝初期，苏毗政权内部出现裂痕，女王与小女王之间争权夺利，矛盾激化，走向衰落。而此时，吐蕃政权逐步崛起。到了松赞干布时期，苏毗被吐蕃征服，具有传奇色彩的苏毗女国历史也画上了句号。

不过，在今玉树、海东等地区，仍有个别地方叫"苏毗峡""苏毗村"，甚至"苏毗人"，应该是当年苏毗女国留下的文化痕迹。

在吐蕃治理之下，玉树迎来又一发展良机。同时，还迎来两位来自中原的杰出女性，续写了又一段千古传诵的女儿情缘。

唐朝文成公主（625—680年）与松赞干布和亲的故事在青藏高原广为流传。不过，这一事件发生在一千三百多年前，那时，青藏高原道路崎岖、山河阻隔，被称为"天路"。

作为一个娇贵的公主，文成公主是如何从长安到达拉萨的？

途中，她在哪里停留的时间最长？

要回答这些问题，就不能不提到玉树这座城市。

唐朝初期，松赞干布统一了青藏高原的绝大部分地区，建立了强大的吐蕃政权，玉树一带的苏毗部落被吐蕃兼并，成为吐蕃"五茹"（或称"如"，军事行政单位。"五茹"分别是伍茹、约茹、叶茹、茹拉和孙波茹）之一，历史上称为孙波茹，成为藏文化的重要组成部分。松赞干布仰慕唐朝的文化，主动请求和唐朝和亲。贞观十五年（641年），唐太宗派出礼部尚书、江夏王李道宗作为送亲使节，护送宗室女文成公主远嫁松赞干布。文成公主和李道宗他们所走的这条道路在历史上被称为"唐蕃古道"。具体路线是：从唐都长安出发，越过黄河，经过西宁，跨越日月山，渡过通天河（当时叫牦牛河），到达玉树。在玉树休整、补充给养后，继续向西，到达拉萨（当时叫逻些）。反过来，从拉萨到长安也是这样。唐蕃古道全长大约3000千米，在当时的交通条件下，走完全程往往要花费半年、一年，甚至更长时间。

而且，走出西宁之后，就进入高原地区。到了3000米以上，由于缺氧、气压低，来自平原地区的人一半以上都会出现头晕、恶心、四肢乏力、呼吸困难等情况，这就是所谓的高原反应。治疗高原反应最好的办法就是停下来休息。一般来说，休息三到五天后，不良症状就会逐渐消失。

玉树基本处在西宁与拉萨的中间位置，是唐蕃古道的必经之地，中转枢纽。当年松赞干布派遣使臣前往长安求婚时，来往都经过玉树（孙波茹）。而且，求婚使团的向导、翻译人员也都出自玉树（孙波茹）。

当然，松赞干布也看到了玉树区位的重要性，所以，给孙波茹的功能定位有三个：

一，为吐蕃提供军粮、马匹等军事物资。玉树一带水草丰美、盛产良马，物资丰富，人口密集，一旦吐蕃向东发动战争，这里就承担着提供军粮、马匹的任务。

二，为唐蕃古道官方来往人员提供便利。古道上，官方派出的使者、僧侣等很多，孙波茹要提供必要的迎送礼仪、饮食住宿、车马交通等。

三，还有一项重要的功能是保障通天河渡口的通畅与安全。通天河在孙波茹控制之下，所以，保障通天河渡口的通畅与安全也成为孙波茹的主要职责。

据文献记载，文成公主入藏时，吐蕃赞普非常重视，亲自迎接文成公主到黄河源头的柏海（古湖泊名，即今青海扎陵湖或鄂陵湖），并提前安排孙波茹地方官民隆重迎接。当文成公主在吐蕃赞普的陪同下进入玉树地区时，当地藏民给予热情的欢迎。至今，在玉树地区，还流传着这么一首民歌：

不要怕过宽大的草原，

那里有一百匹好马欢迎你；

不要怕过高大的雪山，

有一百头驯良的牦牛欢迎你；

不要怕涉深深的大河，

有一百只马头船来欢迎你。

——《唉马林儿》

据传说，这首民歌是玉树民间的藏族歌手创作的，为了鼓舞公主入藏的勇气，专门为文成公主创作，唱给文成公主听的。歌词朴实、优美，充满深情，听了这首歌，文成公主这一路上的辛劳一定会烟消云散的。

三、勒巴沟

从歌词中"不要怕涉深深的大河"推测，文成公主此时还没有渡过通天河。我一直比较关心先民们是如何渡过通天河的。

关于这个问题，2020年的6月份，我还专门到了玉树，请教了玉树当地一位藏族文化学者（昂文先生）。他告诉我，历史上，通天河玉树段有多处渡口，这些渡口主要位于河道基本呈东西走向，河面较宽、水流较缓的地方。古人渡过通天河有三种方式：

第一种，趁冬天结冰在冰上过河。《西游记》通天河故事里也提到了这种方式。

第二种，利用牦牛皮制作的筏子和木船渡河。

第三种，直接策马渡河。枯水季节的时候，中下游部分河段河床呈瓣状式河漫滩，水流很浅，策马就可以渡河。明清时期的马帮、牦牛驮队往往就是这样渡河的。

20世纪60年代以后，通天河上陆续架起了几座大桥，玉树人再也不为渡河发愁了！

从玉树百姓欢迎文成公主的民歌中"有一百只马头船来欢迎你"推测，可能文成公主是乘坐漂亮的马头船（或马儿船）渡河的。

渡过通天河后，文成公主在玉树休息一月有余，玉树成为她入藏途中停留时间最长的一座城市。文成公主热情地向当地藏民传授中原地区的纺织、种植、乐舞等技艺，还下令随从工匠在玉树东南约25公里处的勒巴沟（"勒巴"在藏语中是"美丽、吉祥"的意思）两边的悬崖上雕刻许多佛像、仕女、吉祥瑞兽等人物、动物画像。

文成公主入藏时只有16岁，她在从长安到拉萨的路上大约走了半年多的时间（也有学者认为两年的，还有说三年的。我觉得，既然是和亲，松赞干布又亲自出马迎接，一路上应该会比较顺利，不会花费太多的时间）。后来，又在拉萨生活了30多年时间。我曾和玉树的朋友开玩笑说：当年的文成公主不仅知书达礼，容貌俊美，而且一定是一位身材健硕的姑娘，凸现出了盛世大唐杨贵妃、武则天式的健硕之美，而不是林黛玉式的娇弱之美。否则，怎么可能走过这么艰难的路程，经得住严酷的高原反应，后来，还在拉萨生活了30多年的时间呢。

即使到了今天，要去玉树、到青藏高原旅游，都会遇到高原反应。没有好的身体，也可能会吃不消的。

文成公主去世（680年）30年后，唐中宗时期（710年），又派出宗室女金城公主与松赞干布的后代子孙赤德祖赞（亦曰尺带珠丹）和亲。金城公主也在玉树停留，并在勒巴沟整修了一座具有中原和藏式双重风格的文成公主庙。为什么说是"整修"，没有用"修建"这个词语呢？因为也许当年文成公主离开玉树后，当地就有可能在勒巴沟初步修建了庙宇，纪念文成公主。后来，应该是金城公主入藏时，加以整修完善了，使勒巴沟成为玉树的一处文化圣地。

文成公主和亲已经成为汉藏民族友好交往的一段佳话。史书记载，在唐朝200多年的时间里，唐蕃之间的庆贺、朝贡、封赠、告哀、吊祭、朝佛取经等官方人员往来接近150次。吐蕃甚至派遣许多贵族酋豪子弟远赴长安学习诗、书、礼、乐，每次往来都经过玉树。

作为联结长安与拉萨之间这段史诗般情缘的红娘，玉树这个曾经的"女儿国"留下了更多女儿的温情和独特的女性文化遗产。

正如唐朝诗人陈陶在他的《陇西行》诗中所说的"自从贵主和亲后，一半胡风似汉家"（《陇西行》其四），说明了文成公主和松赞干布和亲后，中原文化对藏族人民产生了深刻影响。而在唐朝时期青藏高原与中原地区的经济、文化交流过程中，玉树无疑发挥了重要的桥梁和纽带作用。

遗憾的是，在唐朝晚期，吐蕃走向崩溃，孙波茹也随之发生了剧变，四分五裂，走向衰落。曾经强大、繁盛的苏毗、孙波茹故地变成了一片废墟，所以，称玉树为"遗址"。

通天河、苏毗女国、孙波茹还有勒巴沟的故事为我们呈现了雪域高原的玉树独特的历史和文化，但还有一个问题没有给大家交代：

"玉树"这个听起来特别别致的城市名字是怎么得来的？

我最初听到"玉树"这个名字的时候，首先联想到南朝陈后主曾经创作的宫体诗《玉树后庭花》，其中有一句诗说"玉树流光照后庭"——犹如玉树发出光彩，照耀后庭。再到后来，包括李白等很多诗人，都创作过类似陈后主歌咏玉树的作品。在这些作品里，玉树往往被看作用珍宝制作的传说中的神树、仙树。而现实中，又的确有玉树这种植物。它生长于温暖带地区，叶片晶莹剔透，宛如碧玉，因此人们把它称为玉树。但"玉树"这座城市名称都不是以上几种含义。

玉树全称是玉树藏族自治州，全州有40多万人口，其中藏族人口占总人口的90%以上，在我国30个民族自治州中是主体民族占有比例最高的自治州。

在藏族语言里，"玉树"是"遗址"的意思。说明苏毗、孙波茹以及后来的格萨尔王时代都曾在此地大规模活动，留下了众多历史文化遗存。这说明"玉树"这个名称的得来首先是藏文化影响的结果。

不过，在汉语官方文献里，玉树成为今玉树地区的正式名称是在清朝初期。说起来，这跟两个大事件有关。

一个事件是茶马古道的开通。顾名思义，茶马古道就是进行茶马交易而开辟的古代道路。内地人用茶叶、丝绸、食盐等换取藏族地区所产的马匹、中药及皮毛制品等。研究表明，茶马古道开辟于唐宋，发展繁荣于元、明、清时期。主要道路有三条：滇藏道，即从云南的主要产茶地普洱等地进入西藏的道路；川藏道，从四川的雅安进入西藏的道路。还有一条是青藏道，从青海的西宁进入西藏的道路，这条道路基本和文成公主入藏所走的唐蕃古道重合。

我接触过一些藏族朋友，我问他们，最能代表藏文化特色的是什么？不错，青稞酒、糌粑、唐卡、哈达、赛马会、藏族歌舞等都可以作为藏文化的代表。但如果选择一样文化，很多人选择的是酥油茶。酥油茶是以酥油和浓茶为主，加入适量的盐熬煮出来的茶。这种茶浓香可口、营养丰富，具有祛寒、去腻、帮助消化、补充体力的神奇作用，是藏族人民每天都离不了的饮品。至今，藏族民间还流传着这样的谚语：

宁可三日无粮，不可一日无茶。

——藏族民间谚语

还说"茶是血，茶是肉，茶是生命"，形象地道出了藏族人民与酥油茶的密切关系。有统计表明，目前，西藏地区年人均茶叶销量15—20公斤，为全国省市区之冠。我相信，如果统计一下我国56个民族中，不同民族每年的茶叶销量，恐怕藏族百姓的茶叶销量也是名列前茅的。

大家知道，茶叶是热带、亚热带地区的物产，青藏高原在古代是不产茶叶的。那么，作为酥油茶的原料，茶叶是什么时候进入青藏高原的呢？传说是文成公主把茶叶带到了青藏高原，并最早发明了酥油茶。说她和亲时候所带的物品里就包括茶叶，到了拉萨后，生活习惯和长安大不一样，每天都要吃肉、喝奶，不容易消化吸收。但她发现，喝茶有利于消化吸收肉类和奶类食品。再到后来，她把茶叶和酥油、盐结合，经过反复调制后，就制成了香喷喷的酥油茶。但这个说法只是个传说，没有人能说清楚到底什么时候藏族同胞们喝上了酥油茶，又是谁第一个发明了酥油茶。这应该有一个逐渐尝试、摸索的过程。但既然有了茶、酥油和盐，有了智慧的藏族人民，酥油茶的出现那是早晚的事。只不过因为文成公主名气大，又特别受到藏族同胞的爱戴，所以，才把酥油茶的发明归功于她。

不过，文成公主生活的唐代，也仅仅是少数藏族同胞接触茶叶这种东西的初期。大量的茶叶进入西藏，使普通的藏族同胞都能喝得上酥油茶那是在茶马古道开辟以后。

由于玉树是青海道的必经之地和咽喉要道，所以，宋元明清时期，官府都在通天河附近设置驿站，指派专人负责，保证通天河的渡河安全。唐蕃古道衍变为茶马古道，成为内地茶叶输入藏区和青藏高原的马匹输入内地的重要通道。据记载，明代曾有一次最大的贸易活动，一次就从结古镇输往内地一万多匹马，内地则通过结古镇输往藏区三十余万斤的茶叶，可见其交易的规模之大。随着商业贸易的频繁，在通天河西岸今玉树市核心区域已经形成了一个人口密集的市镇，藏语称为"结古"，意思是"货物集散之地"。至今，在结古镇还发现不少明代留下的瓷碗、大铁钟、铜佛像、法器等遗物。玉树这个地区越来越受到政府的关注，在官方文献中的曝光率也增加了。

另一个大事件是清朝两个办事大臣的设立。清朝初期，玉树所属范围有二十五部族，全部归囊谦（军事行政单位）千户管辖。各族以囊谦千户为其长，玉树只是囊谦千户下的一个百户。但玉树地位的重要性已经日渐凸显，许多内地与西藏往来的重大历史事件都与玉树相关。比如，顺治时期（顺治九年，

1652年），五世达赖喇嘛（阿旺洛桑嘉措，1617—1682年）应邀赴京朝觐，经过玉树地区，受到朝廷隆重接待。第二年，他返回拉萨经玉树地区时，在玉树主持修建了一所黄教寺院，以备以后进京或返回留宿所用。再比如，乾隆四十五年（1780年），六世班禅（罗桑华丹益希，1738—1780年）进京给乾隆皇帝祝贺七十大寿。第二年，因出痘圆寂于北京，乾隆皇帝派出驻藏大臣，护送六世班禅灵柩西归，归葬扎什伦布寺，也经停玉树。

考虑到玉树地区的重要性，清雍正二年（1724年），在西宁设置青海办事大臣。青海办事大臣是青海地方最高军政长官，掌管青海入藏商道、驿站等事宜。玉树地区归青海办事大臣直接管辖，并负有连通西藏拉萨的重要责任。四年之后，雍正六年（1728年），清朝政府在拉萨正式设立驻藏办事大臣。玉树成为保障茶马古道通畅和沟通两个办事大臣一切往来的中枢，地位更加重要，官方有关茶马古道、两个办事大臣以及高层人员往来的文书数量大大增加。

在这些保留下来的珍贵官方文书中，历次活动囊谦千户均通过玉树地区的"二十五部族"或其中主要的"四部族"承担过境护送任务，并提供军事保卫、交通工具，保障重要人员顺利渡过通天河，提供充足的食物和补给以及临时休息、停顿场所。而且，在办差过程中，积极热情，供应充足，没有差错，得到清朝中央和地方政府的充分肯定和表彰。为了简便起见，在当时官方往来公文中，经常用玉树，或玉须、玉舒、玉秀等二十五族或四部族代表囊谦各部族。由于在汉语语境中，"玉树"这个名字响亮、大气，又蕴含神秘、吉祥的寓意，所以，逐渐成为通天河上游两岸今玉树广大地区的称谓。1929年，民国政府在这里设置玉树县。解放以后的1951年，成立玉树藏族自治区；到了1955年，改为玉树藏族自治州。

四、嘛呢堆

谈到玉树的藏族文化传统，人们往往会不约而同地想到醇香的青稞酒、酥油茶，美味的糌粑，富有民族特色的唐卡，极具传奇色彩的《格萨尔王传》，以及热情奔放的赛马会、藏族歌舞等。无疑，玉树是发现和体会这些藏族传统文化最好的地方。除此之外，我想在这里给大家介绍玉树另一个独特的文化形态——嘛呢（玛尼）堆。

在玉树结古镇的新寨村，有一个巨大的石堆，占地20多亩，远远望去，如同一座石头堆砌的城堡，非常壮观。这些石头大小不一、形状各异，大的如同桌面，小的和鸡蛋差不多，堆放整齐有序。石头上面刻着经文、咒语、佛像等，最常见的是用藏文或者汉语刻上的佛经六字箴言"唵、嘛、呢、叭、咪、吽"，把其中的"嘛"和"呢"摘出来，简称"嘛呢"石，或玛尼石。众多的嘛呢石就组成嘛呢堆，而在藏语里，嘛呢堆称"朵帮"（亦说"多崩"），意思为"10万经石"。据粗略统计，在玉树新寨村，所有的嘛呢石加起来可能有25亿块之多，被称为世界"第一大嘛呢堆"。

那么，为什么在玉树会出现如此壮观的嘛呢堆呢？在玉树流传着多种不同的说法。

一种说法是当年唐僧取经留下的晒经石。当年唐僧取经回来过了通天河，但打湿了经书、经文，放在岸边的石头上晾晒，这些经文神奇地印在了很多大小不一的石头上。后来，当地的老百姓把这些石头集中堆放起来，就变成了嘛呢堆。这种说法明显是民间传说，是站不住脚的。因为当年唐僧取经并没有路过通天河，也不会发生晒经的事。

第二种说法和玉树当地的一位佛教高僧有关。这位高僧在玉树当地被称为"嘉那活佛"，他本名为丹珠尼夏（多顶松却帕文），清朝康熙年间的人。他精通汉、藏文字，青年时期游历各地，曾在峨眉山、五台山居留20多年，学习汉地佛法。康熙五十四年（1715年），他来到玉树，发现新寨村附近山坡上有大量适于刻写的汉白玉石头,是雕刻经文的好石料。于是,他首创了嘛呢刻石,被人称为"嘉那嘛呢"。后来,嘉那成为结古寺一世活佛,影响越来越大,前来朝拜的信众越来越多,嘉纳嘛呢石堆的体积也就越来越大。

但我更倾向于第三种说法。在青藏高原,藏族先民们很早就有崇拜石头的古老传统,把石头视为有灵性、有生命的东西。佛教传入藏族地区后,人们在石头上刻上佛经、咒语、佛像或其他吉祥话语,用于祈祷和祝福。藏族人把这些有灵性的石头称为"嘛呢"石,或玛尼石。我们如果到藏族高原去旅行,会发现在山顶、山口、路口、渡口或寺庙旁边,都有不少规模不一的嘛呢堆。为什么偏偏玉树新寨的嘛呢堆规模如此之大呢?

我觉得,一是因为玉树有悠久的刻石历史。通天河谷地很早就是藏族先民繁衍生息的地方,崇拜石头、刻石祈福的传统很早就有了,甚至涌现了很多杰出的刻石工匠。佛教传入玉树地区后,刻石发展成为玉树的一个产业,很多人把刻石作为一种职业、艺术和生活方式。二是因为玉树区位和交通极其重要。玉树正好处在西宁、拉萨和四川的康定也就是青、藏、川的核心位置,历来就是唐蕃古道的交通要道、茶马古道的重镇,来往政界要员、高僧大德、富商大贾、信教群众、旅行家等络绎不绝。路过此地时,他们往往会有一段时间的休养生息。出于求得平安、吉祥、健康或者升官、发财等各种各样的目的,他们往往会借助当地镌刻艺人进行刻石,再到新寨堆石。时间长了,必然推动新寨嘛呢堆的发展。三是嘛呢堆是长期积淀的结果。玉树人石崇拜的时间很早,而刻石的时间也应该早于佛教传入的时间。所以,新寨规模如此巨大的嘛呢堆应该不会只是从清朝康熙年间嘉那活佛时才开始奠基的。如果从那个时间算起,才只有300年多一点的时间。我觉得,我们不能武断地说新寨嘛呢堆的巨量石堆里究竟最早的刻石是哪一块,是三千年前的,还是两千年前的?都无法确定。但在一千多年前,当文成公主、金城公主入藏时,佛教已很流行。她们走到玉树,当然也有必要按照当地的习俗,把自己的美好祈愿镌刻在嘛呢石上。所以,我相信,新寨嘛呢堆里一定会有一些嘛呢石是唐代两位公主留在玉树的珍贵记忆和美好祝愿。不过，由于嘉那活佛知名度高、影响力大，并对新寨嘛呢堆的迅速增加发挥了巨大作用，所以，命名为"嘉那嘛呢"也有一定的道理。

今天，在玉树，嘛呢石已经超出了纯粹宗教的范畴，成为当地的一种石刻艺术形式，以及玉树文化活动的活化石。嘛呢石刻内容也不再是高深的佛教经义理论，而加入了很多与老百姓的生活息息相关的个人理想、追求，或家庭幸福、愿景等内容。玉树每年还举办一次"嘉那嘛呢节"，云集四面八方的信众和外来游客，这成为玉树最大的节日之一。外地游客除了品尝藏族美食、欣赏藏族歌舞，还纷纷购买嘛呢石作为旅游纪念品，嘛呢堆也成为玉树最亮丽的文明地标。

千百年来，玉树藏族同胞亲河，敬河，懂河，爱河，用他们的朴实、虔诚、热情和豪放呵护着通天河、中华水塔，护佑着雪域高原的和平、安宁和幸福。

祈愿玉树人永远善待这块净土，打造人和自然和谐相处的美好家园！祈愿玉树成为通天河畔永不凋谢的灿烂玉树，盛开长江文明之花！

第三章

寻美丽江

城市文化自测题

1. 丽江木府家族本姓阿甲阿得,给这个家族赐姓"木"的帝王是_____。

    A. 元世祖忽必烈　　B. 明太祖朱元璋　　C. 清朝康熙皇帝　　D. 清朝乾隆皇帝

2. 在考察长江时,地理学家徐霞客受到了一位丽江木知府的热情接待,这位木知府是_____。

    A. 木泰　　　　　　B. 木公　　　　　　C. 木青　　　　　　D. 木增

3. 在徐霞客发现金沙江是长江的正源之前,下面哪一条江河被古人误认为是长江的正源_____。

    A. 嘉陵江　　　　　B. 乌江　　　　　　C. 岷江　　　　　　D. 大渡河

4. 丽江古城现今保留有300多座大大小小的桥梁,这些桥梁的主要形态是_____。

    A. 平桥　　　　　　B. 拱桥　　　　　　C. 廊桥　　　　　　D. 风雨桥

5. 古代丽江的繁荣主要得益于茶马古道，茶马古道主要有三条，其中不包括_____。

A. 滇藏道　　　　B. 黔藏道　　　　C. 青藏道　　　　D. 川藏道

参考答案

1.B　2.D　3.C　4.A　5.B

城市诗篇

醉题楼壁

木 公

家住龙山山外山，翠岩丹壁耸人间。

有时仙子来为伴，雪作肌肤雾作鬟。

[注] 丽江位于青藏高原东南缘，云南省的西北部，是长江上游金沙江畔的一座国家级历史文化名城，也是"南方丝绸之路"和"茶马古道"的重要节点城市。丽江拥有玉龙雪山、丽江古城、三江并流、纳西族东巴文化等自然和文化遗产，是世界著名的旅游胜地。

木公（1494—1553年），字恕卿，号雪山，明朝政府任命的第八代丽江土知府，也是纳西族著名诗人。这首诗热情讴歌了玉龙雪山的美丽，翠岩丹壁，高耸入云，山顶常年积雪，就像降临人间的仙子，肌肤白嫩，冰清玉洁，表现出诗人对家乡的深深爱恋。

在长江流域的数十座名城里，带"江"字的城市不多（镇江、九江等）；而把美丽的"丽"和"江"结合在一起的，就只有丽江了！所以，一听到名字，就使人不由得对这座城市产生向往之情。

那么，丽江古城的美丽究竟体现在哪里？真的如她的名称那样魅力四射吗？

今天，我就和大家一起走进这座长江上游的名城，去探寻丽江的奥秘。

一、高原紫禁城

丽江是云南省西北部的一座古城，位于青藏高原东南边缘，长江上游金沙江畔。那里有山有水，风景秀丽，富有文化底蕴。电视连续剧《木府风云》热播后，更引起了人们对丽江的关注。丽江民间有这么一种说法：

北有故宫，南有木府。

大家都知道，故宫就是北京的紫禁城，金碧辉煌，那是明清皇帝居住和办公的地方。木府指的是什么呢？它是位于云南丽江大研古镇的一座古代建筑，曾经是丽江木氏知府（也叫木氏土司）办公和居住生活的地方，所以，被称为木府。木府完美融合了中原地区与西南少数民族的建筑风格，也像故宫那样富丽堂皇，被称为小紫禁城。不过，一个小小的地方知府衙门也敢用紫禁城这个名字，胆子也忒大了吧！就不怕朝廷降罪杀头吗？说起来，丽江的这座紫禁城还真的有些来头。

丽江位于云南省西北部，长江上游的金沙江第一个大拐弯处。《明史》记载说：

金沙江，古名丽水。源出吐蕃界犁牛石下，名犁水，"犁"讹"丽"。
——《明史》卷四十六《丽江军民府》

也就是说，金沙江古名犁水。可能因为"犁"这个字不好记，所以，逐渐被讹传为"丽"，犁水就成了丽水或丽江。丽江古城因为临近丽水、丽江，所以得名。那丽江怎么又叫金沙江呢？因为江中的沙土呈黄色，而且盛产沙金，所以，（宋朝的时候）称之为金沙江。元代时期，在这里设置丽江路（地方行政建制），简称丽江；明朝初期（洪武十五年），设置丽江府。丽江因此得名，并沿用至今。

自古以来，丽江就是一个多民族杂居的地方，有汉族、纳西族、藏族、羌族等，主体民族是纳西族。大约从元朝开始，纳西族首领就接受中央政府任命，实际掌握了丽江地方政权。明洪武十五年（1382年），朱元璋派军队攻打云南，丽江纳西族的首领阿甲阿得率众归顺明朝，并帮助朱元璋收复云南，为明朝统一大西南立下汗马功劳。洪武十六年（1383年），阿甲阿得千里迢迢来到首都南京，向朝廷进贡马匹、金银等，明太祖朱元璋用隆重礼仪在宫廷亲自接见了阿甲阿得。在此期间，阿甲阿得家族地位发生了翻天覆地的变化。

一是赐予木姓。纳西族为古羌族后裔，"纳"是"宏伟""浩大""黑"的意思，"西"如同汉语里的"人"。所以，纳西族可以理解为宏伟的民族、浩大的民族或尚黑的民族。原来的纳西族是一个部落联盟，没有姓氏，明太祖朱元璋赐阿甲阿得姓"木"。据民间传说，这个木字是很有讲究的，是将"朱"字去掉一撇一横。另据传说，从"朱"字中分出一个"木"，朱元璋是想向阿甲阿得表明，你是朱家的一部分；"木"字上加"人"字就是"朱"字，表明你是朱家人。如果真是这样，这寓意就很深刻了。无论今人怎么理解，在古代，皇帝赐姓是笼络人心的一种方式；对被赐姓的人来讲是很荣耀的事，阿甲阿得也欣然接受。所以，后来，阿甲阿得就姓"木"，叫木得。这样，一代一代传下去，"木"姓也就成为纳西族地位最高的贵族姓氏。为了和平民百姓相区别，木得下令所有百姓都姓"和"（huò，今读 hè）。所以，在相当长的时期里（整个明朝），纳西族只有两个姓：木与和。木姓是土司上层贵族，和姓是普通百姓。不过，清朝以后，"改土归流"，改土官为流动官职，废除了土司制度，木氏家族权力被削弱，纳西族姓氏也就增加了。

二是任为土官。明太祖决定设置丽江府（后称丽江军民府），并封阿甲阿得为"世袭土官知府职事"（洪武十七年，1384年）。什么是土官呢？土官又称土司、土酋，设置在西南少数民族聚居地，由少数民族本土首领担任地方知府、知县，管理地方行政事务，可以世袭。这个制度不是明太祖的发明，宋朝、元朝时期就有了，不过，土官或土司制度在明朝最完善，治理也最有效，对于巩固中央政权，稳定和发展大西南发挥了积极作用。从阿甲阿得，也就是木得开始，木氏土司在丽江世袭知府18代，共340多年，直到清朝雍正年间（1723年），"改土归流"，也就是把土官改为内地派遣的"流官"，从此，木府才结束了在丽江的世袭统治。

被称为"小紫禁城"的木府就是在木得被任命为丽江土知府的时候开始建造，并在后来土司任上逐步完善的。它位于丽江古城大研古镇西南部，是木氏土司知府衙门所在地（宋元时期丽江地方政府衙门在白沙镇，阿甲阿得被任命为土知府后正式迁到大研镇）。据丽江地方志（《丽江府志》）记载，一方面，整座木府建筑仿北京紫禁城建筑，采用中轴线式的规则分布。中轴线上分布有议事厅、万卷楼、护法厅（殿），以及光碧楼、玉音楼、三清殿等主体建筑，两侧房屋罗列，亭台楼阁，数不胜数。同时，整个建筑以木结构为主，红柱灰瓦，重檐屋顶，雕梁画栋，汉白玉栏杆，威严而庄重，凸显皇家气派。另一方面，木府又不完全拘泥于中原建筑形式，在朝向上，没有像故宫那样坐北朝南，而是坐西朝东，东方为五行中的"木"，寓意生发有活力，"迎旭日而纳木气"。左为青龙（玉龙雪山），右为白虎（虎山），背靠玄武（狮子山），合理利用了丽江自然地形、地貌。在建筑风格上，融入了纳西、白族建筑工艺，充分利用当地众多古树名木，融入建筑本体，并把纳西族"悬鱼"的民俗运用到万卷楼中。鼎盛时期，木府占地一百多亩，有近百座建筑，极其奢华与富丽，成为西南地区建筑的典范。遗憾的是，木府建筑在清末以后几经毁坏，后来又遭遇地震毁坏。现在的木府为1996年地震后复建的，1999年竣工，占地46亩。

在皇权至上、等级观念森严的明代，这明显带有僭越的嫌疑。但奇怪的是，明朝廷对此却并没有追究。究其原因，有两个方面，一是木氏土司很聪明，他们是打着学习中原文化的旗号修建这座木府的，建筑文化也是文化，我全盘学习中原文化，有什么错呢！二是，木氏土司不张扬。木氏土司做事很低调，不张扬。而且，在整个明代，这座建筑对外都很神秘。中央派到丽江的官员一般进不到木府内府，其他外来访客更难以入内一窥究竟。所以，都知道木府华丽，但华丽到什么程度，一般人说不清楚。由此，这座木府才得以长期存在，并成为西南地区标志性建筑。

如果说，小紫禁城是在外在建筑方面对中原文化的学习和借鉴的话，那么，木氏土司对中原地区儒家思想文化方面的全面吸纳则更超出了现代人的想象。

二、木府好家风

从丽江"小紫禁城"这个事件来看，明朝政府给予了丽江木氏土司以极大的自主权。不过，中央政府也不是对土司完全放任自由。为了防止丽江等地方土司把辖地搞成独立王国，明朝政府对土司的权力有很多约束和限制。

首先，土司官职的继承要得到中央政府的正式任命。不能说父亲去世了，儿子随意就私自任职了。嘉靖年间（嘉靖九年，1530年），朝廷还制定了《土官袭职条例》，对世袭土司进行了详细规定。其次，朝廷对土司政绩进行定期考核。一般是三年一考核，通过考核才能继续任职，不合格的就有可能"改土归流"。第三，土司定期向中央汇报地方情况，并纳粮或纳贡，以显示对朝廷的忠顺。还有第四，就是儒化。这使地方土司在思想文化上忠顺朝廷。

但地方土司辖地天高皇帝远，说一套，做一套，阳奉阴违，照样不可以做土皇帝嘛！而就以上四条规定来讲，前三条做到并不难，但要少数民族土司全面接受儒家思想文化，在思想意识上忠于封建朝廷，肯定不是一件容易的事。而偏偏是在这个方面，丽江木氏土司却是个例外。

我们通过木氏土司留下来的一则家箴来说明这个问题。

据文献（《滇南文略·木氏勋祠记》）记载，在丽江黄山（即狮子山）之南，有一座木氏勋祠，勋祠里一块石碑上刻了这样一段话：

> 凡我子孙，受朝廷世袭美官，拓守边城，不可有动挠患，以贻天子忧。遵祖宗世传之训，不可紊淆变乱，以败坏木氏家箴。
>
> ——木公《建木氏勋祠自记》

这座勋祠是明朝政府任命的第八代丽江土司木公（1494—1553年，字恕卿，号雪山）建造的。这个人深通儒家经典，是著名的诗人，在土司任上28年，做了很多好事，在丽江老百姓中有口皆碑。这段话的意思是说：凡我木氏子孙，是朝廷赐予我们世袭的美官，让我们负责拓守西南边城。我们要尽心竭力，守护好边城的安宁，不能出现动荡局面，给天子带来忧患。我们要遵从祖宗世世代代留下来的训诫，更不能败坏木氏家箴。木公话语中充满了对朝廷的感恩之情，又凸显了强烈的守边、拓边的责任意识。

那么，木公所说的"木氏家箴"是什么呢？它也刻在勋祠的石碑上，并有幸留存到今天。主要内容有三条：

一、内不可耽于酒色，外不可荒于犬马。
二、惟立身行己，克恭克敬，勿亵尔神，勿怠尔心。
三、学书学礼：忠君至恳，爱民至专，孝亲至勤，祀神至诚，训子至要。

三大条家箴，不用多解释，大家都能理解。从修身、勤学、敬天、爱民，到忠孝、礼仪，从头到尾都浸润着中华民族优秀的儒家文化传统。而且，木公说家箴是"祖宗世传之训"，这告诉我们，也许木得的时候就定下了这些家箴，不是从木公才开始的。

家箴就相当于家训、家规，以往，大家可能了解不少中原地区的好家训，比如颜氏家训、钱氏家训、曾氏家训等。但是，你能想象，在三四百年以前，西南小城丽江会有如此全面、深刻的家训吗？实在难能可贵！

在中原政府和木氏家箴的双重约束下，我们发现，历代木氏土司都积极主动学习和接受儒家思想文化，木泰、木公、木青、木增等好几代土司都通晓诗文、通读儒家经典，具有很高的文化修养。在木府内，还专门建有一座万卷楼，藏有数以万计的汉文典籍，甚至藏有大量中原地区都不多见的宋朝和明朝善本书。同时，很多土司还与内地的知名文人学士有书信、诗文往来，保持了与高层文人士大夫的亲密联系。《明史》对丽江木府有这样一段评价：

> 云南诸土官，知诗书，好礼守义，以丽江木氏为首。
>
> ——《明史·土司传》

这段话的意思是说，云南是少数民族聚居地，朝廷设置了不少土司、土官管理地方行政。但要论"知诗书、守礼仪"这些方面，都比不上丽江木氏土司，给予丽江木氏土司以极高的评价。而据史书记载，在实际行动上，历代木氏土司绝大多数时候都能从国家大局出发，替朝廷考虑，对于西南地区的安定发挥了重要作用。

三、徐霞客丽江行

木氏土司"知诗书、守礼仪"的名声逐渐传扬到了中原地区。一位来自内地的大旅行家专程慕名来到了丽江，与木府之间还发生过一段文化奇缘。这个人就是徐弘祖（1587—1641年，字振之），号霞客。他是明朝南直隶江阴人（今江苏省江阴市人），著名的旅行家、地理学家。徐霞客为什么要到丽江呢？

大家知道，长江和黄河是我国的两条大河，一北一南，犹如两条巨龙，自西向东流入大海。我们的祖先很早就想弄清楚黄河和长江的源头在哪里，但相比来说，我们的祖先较早就摸清了黄河的源头。据史书记载，贞观十五年（641年），文成公主入藏与吐蕃赞普松赞干布和亲，松赞干布亲自到河源之地——柏海迎接公主一行，柏海就是现在黄河源头的扎陵湖和鄂陵湖一带。这就证明，最迟至唐太宗统治时期，我们的祖先已经搞清楚黄河之源了。可令人意外的是，直到300多年以前的明朝末期，我们的祖先还误认为长江的源头在岷山上，岷江是长江的正源。造成这个误解的原因主要有两方面。

一方面，我国最古老也是最权威的地理学文献《尚书·禹贡》记载说"岷山导江"，也就是说长江源于岷山，岷江是长江的正源。《尚书》是古代的"经典"啊，谁敢怀疑？又有谁去怀疑？

另一方面，长江上游支流众多，什么雅砻江、岷江、嘉陵江、大渡河、金沙江等，而且都很长；再加上，长江上游位于我国西南大山、高原地区，地形复杂，交通闭塞，人烟稀少，远离人类活动的核心区域。这样就限制了人们对长江真正源头的认知，"岷山导江"的错误认识一直延续了两千年左右的时间。

而徐霞客这个人有两个特点：一是不走寻常路。徐霞客生活的时代已经到了明朝末期，这时候的国内形势是什么样的呢？一方面，国内形势危急。北方地区，后金（也就是后来的清）势力越来越强大，已经威胁到北京的安全。另一方面，长江流域却相对安定，经济持续发展。而且，在明朝中后期，还掀起了一股科学探索的高潮，涌现出了徐光启（《农政全书》）、李时珍（《本草纲目》）、宋应星（《天工开物》）等著名科学家，鼓励着当时的人们进行科学探索。徐霞客的家庭算是比较富裕的，祖父、父亲都是读书人。徐霞客的父亲（徐有勉）一生读书很多，但不愿意做官，更不愿意结交权贵。愿意干什么呢？游览山水，做一个逍遥世外的自由人。我们说，什么样的家庭环境和教育方式造就什么样的孩子。受父亲影响，徐霞客从小养成了一大爱好，"好览奇书"，好读人间"奇文字"。什么算奇书、奇文字？当然是与传统"四书五经"、正史之类不同的那些书。特别是游记、方志、奇闻趣事等。奇书、奇文字读多了，又影响他长大后养成了另一大奇癖——探奇测幽，探寻名山大川的奥秘，拿他自己的话说就是"大丈夫当朝碧海而暮苍梧"。所以，徐霞客注定是一个不走寻常路的奇人。果然，根据记载，徐霞客应过一回童子试，没有考中，后来就彻底放弃了科举做官这条道路。他的父亲也不勉强。

徐霞客19岁时，他的父亲去世，母亲（王孺人）也是大家闺秀，知书达礼，支持鼓励徐霞客追求自己的事业，放心远游，探索名山大川的奥秘。大家知道，长江流域气候温湿、风光秀丽，名山胜水很多，正好适合徐霞客探奇测幽。所以，从22岁开始探险，至56岁去世，在30多年的时间里，徐霞客遍游了以长江流域为主的大半个中国，行程数万里，留下了60多万字的《徐霞客游记》，揭开了无数山川河湖的自然之谜。《徐霞客游记》被称为"世间真文字，大文字，奇文字""千古奇书"，是代表中国传统文化的经典之一。

徐霞客的另一个特点是不迷信权威。徐霞客早年游历的重点在长江中下游和黄河中下游地区，很多名山大川，比如南方的天台山、雁荡山、黄山、庐山，北方的嵩山、泰山、五台山、华山、恒山等他都去过。多年的考察，见多了，识就广了，也使他养成了不迷信权威、靠事实说话的坚定信念，对一些习以为常的地理知识也开始有了自己的不同认识，长江源头的问题就是这样。当时的人根据《尚书·禹贡》记载，大都认为，长江源于岷山。徐霞客觉得这个说法有问题，为什么呢？他就生活在长江边上，也亲自看过黄河，他发现，长江江面宽度几乎是黄河河面宽度的三倍，水量也比黄河大得多。为什么说黄河源头在昆仑山以北，而长江源头却在距离东部大海更近的岷山呢？这明显不合乎逻辑、不合乎常理。

但要想推翻权威的"岷山导江"的说法，又谈何容易！只有一种办法：靠事实说话。所以，为了搞清楚长江源头，他便产生了要到长江上游的大西南进行科学考察的打算。

多年外出旅行考察，徐霞客养成了一种习惯，出行前要做好几项准备：

第一，安顿家庭。古人讲："父母在，不远游！游必有方。"徐霞客是个孝子，父亲去世得早，所以，每次外出旅行前，他都会征得母亲同意，并约定好归期，到时候一定按约定时间返回。回来后，把一路见闻讲给母亲听。但徐霞客到云南丽江考察的时间是在崇祯九年（1636年），这一年，徐霞客已经51岁，他的母亲已于十年前（1626年）去世，徐霞客就是当家人了。他只需要把妻子、儿女的事安排好，再准备些川资路费就可以了。

第二，阅读资料。现在有些年轻朋友出门旅行，说走就走，到了旅游目的地，拍拍照、品尝品尝美食、购买些土特产，再把美照发到朋友圈里晒一晒，似乎就算是一次完美旅行了。如果向他请教当地的历史、民俗、文化，则一脸茫然。要我说，这种走马观花式旅游态度是不可取的。当年徐霞客是怎么做的呢？他每次出门旅行前，都要查阅旅游目的地的相关资料，做足功课。要到云南丽江去旅行，徐霞客就阅读了《大明一统志》《读史方舆纪要》以及《云南志》等地方史志资料，做到心中有数。这样的旅行，收获才会很大。用现代话来讲，才能做到深度旅游。

第三，联系友人。什么人对目的地情况最熟悉？当然是当地人，特别是当地的文化人或者土生土长的老百姓。所以，徐霞客以往的旅行中，聘请了不少当地的老百姓做导游，与僧人道士交朋友，还通过各种渠道，结交、请教当地民俗大家和文化人，真正达到了深度旅行、详细考察的目的。丽江远在千里之外，徐霞客更需要友人帮忙。

功夫不负有心人！通过松江府（今上海）一位叫陈继儒（1558—1639年，字仲醇，号眉公）的好朋友，徐霞客结识了丽江木氏土司知府木增。

木增（1587—1646年），字生白（一字长卿），是明朝任命的第十二代丽江土司。这个人善于写诗、著文、收藏，书法也很漂亮，尤其喜欢结交国内名贤大儒，与中原地区的陈继儒、董其昌、周延儒、冯时可等名贤大儒都有密切的书信、诗文来往。在徐霞客临行时，陈继儒专门给木增写了一封信，把徐霞客要到丽江拜访的消息告诉了木增。就这样"因友及友"，一场在明朝历史上极富传奇色彩的丽江之约就要上演了。

根据《徐霞客游记·滇游日记》载，徐霞客于崇祯十二年（1639年）一月二十五日到达丽江,二月十日离开,在丽江前后待了15天。15天时间里,徐霞客在丽江经历了什么呢?

首先,受到热情招待。木增土司把徐霞客看作来自中原的文化使者,用最热情的方式招待远道的客人。据《徐霞客游记》记载,木增为徐霞客备下"大肴八十品,罗列甚遥"。这"八十品"大肴都是什么?徐霞客在《徐霞客游记》中提到了几种,比如牦牛舌(似猪舌而大,干脆有异味)、柔猪(五六斤小乳猪,以米饭喂成,其骨俱脆嫩。全体炙之,乃切片以食)、生鸡(大如鹅的土鸡,通体皆油,色黄而体圆)等。同时,每天还送徐霞客葡萄、龙眼、荔枝等新鲜水果。现代丽江旅游很火,很多年轻的朋友喜欢品尝丽江美食,什么鸡豆凉粉、纳西粑粑、腊排骨、东巴烤鱼等,但徐霞客当年吃过的美食,恐怕现代游客还是难以享受到的。

其次,热心传播文化。应木增请求,徐霞客为木增的一部诗赋集刊《山中逸趣》作跋,帮助校订木增的一部读书笔记《云薖淡墨》,指导木增的儿子木宿作文;还与木增彻夜交流,畅谈中原文化名人。徐霞客来到丽江的时候,已是明朝末年,离清军入关已经不远了。明末乱局之下,在交通闭塞的偏僻丽江,长江之头和长江之尾的两位名贤纵论天下名流,不仅是丽江,恐怕也是中国文化史上的一大盛事。

最后,探明长江源头。应该是在丽江停留期间,徐霞客亲自来到了丽江附近的金沙江边。而后,结合文献和亲眼所见,创作了《溯江纪源》(《江源考》),这篇著名的论文,得出结论:

故推江源者,必当以金沙为首。

——徐霞客《溯江纪源》

在历史上,徐霞客首次提出金沙江应该是长江正源,岷江只是长江一支流的论说,徐霞客的这个论说最终得到了广泛认可。至此,正本清源,长江源头一下子向西延伸到了昆仑山。徐霞客不惧权威、不畏艰险、勇于探索、求真务实的科学态度，至今仍值得我们借鉴和学习。

不过，当徐霞客完成长江探源（崇祯十三年，1640年一月），就要东归老家江阴时，由于长期长途跋涉，积劳成疾，双脚不能走路。这时候，木增土司竟然从丽江木府抽调（或是从丽江城内雇用）八位身强力壮的大汉，用滑竿（山区最舒服的乘坐工具）一路抬着徐霞客，把他抬回了老家。我觉得，这种举动充分反映了木增土司十分注重礼仪，讲究义气，有很高的儒家传统文化素养。这种行为也间接促成了徐霞客的传世名作《徐霞客游记》的诞生。

四、茶马古道

我们知道，城市的发展需要有强大的经济基础作为重要支撑。那么，一座偏僻的丽江城，靠什么支撑起木府巨大的建筑和文化消费开支呢？

中国有句俗话："要想富，先修路！"历史上，陆上丝绸之路曾经使我国众多西北部城市繁荣发展起来，海上丝绸之路则带动了我国众多沿海城市的崛起。而在我国的西南部，还有一条穿行于高山、大川之间的道路，被称为"茶马古道"（也有人把它叫作"南方丝绸之路"。茶马古道有三条——滇藏道、川藏道、青藏道，此处指滇藏道）。它也曾使沿线许多城市从默默无闻走向富庶繁华，甚至天下知名，而丽江古城就是茶马古道最大的受益者。

丽江位于云南省西北部，处在云南、四川和西藏的交界处。历史上，曾经是三个省区之间经济、文化交往的必经之地，交通位置异常重要。大约唐朝时期，内地的茶叶进入藏区，成为藏民制作酥油茶的必备原料。酥油茶是无论贵贱，几乎所有藏民每天必需的饮品，所以，藏区对茶叶的需求量巨大。大家知道，茶叶主要产自我国南方的长江流域及其以南地区，而云南普洱是我国最主要的茶叶产地，普洱茶至今还是享誉国内外的知名品牌。藏区有大块牧场，盛产骡马；内地有茶叶，但需要马匹。于是，"茶马互市"贸易由此而生，茶马古道中的滇藏道也由此产生。明朝时期，西藏与云南之间的"茶马互市"贸易进入繁荣时期，而丽江便是政府指定和民间自发形成的茶马互市贸易的重要集散地。所以，明代丽江古城就出现了这样几个奇特的现象。

一，四方街是古城中心。我们通常所说的丽江古城也就是大研古镇（不包括束河、白沙古镇），是木府所在地。但奇怪的是，木府选址没有按照中原文化中"居中而应四方"的传统观念，建在大研古镇中部或北中部，而是选择在城南。为什么？因为大研古镇是茶马古道贸易的重要集散地以及滇藏茶马古道的重要始发地，木府把最好的居中位置让给了商业贸易——四方街。换句话说，是把统治权威让位于商业发展。所以，我们看到，大研古镇以四方街为中心，周边六条主街向四方延伸，街道两旁则是鳞次栉比的商铺和人家，形成覆盖全城的交通网络。茶马古道的商旅从四面八方汇聚于空间宽阔的四方街，使这里成为来自云南、四川或西藏各地马帮卸货、集散和交易的中心。同时，四方街和所有街巷都采用五花石铺地，这种石料采自附近山区，颜色鲜艳、坚硬、耐磨，利于骡马行走，又洁净城镇空气。尤其是到了晚间，交易完成后，利用大研古镇西北高、东南低的自然地势，放出西河水，流过四方街和城内各街巷，冲洗四方街和各街面，将污染物排出城外，四方街和城内各街巷自然焕然一新，这在当地被称为"洗街"。丽江人用水用得多聪明啊！

二，古城的桥都是平的。丽江大研古镇有中河、西河、东河三条河流穿城而过，三条主河又岔分出众多支流。河多了就需要桥，所以，大研古镇桥梁很多，以桥为节点连接街巷。据统计，现今还留有300多座大大小小的桥梁，简直是"桥都"。在长江下游乌镇、周庄、西塘等古镇，我们会发现有很多形态不一的桥梁，什么拱桥、风雨桥等，而丽江的桥则不同。丽江古城的桥梁除了连通各街巷的功能外，更重要的功能是方便外来马帮的通行。骡马一般都驮着很重的货物，桥梁就不能有太大的高低起伏，尤其不能有台阶。所以，我们发现，丽江古城桥梁的拱券跨径都较大，桥面坡度平缓且没有台阶，这就大大方便了马帮走街串巷。多么用心的丽江人，丽江简直就是为茶马古道贸易而精心设计的城市！

三，会做生意的纳西女子。历史上，无论在中原地区还是边远地区，一般都是女主内、男主外，女子抛头露面的时候很少，更不要说做生意了，而古代纳西女子却偏偏是个例外。由于丽江古城茶马贸易兴盛，所以，绝大多数纳西男人就加入了马帮，行走在高山大川之间，长期出门在外。家里生意怎么办？不得不由女人打理。她们打理生意的方式主要有两种：一种是养殖和售卖骡马。丽江地区气候温湿，有广阔牧场，盛产矮种马和骡子，马帮往往就在这里购买大量精壮的骡马，在古城四方街形成了一年两次的骡马交易会。很多纳西家庭主妇就掐算着骡马交易时间，在家里配种骡马，赶在骡马交易大会时养大出售，获利很多。另一种方式就是沿街直接开设门面，售卖茶叶、饮食，或开设客栈，自己当女老板，这种情况在古代丽江比比皆是。纳西女子泼辣、开朗、精明、能干，她们的经营甚至比男人更容易成功，而人们也把这些精明能干的纳西女人称为"潘金妹"（男的叫"潘金哥"，就像广东人叫靓女、靓仔），四方街则被戏称为"女人街"，成为古代丽江一道靓丽的文化风景线。

在长达数百年的时间里，这种以丽江为中心，联系云南、四川和西藏的三角贸易几乎没有中断过。这种贸易活动一方面使丽江木府统治者通过征收马帮过往的商税而逐渐富裕起来；同时，也使丽江古城的百姓通过参与茶马商业贸易活动逐渐富裕起来，过上了好日子。这种生活方式和中原地区靠农耕生存的情况截然不同，所以，丽江逐渐成为一颗商业气氛十分浓厚的高原明珠。

我在丽江旅游时，也曾重走了一段茶马石道。只见山石道路上，最深的马蹄印有二三寸至四五寸不等，不知道历经多少岁月才能有这么深的马蹄印！

1997年，丽江古城被联合国教科文组织列入《世界遗产名录》，成为世界文化遗产。至今，中国有50多处世界遗产，丽江能以古城形式列入，充分说明丽江古城是全中国乃至全世界都不多见的独特城市。她依山就水、布局合理的城市设计理念,多民族融合的独特建筑艺术,自然美与人工美的有机结合与统一,为传统人类居住地提供了杰出范例。而历史上,"人与自然是兄弟"始终是纳西族人世代相传的名言,这为人类社会文明发展进程中处理好人类活动与自然环境相互作用的关系提供了珍贵的参考,也让丽江文化成为长江上游滇文化的重要组成部分。

而今,随着大众旅游时代的到来,丽江吸引了来自五湖四海越来越多的游客,丽江的自然环境也面临各种各样的压力。真心祈愿丽江人小心翼翼地呵护金沙江畔这块神奇的土地,让长江上游的这片绿水青山永葆青春与活力!

第四章

革命遵义

城市文化自测题

1. 毛泽东的著名词句"雄关漫道真如铁,而今迈步从头越"出自_____。

   A.《卜算子·咏梅》　　　　　　B.《忆秦娥·娄山关》

   C.《沁园春·长沙》　　　　　　D.《浪淘沙·北戴河》

2. 遵义作为城市名称,出现在唐太宗时期,取自"无偏无陂,遵王之义",这句话来自_____。

   A.《尚书》　　B.《左传》　　C.《论语》　　D.《孟子》

3. 在古代贵州流传着"北有孔子,南有尹珍"的说法。尹珍曾在中原地区学习,他的老师是_____。

   A. 司马迁　　B. 班固　　C. 许慎　　D. 董仲舒

4. 南宋末年,在钓鱼城被南宋守军炮火击伤后去世的蒙古大军首领是_____。

A. 察合台　　　B. 托雷　　　C. 窝阔台　　　D. 蒙哥

5. 今天，在贵州排名第一的大姓是_____。

A. 张姓　　　B. 王姓　　　C. 李姓　　　D. 杨姓

参考答案

1.B　2.A　3.C　4.D　5.D

城市诗篇

忆秦娥·娄山关

毛泽东

西风烈,长空雁叫霜晨月。

霜晨月,马蹄声碎,喇叭声咽。

雄关漫道真如铁,而今迈步从头越。

从头越,苍山如海,残阳如血。

[注]遵义位于贵州省北部,是国家级历史文化名城,茅台酒的故乡。境内有赤水河、乌江等长江支流流过,拥有世界文化遗产海龙囤、世界自然遗产赤水丹霞,是著名的旅游胜地。

红军长征途中,1935年1月,在此召开了著名的遵义会议,确立了毛泽东在红军和党中央的领导地位,挽救了红军,挽救了党,挽救了中国革命。遵义会议之后,毛主席带领中央红军继续北上,经过黔北娄山关时,写下了《忆秦娥·娄山关》。这首词情景交融,荡气回肠,是毛主席众多长征诗词中流传很广的词作之一。如今,"雄关漫道真如铁,而今迈步从头越"一句在我们日常生活中还经常被引用,人们以此表达战胜困难、面向未来的决心和勇气,在很大程度上升华了中国人的精神境界。

根据记载,"遵义"作为城市名称出现在唐太宗贞观年间(贞观十三年,639年;一说贞观十六年,642年),当时,唐朝政府把罗蒙县改名遵义县。"遵义"来自《尚书·洪范》里的一句话:

无偏无陂，遵王之义。

——《尚书·周书·洪范》

其意是要人们遵循贤哲先王教导，行为端正，做事不偏颇，有规范，讲道义。作为一个地名，很大气。从此以后，"遵义"这个名称一直沿用至今，已经有1300多年的历史了。

而提到遵义，很多朋友自然会联想到当年二万五千里长征途中的遵义会议。正是那次生死攸关的会议，挽救了红军，挽救了党，挽救了中国革命。所以，遵义这座城市也被称为革命遵义、红色遵义，被看作中国革命的圣地。

在古代，革命这个词本指变革天命，尤其指天子改朝换代。比如，商汤革了夏朝的命，周武王革了殷商的命等。后来，词义扩大，泛指重大革新。

遵义会议当然是重大革新，是当之无愧的一场革命！不过，当我们翻检遵义历史的时候，会惊奇地发现，这座长江上游的名城（遵义位于长江上游的两条支流赤水河和乌江之间）原本就具有悠久的革命基因。何以见得呢？

一、北有孔子，南有尹珍

我们先从将近两千年前遵义的一个历史人物说起。

这个人叫尹珍（79—162年），字道真，出生于东汉时期牂牁郡的毋敛坝（今遵义正安县一带）。在古代，贵州流传着一个说法：

北有孔子，南有尹珍。

也就是说，尹珍是南中国的孔子。而且，在明代贵州地区的孔庙里，尹珍配祀孔子。看来，尹珍的名气相当大。

大家知道，孔子是中国古代杰出的教育家，儒家思想的创始人，还曾经从政,可以说也是一个政治家,被尊奉为圣人。能和孔子相提并论的人在上下五千年的中国历史上能有几人!和孔子同时代的老子算一个,孟子算一个,朱熹也勉强算一个,此外就没有什么人了吧!

那么,遵义的尹珍是何许人?他到底有什么成就能让他获得如此之高的地位呢?

根据《后汉书》以及《华阳国志》等史籍的记载,这个尹珍是东汉时期的人,他生活的年代大约距今一千八九百年的样子。他活了84岁,比孔圣人还多活了11岁(孔子活了73岁,尹珍和孟子同岁)。孔子办了教育,创立了儒家思想,又曾经从政,当过鲁国的大司寇。对照尹珍的人生经历,我们来做一个比较。

先说教育。在今天遵义的正安县,也就是尹珍的出生地,有一处古代留下来的建筑叫"务本堂",是当年尹珍办学、设馆收徒的学馆,类似于当年孔子在曲阜办学时的杏坛。那么,尹珍当年为什么要在遵义设馆办学呢?

根据文献记载和当地传说,尹氏家族是西汉时期从中原地区迁到遵义的豪门大族。两汉时期,为了加强对西南地区的统治,同时改变西南地区的落后面貌,封建国家从内地迁移了大量人口到遵义。其中,也包括不少豪门大姓,比如龙、傅、尹、董等,尹氏家族大约在汉武帝时期迁到了遵义正安一带。据传说,尹珍的祖上与司马相如等文化名人有交往,尹氏家族的文化层次应该是比较高的。既然是豪门大族的后裔,尹氏家族的经济条件应该是比较好的,尹珍应该从小就受到了良好的家庭教育。

他后来为什么能成为一个教育家呢?

在东汉尹珍生活的那个时期,遵义属于牂牁郡。再往前追溯,就是很多人都熟悉的夜郎国,"夜郎自大"典故故事发生的地方。由于高山大河的阻隔,遵义地区相对比较封闭,被内地人看作蛮荒之地。所以,夜郎侯才孤陋寡闻,妄自尊大。到西汉晚期(成帝在位的公元前33年—前7年),夜郎国被汉朝消灭,归入牂牁郡管辖,尹珍就出生在牂牁郡的毋敛坝。他出生的时候,虽然到了东汉,但遵义这一带仍然没有改变蛮荒之地的形象,生活着大量所谓的蛮、僚，实际上是后来苗族、仡佬族等少数民族的先祖；保留着刀耕火种、渔猎为生的生活方式，中原的礼仪制度也没有在这一带扎根。而且，据记载，当时遵义蛮僚民间甚至还保留着杀人祭祀的陋俗、恶习。人祭、人殉是奴隶社会的习俗，这在尹珍看来就是最大的野蛮、最落后的礼仪，给了他极大的刺激。

所以，20岁左右的时候，尹珍决定离开家乡遵义，跋山涉水，千里迢迢来到当时的政治和文化教育中心洛阳求学。直到现在我们还很难想象，当时的尹珍从家乡遵义是如何到达洛阳的。遵义大山里森林茂密，野兽毒蛇很多，一路上不知要遇到多少危险。

到了洛阳，尹珍又遇到了一位贵人，即大名鼎鼎的《说文解字》的作者许慎。许慎是东汉汝南人（今河南漯河市召陵区）人。很多朋友熟悉许慎是因为他编纂了我国历史上第一部字典《说文解字》，对我国汉字的发展做出了巨大贡献，是一位杰出的文字学家。其实，许慎还是东汉杰出的经学家，对五经（《诗经》《尚书》《礼记》《周易》《春秋》）有很深入的研究。他曾在东汉的都城洛阳任五经博士，在国家档案、图书馆，即所谓的"东观"校书。不知道是通过什么途径，尹珍拜在了许慎门下，许慎收下了尹珍这位来自大西南所谓"荒裔之地"的门徒。而且，这一学，就学了八年。

八年！按现在的大学学历来算，硕士三年、博士四年，也仅仅七年。尹珍跟随许慎学习了八年，许慎是五经博士，尹珍也基本算博士毕业了吧！当然，开个玩笑，那时候的博士不同于现在的博士，但都具有博古通今、博学多识的意思。八年的时间，尹珍是如何学习的，史书上没有记载。但可以想象，一定非常刻苦，惜时如金，全面领会和学习五经经义，还跟许慎学习书法、古文字学等。

按常理来说，学会文武艺，货卖帝王家，学有大成的下一步怎么办？现在很多人可能觉得，那还是留在大都市洛阳好，洛阳就好比现在的北京、上海、广州，优越的生活条件是偏远地区根本无法相比的。是的，尹珍完全可以靠自己的学问，靠许慎在朝野的影响，选择留在洛阳，谋求官职，享受荣华富贵。但是，事实上，他没有那样做。

将近而立之年的尹珍（公元107年，尹珍28岁）毅然抛弃了唾手可得的锦绣前程，返回家乡遵义。他"手建草堂三楹"，建了三间相对简陋的草堂，像当年的孔子那样设馆收徒，办起了私塾。东汉时期，对于如何办学，如何设计教程，使用什么课本等等，要比孔子那时候更成熟一些。所以，办学期间，尹珍既教授学生学习五经，也教书法和古文字。这一办，就办了40年左右。

尹珍从28岁开始在家乡遵义办学，一直办到将近70岁的时候，持续了40年左右的时间。而这只是尹珍办学的第一个阶段。他还有第二个办学阶段吗？还真有。这又是怎么回事呢？

第一个阶段40年左右的办学实践，使尹珍的学生遍布遵义、贵州、云南，甚至重庆、四川等地。因为办学有名，影响巨大，尹珍受到地方政府和民间百姓的普遍尊崇，并被地方官以"孝廉"楷模向朝廷推荐。当时还没有实行科举选官制度，"举孝廉"是很通行的一种选拔官吏的形式——东汉末年的曹操不就是通过这种方式进入仕途的吗？所以，朝廷一纸诏书下来，任命尹珍为尚书丞郎。

"学而优则仕"本来也是孔子提倡的，孔子当年也走了这条道路。所以，尹珍也接受了朝廷任命。据记载，尹珍应诏出仕时已经年届古稀了。

不久，尹珍官至荆州刺史。州刺史是地方大员，名声显赫，荣华富贵自不必说。按说，前期他已经为家乡教育和文化传播做了40年的奉献，可以乐享晚年了。可做了荆州刺史没多久（具体时间历史没有记载，无法确认），尹珍却再次做出了出人意料的决定：辞官还乡，继续从事教育。

正是这个时候，他把当年的学馆加以改造，正式挂出了"务本堂"的匾额。

尹珍本来有两次留在大城市，享受荣华富贵、高官厚禄的机会：一次是青年时期在洛阳跟随经学家、文字学家许慎学习时期；第二次是被举孝廉，任命为荆州刺史时期。他为什么两次都放弃了做官的机会，而最终选择回到家乡遵义办学呢？

我觉得，这要从"务本"两字上找答案。我认为，尹珍应该也有一个心路历程的变化。青少年时期，亲眼看见自己家乡贫穷落后的面貌，立志求学，试图通过学习改变家乡的面貌。所以，第一次在洛阳学成之后，他隐约觉得回家乡传播文化和教育是他的本分，因此放弃了洛阳的都市生活，回到家乡办学。第二次，在荆州刺史任上时，随着年龄增长，阅历丰富，对家乡文化落后面貌的认识也更加深刻，他也明确了自己这一生的目标，明确了自己追求的"本"是什么。

尹珍是知识分子，知识分子的本心是干什么？传播知识、传播文化。当年孔子收三千弟子，培养出了七十二贤人，对中国文化的影响太大了。而当尹珍走遍洛阳、荆州等黄河上下、大江南北的时候，更感受到了家乡的文化教育与内地的巨大差距。他觉得，拯救家乡的最好途径不是在外边做官，光宗耀祖，而是回到家乡传播文化和教育，以文化人、以教育人，通过文化、教育改变当地的落后面貌。这是最务实、最有效也最可行的方式。这是最切实的"务本"，是找回初心的最好方式。所以，这时候，尹珍挂出"务本堂"这三个字，说明他已经彻悟了。

尹珍回家乡办学的第二个阶段持续了10多年，直到84岁去世。这个阶段，办学规模和方式有了很大改变，尹珍开始在西南的云、贵、川、渝等地区设立一些分学馆，类似于今天的大学分校。他自己的角色好比一个总校校长，先后培养弟子数千人。

文化和教育好比种子，随着尹珍教育的影响越来越大，在大西南历史上留下的印迹也越来越深，对西南地区，特别是贵州文化面貌的改变在后代就逐渐显露了出来。

比如，到了南宋时期（嘉熙二年，1238年），遵义人冉从周就以播州贡士的身份荣登皇榜，中了进士。这是有史料记载以来，遵义（也是整个贵州）历史上的第一个进士，这在遵义引起了巨大轰动，被当时人称作"破荒冉家"。从冉从周开始，冉氏家族又出了不少读书做官的人，成为遵义很有名望的文化家族，对遵义文化教育的发展做出了很大贡献，留下了美名。到了明清时期，遵义和整个贵州的文化氛围更加浓厚，据记载出了"六千举人，七百进士"。

这种文化现象的出现绝不是偶然的，都与当年尹珍的努力直接相关。所以，后来的文人都把尹珍当作学习的楷模，视为贵州文化的"传薪人"，也就是把文化教育薪火点燃并传下来的人。尹珍受到文人士子的膜拜。明朝以后，在贵州的孔庙里，地方官员明令让尹珍配祀孔子，而且在贵州各地修建尹公祠，将其奉为"真人""夫子""贵州文化第一人"。

遵义的"务本堂"在明清时期多次维修和重建，完好保存到了今天。

这样看来，"北有孔子，南有尹珍"，此言不虚。这是遵义，也是整个贵州的精神和文化财富。

尹珍不就是遵义这座城市将近两千年前的革命者嘛！他不仅革了自己的命，使自己成为一个教育家、经学家、书法家；同时，又革了古代遵义的命，给遵义这座城市植入了文化和教育的元素，改变了当地老百姓的文化面貌，使大西南与中原地区通过文化紧密联结在了一起，成为长江上游文化不可或缺的组成部分。

这是遵义历史上第一次文化方面的重大革新、革命！

二、杨氏土司

在原始意义里，"革命"就是改朝换代，像商汤灭夏，周武王灭商等。在我国封建社会历史上，宋元时期的改朝换代，就曾经受到了来自遵义的影响，使宋朝可能的灭亡时间向后延续了整整二十年。换句话说，遵义影响了宋元革命。

那么，一座偏处西南的小城市，是如何影响了宋元王朝的更替呢？

这牵涉到遵义历史上的一个大家族和一对文武双全的兄弟。

先说这个大家族。

这个家族就是曾经统治遵义地区长达700多年的杨氏土司家族。

在很多朋友的印象里,土司一般是指少数民族。在丽江古城,我们曾讲到一个木氏土司家族,他是纳西族。其实不然。在土司制度实行的宋元明清时期,有部分土司是由内地迁徙到西南的汉族担任的,遵义的杨氏土司就是一个典型。

据《遵义府志》等资料记载,杨氏土司的先祖叫杨端。这个人是汉族人,祖籍山西太原,跟杨家将杨业是同乡,甚至还有不少民间传说,北方的杨家将与西南遵义的杨家将后来还有血缘关系。唐朝末年,云南的南诏国势力很大,趁唐朝内乱占领遵义一带。唐朝廷得到消息,募集军人平叛,杨端带领家族人应募,由四川进入遵义(当时叫播州,至今,遵义市还有一个播州区)。后来,南诏势力退出播州。而杨端及其随从人员在当地留了下来,并逐渐与当地蛮僚(仡佬族、苗族、彝族等少数民族的祖先)融合在一起,在那里立足,发展壮大。此后,经五代,到北宋,杨氏通过几代人的努力,不断与当地的蛮僚斗争、融合,逐渐取得了在播州地区的实际控制权。宋代时期,杨端后代以播州宣慰使司的身份,明代以后以播州土司的身份,实际控制遵义地区长达700多年的时间,直到明代的万历年间(明万历二十九年,1601年),"改土归流"后,才取消播州土司制度。

而在南宋末年,发生了影响宋元历史进程的大西南保卫战。

在数百年的发展历史上,播州杨氏家族一直对中央朝廷十分忠心(除了最后一任土司),对南宋王朝也是如此。这时候的杨氏家族出了一位文武双全的人物,叫杨文(?—1265年,第十五代土司)。南宋末年,杨文世袭播州宣抚使。根据相关军事历史资料,在大西南的南宋官军数量有限,且战斗力很差;而播州杨氏土兵则有三万人左右,且由苗、仡佬等当地少数民族组成,熟悉地形,战斗力极强。且蒙古骑兵适合在开阔的草原、平原地区作战,在西南高低起伏的大山、大河间作战不能发挥他们的优势。同时，还有一个非常重要的因素，杨文这个人能文能武、饱读兵书，是个非常了不起的军事家。南宋末年，余玠被任命为四川安抚制置使，负责西南防务。这个人是有名的主战派，同时，又礼贤下士，在西南地区声望很大。播州杨文的军队也受余玠节制和指挥。余玠也早听说杨文的才能，所以，多次主动和杨文联系，向他询问防御策略。史料记载，杨文曾致书余玠，提出了所谓的《保蜀三策》：

上策，依据西南现有城池，全面抵御蒙古军队。

中策，在山川险要之地构筑堡垒，有目的地抵抗敌军入侵。

下策，依托西南的大江大河进行抵抗。

余玠深以为然，并且采取了杨文提出的中策，在大西南地区部署全面防御。而后，杨文和播州土兵在抵抗蒙古军队进攻大西南的过程中起到了后世无法估量的作用。

一方面，播州土兵成为西南地区抵抗蒙古军队的主力部队。历史记载，南宋政府多次抽调播州杨氏土兵，从遵义驰援四川、云南、重庆等地区与蒙古军队的战斗。播州兵勇悍无比，又熟悉地形，几乎每战必捷，声名远扬。因为战功卓著，朝廷加封杨文左卫大将军、播州伯、播州沿边安抚使等职务。播州土兵甚至被朝廷赐名御前"播州雄威军""雄威军"，可见播州土兵在这次抗击蒙古军队进攻中发挥的作用有多大。

另一方面，杨文提出的《保蜀三策》发挥了巨大作用。杨文首先在播州具体实施了这种策略，在今遵义市老城区以南（十多公里）大娄山东支龙岩山的山巅修建了一处用于抵抗蒙古军队进攻的军事堡垒——海龙囤（又名海龙屯、龙岩屯），作为战争时期播州的行政和军事指挥中心。不过，杨文设计建造的海龙囤，当时并未投入使用，因为蒙古军队没有进入遵义城区。但尽管如此，杨文代表的杨氏土司在阻挡蒙古大军进攻大西南的战斗中发挥了重要作用，已经间接改变着南宋末年大西南战局的走向。

而另一对来自遵义的兄弟两人，则用直接的方式彻底改变了宋军与蒙古军队战争的发展走向。

三、钓鱼城

　　这两个人分别叫冉琎、冉璞，是南宋播州绥阳（今遵义市绥阳）人。这两兄弟是前面我们提到的第一位遵义籍，也是整个贵州省第一位进士冉从周，冉氏家族的成员。史书记载，这两兄弟从小饱读诗书，又喜欢兵书战策，颇有文才武略。据说，杨氏土司也很看重这兄弟俩的才干，曾经多次邀约他们进入杨氏幕府。但这兄弟俩很有个性，不愿意攀附权贵，所以，逃到了遵义附近的山林里，过着隐居的生活。南宋末年，余玠被任命为四川安抚制置使，负责西南防务。冉氏兄弟听说余玠礼贤下士，于是，走出隐居的遵义大山，投在了余玠门下，成为幕宾。

　　这个时候，蒙古进攻南宋的意图已经十分明显了。冉氏兄弟早已嗅出了战争的味道，所以，在心中开始谋划西南地区的军事防御。这两人长期生活在西南地区，对贵州、四川和重庆一带的地形、地貌非常熟悉。于是，他们给余玠提出了一个重大的建议，说："巴蜀这一带的关隘，地势最险要的，莫过于钓鱼山。如果加固钓鱼山防御，积储足够的粮食和水，不亚于十万雄兵。"这个战略构想，和杨氏土司杨文提出的《保蜀三策》中的策略也不谋而合，深得余玠的认同。余玠奏报朝廷，任命冉琎为承事郎，冉璞为承务郎，实际负责合州防务。那么，这个钓鱼山又是什么地方呢？

　　钓鱼山位于今重庆市合川区以东五公里，处于嘉陵江、渠江、涪江汇合处，南、北、西三面环水，山势突兀耸立，处在通往重庆的咽喉要道上，蒙古军队要想占领重庆，必须首先过钓鱼山这一关。

　　冉氏兄弟得到任命后，在余玠的支持下，组织军民在钓鱼山上依山就势修筑了坚固的防御工事，并把合川城的居民迁移至此处，积草、凿井、存粮，做好了抵御蒙古军队进攻的准备。

遗憾的是，不久之后，余玠受到朝中主和派的排挤，被调离四川，不久去世。士为知己者死，冉氏兄弟得到消息，也辞官回归遵义，重新过起了隐居山林的生活，但钓鱼城却在接下来阻挡蒙古大军南下的过程中发挥了革命性的作用。

大家知道，成吉思汗及其子孙率领的蒙古军队几乎攻无不克、战无不胜，他们先后灭掉了北方的金和西夏，横扫中亚和东欧。到了宋朝末年，成吉思汗的孙子蒙哥大汗（元宪宗，1251—1259年在位）指挥大军南下，准备消灭南宋王朝。当时，蒙古大军兵分三路：一路由蒙哥的弟弟忽必烈进攻长江中游，一路由兀良合台率军进攻西南的云南、广西，另一路则由蒙哥自己亲自率领蒙军十万主力，进攻四川、重庆，准备夺取大西南的长江上游地区，然后顺江东下与诸路会师，直捣宋都临安（今杭州）。然而，令蒙哥和蒙古军队万万没有想到的是，蒙哥不仅没有实现占领大西南的作战计划，自己的性命也丢在了钓鱼城下。这是怎么回事呢？

1259年二月份，蒙哥率领的铁骑还真的打到了钓鱼城下。钓鱼城战役正式打响。当时的军事实力对比悬殊，蒙哥率领的进攻钓鱼城的蒙古军队有四万之众，而且都是久经沙场的精锐；而守城的南宋士兵只有不足四千，相当于蒙古军队的十分之一。但就是在这样实力悬殊的情况下，蒙古军队用了近半年的时间也没能把小小的钓鱼城攻破。原因在哪里呢？

对于南宋守军而言，他们有三大防御优势：一是城防坚固。二是物资充足。出于防御的需要，钓鱼城提前准备了充足的粮食；同时，城内有大小池塘10多个、井90多眼，粮食和水源充足。三是斗志顽强。面对在蒙哥大汗督战下以勇猛著称的蒙古军队，钓鱼城军民顽强抵抗，誓与钓鱼城共存亡。

而同时，蒙军则面临两个不利的作战因素：

一是气候不利。大西南夏季炎热、多雨，这对于习惯了寒冷和干燥气候的蒙古军队来说很不适应。时间久了，攻城蒙军中出现了身体不适，甚至一度疫症流行，严重影响了战斗力和军队的士气。

二是战略失当。在久攻不下的情况下，有人曾向蒙哥建议，留少量军队困扰钓鱼岛，围而不攻；而以主力绕过钓鱼城直至重庆，拿下重庆后沿长江水路东下，与忽必烈率领的进攻长江中游的蒙古大军会师。而蒙哥及大多数蒙古将领根本没有把一个小小的钓鱼城放在眼里，况且有蒙哥大汗亲自督战，怎能轻言放弃。所以，没有及时调整策略，决意继续攻城，必欲拿下而后快。

结果，意外发生了。1259年七月，蒙哥在亲自督师攻城时被炮火击伤，不久死于军中。消息传出，引起了巨大震动。

首先，进攻重庆、四川、贵州的蒙军主力立即撤回北方草原。其次，进攻长江中游的忽必烈得到消息，急忙返回草原地区，北上争夺汗位。最后，当时远征中亚、欧洲的蒙哥大汗的其他几个兄弟、儿子得到消息，也纷纷停止攻击，返回蒙古草原，争夺汗位。

这都是由钓鱼城战役引起的连锁反应。

后来呢？忽必烈夺取了汗位，建立了元朝。而后又用了20年的时间，到1279年才消灭了南宋。也就是说，因为钓鱼城战役的胜利，南宋王朝整整延续了20年的国祚。如果没有这20年，中国历史上，就没有文天祥抗元的英雄故事（因为钓鱼城战役打响的时候，文天祥还只是一个不起眼的小地方官），也不会留下"人生自古谁无死，留取丹心照汗青"的英雄壮歌。甚至有学者认为，因为蒙哥的兄弟、儿子们返回蒙古草原争夺汗位，也打断了蒙古铁骑进攻欧洲的步伐，阻挡了整个欧洲被横扫的结果发生。

这不是一场革命吗？而追根溯源，这场革命的发起地在遵义，发起人是遵义的杨氏土司和冉氏兄弟。

四、海龙囤

杨文及其播州土兵，影响了南宋和蒙古政权发展的走向，甚至改变了中国历史发展的进程。

可任何事情做过了头，好事就可能变成坏事了。杨氏土司淡出遵义的历史舞台也是杨氏土兵势力膨胀的结果。这又是怎么回事呢？这跟遵义的海龙囤有关。

杨文初步设计建造了海龙囤，但当时并未投入使用，因为蒙古军队没有进入遵义城区。到了明朝，第29代土司杨应龙下大功夫进一步完善了海龙囤的军事防御体系，使之更加固若金汤。杨应龙为什么对海龙囤这么重视呢？

据记载和遵义人传说，这个人很不简单。一方面，他继续效忠朝廷，进献良马、皇木，遵循了祖训；另一方面，他积极扩充势力，扩大地盘，武装军队。史书记载，到他统治前期：

地方二千里，民悍而财富。逆酋用之敢于衡命，震惊天下。

——《平播全书·后序》

也就是说，杨应龙统治时期的播州地方达二千里，包括了今贵州北部、东南部和湖南西部的部分地区；民悍而财富，有钱又有军事实力，敢于和朝廷对抗，天下震动。

这段话里的"逆酋"指谁呢？就是杨应龙。他之所以被称作"逆酋"，是因为他的确做了很多悖逆祖宗遗训、悖逆朝廷的事。比如，平日里，杨应龙竟然公开穿龙衣龙袍，睡象牙床，像皇帝那样选宦官、宫女。同时，大肆扩充军队，对周边土司擅自用兵。而且，对下残暴统治，嗜杀成性。这违背了朝廷土司制度设置的初衷，也完全违背了杨氏家训，危及大西南的安定、团结，丧失了民心。

那朝廷怎么能够容忍呢！况且，遵义这个地方一方面关乎整个贵州的稳定，同时又是中原通往南方地区的咽喉，关系到整个大西南的安危，地理位置十分重要。于是，明万历二十八年，1600年正月，明王朝认定杨应龙谋反，任命四川总督李化龙，统领四川、贵州、湖南、云南等15省24万步骑兵，分八路进兵播州，并赐尚方宝剑。史书记载，当时杨应龙手底下有超过十万人的土兵，依靠海龙囤坚固的防御体系，进行了殊死抵抗。这场战役在历史上被称为"平播之役"，前后进行了100多天（二月十二日至六月六日，前后进行了114天），终因寡不敌众，海龙囤被明朝官军攻破，杨应龙自缢身亡。官兵攻破海龙囤后，在海龙囤大肆杀戮和焚烧，海龙囤木结构建筑几乎全部被毁，留下的只有石头垒积的关隘、哨台、城墙、军营、衙署等遗迹、遗址。2015年，海龙囤和湖南（永顺老司城遗址）、湖北（唐崖土司城遗址）另两处土司遗址一起被联合国教科文组织以"中国土司遗址"名目列入《世界遗产名录》，供后人凭吊。

次年，1601年，明朝政府废除播州土司制度，"改土归流"，即把土官改为政府派出的流动官员，播州土司725年的统治画上了句号。而播州也被一分为二，设遵义军民府归四川，平越府归贵州。从此之后，遵义这个地名就彻底代替了播州。

今天，在贵州全省，排名第一的大姓就是杨姓，并不是全国排名前几位的张、王、李等姓。很明显，这跟杨氏土司家族在遵义的长期统治及其人口繁衍是有密切关系的。

所以，当我们回过头来，检索遵义历史的时候会发现，这个不起眼的西南山城在中国历史上多次扮演过不凡的角色。

"夜郎自大"的故事时刻提醒中国人要戒骄戒躁，克服故步自封的心态，积极学习、开放包容，成为中国文化中一份宝贵的财富。

播州杨氏土司在遵义700多年的统治虽然也不免有压迫、剥削，但在客观上，还是起到了稳定封建统治、社会安定的作用，给遵义带来经济发展、文化教育、社会安定等方面的贡献还是应该给予肯定的。尤其是南宋末年，杨氏土司和播州土兵的有为之举，极大地打击了蒙古军队的气焰，影响了南宋和蒙古政权发展的走向，甚至改变了中国历史发展的进程。从此，遵义这座城市被载入青史。

当然，比抵抗蒙古军队进攻意义更大的还要数长征途中的遵义会议，1935年1月15—17日，红军占领遵义，并召开了中共中央政治局扩大会议，即遵义会议。会上，纠正了博古、王明、李德等在军事指挥上的错误，确立了以毛泽东等为代表的新的中央的正确领导。在极其危急的关头，挽救了党和红军，挽救了中国革命。所以，没有遵义会议，也许就没有中国革命的今天。这个意义怎么评价都不过分。革命遵义，当之无愧！

不过，客观地说，无论夜郎国的发展，播州土司的强盛，还是遵义会议的召开，甚至香飘世界的茅台酒等等都离不开长江的滋养。具体来说，离不开赤水河和乌江，尤其是赤水河的滋养。而随着人类活动的加剧，赤水河流域的生态也遭到了不同程度的损坏，贵州省和遵义市政府对此高度重视，并制定了切实可行的保护规划和措施，对流域内生产、资源、环境和遗产保护做出了详细规定，甚至在赤水河十年休渔，让自然生态逐渐恢复。

所以，我也衷心期望赤水河再次变成一条风光秀丽的河，一条美酒飘香的河，一条红色文化和英雄史诗浸染的河，一条遵义百姓的幸福之河！

第五章

蜀都之光

城市文化自测题

1. 《蜀王本纪》是记载古蜀国历史的重要文献,它的作者是_____。

   A. 扬雄　　　　B. 司马相如　　　　C. 常璩　　　　D. 杨慎

2. 曾经派出一支精锐部队参加殷商末年"武王伐纣"的古蜀国王是_____。

   A. 蚕丛　　　　B. 鱼凫　　　　C. 杜宇　　　　D. 开明

3. "中国文化遗产"标志"太阳神鸟"金饰的出土地点是_____。

   A. 金沙遗址　　B. 宝墩遗址　　C. 三星堆遗址　　D. 鱼凫城遗址

4. 战国晚期,向秦惠王建议出兵蜀国的秦国大臣是_____。

   A. 商鞅　　　　B. 张仪　　　　C. 公孙衍　　　　D. 司马错

5. 战国晚期,秦国派兵消灭了蜀国,秦国进军的道路是_____。

   A. 金牛道　　　B. 子午道　　　C. 陈仓道　　　　D. 米仓道

参考答案

1.A 2.C 3.A 4.D 5.A

城市诗篇

蜀道难（节选）

噫吁嚱！危乎高哉！

蜀道之难，难于上青天！

蚕丛及鱼凫，开国何茫然！

尔来四万八千岁，不与秦塞通人烟。

[注]成都，四川省会，位于成都平原腹地，国家首批历史文化名城。由于得到岷江水利工程都江堰的滋养，被誉为"天府之国"。成都历史悠久，文化遗产丰富，是古蜀文明的发祥地。

李白在其名作《蜀道难》中，形象地描述了古蜀国对外交通的艰难。因为四周都是高峻的大山，对外交往的蜀道太难走了，简直难于上青天。传说中，古蜀有蚕丛和鱼凫两位开国的先祖，但开国的年代实在太久远了，以至于后人无法详知。自从那时至今过去了很多年，秦蜀之间因为有秦岭的阻挡，人们都无法正常往来。

上一章，我们讲了赤水河畔的名城遵义。从本章开始，我们来到岷江河畔的成都。很多朋友都熟悉刘备、诸葛亮建立蜀汉时期的成都，或者唐朝大诗人来到成都建立草堂的历史，其实，成都城市的历史要比这悠久得多。

比如，以往历史教科书中，讲到春秋战国那段历史的时候，经常提到"春秋五霸"（齐桓公、晋文公、秦穆公、楚庄王和宋襄公）和"战国七雄"（秦、齐、楚、燕、赵、魏、韩）。五霸也好，七雄也好，主要都位于黄河中下游和长江中下游地区，而忽视了长江上游这一片广阔的区域。其实，从大禹治水到春秋战国时期，在大约两千年左右的时间里，以成都为中心的长江上游地区曾经存在过一个富庶强大的蜀国，不过由于高山阻隔、道路不通和信息不便，古蜀国像一个世外桃源，或者被中原地区暂时遗忘的一颗明珠，相对独立发展，不为外人所知。两千年，你可以想象是多么长的一个时间段，会发生多少荡气回肠的故事！我想，如果我们能还原古蜀国的那段历史，恐怕会颠覆一些传统的认识，在春秋五霸和战国七雄之外还得加上蜀王和蜀国，这样就可能变成"春秋六霸""战国八雄"了。

而到了战国晚期秦国统一中国的前夜，发生在秦国都城咸阳宫廷里的一场辩论，最终打破了古蜀国的平静，从此改变了成都城市发展的命运。

那么，这是一场什么辩论？神秘的古蜀国到底又发生过哪些荡气回肠的故事呢？

一、蜀王蚕丛

战国晚期，距离秦始皇统一全国大约一百年以前，秦国的都城咸阳发生了一场激烈的辩论。当时主政的是秦惠王嬴驷，而辩论的双方是秦国的国相张仪和秦国的将军司马错。很多人对张仪很熟悉，他是战国时期著名的纵横家，主张连横，对削弱六国，帮助秦国统一全国发挥了重要作用。而对司马错可能不太了解，其实这个人也是战国时期一个了不起的军事家、战略家。

这场辩论的焦点是什么？是否出兵成都，占领蜀国。当时，秦国通过商鞅变法，逐渐崛起成为战国七雄中综合实力最强大的诸侯国，已经具备了用武力吞并六国，统一天下的军事实力。所以，张仪主张应该趁热打铁，向东方六国挨个用兵，统一全国。而司马错的观点恰好相反，他认为，秦国统一六国的时机尚未成熟，应该先占领富庶的蜀国，以成都为中心建立秦军的后勤供应基地；而后，从成都出发，由长江上游顺水路而下，进攻楚国，然后完成统一大业。

这场争论很激烈，两个人说的也各有道理。

那么，最终秦惠王是如何决断的？蜀国的命运又如何呢？

我们首先得把这个蜀国给大家交代清楚。

今天，人们习惯把以成都为中心的四川称作"蜀"，把那里的文化称作"蜀文化"。那么，这个"蜀"字有什么讲究呢？

"蜀"这个字，最早见于殷商时期的甲骨文。仅从字形上看，"蜀"的上面是个平置的"目"，像一只大大的眼睛；下面像一个半包裹起来的"虫"字。据成都一带流行的说法，蜀就是蚕，是一种野桑蚕。野蚕是不群居的，而在远古的时候，有一位蜀的先祖，叫蚕丛。是他最早教民养蚕，把野蚕驯化，使四川成为我国最早养蚕的地方。那么，这个蚕丛又是谁呢？

他就是传说中古蜀部落酋长，或者被看作古蜀国的第一任国君。

根据古代两位成都学者，西汉扬雄（今成都郫都区人）所著《蜀王本纪》以及东晋常璩（今成都崇州人）所著《华阳国志》记载，从传说中治水的大禹到战国初期，大约相当于中原地区的夏、商、周两千年左右的时间里，在以成都为中心的四川盆地存在一个古蜀政权。这个政权大约经历了五个朝代，分别是蚕丛、柏灌、鱼凫以及杜宇、开明。每个朝代至少一百多年，多则经历了好几百年。蚕丛、柏灌、鱼凫，以及杜宇、开明可能是部落酋长（或国君）的名字，或者是五个朝代的称谓。

由于古蜀国那些事都发生在很久很久以前，那时还没有成熟的文字记载；加上扬雄和常璩的记载也很简略，所以，人们对那段历史知之甚少。大诗人李白曾有诗曰：

蜀道之难，难于上青天！

> 蚕丛及鱼凫，开国何茫然！
>
> ——李白《蜀道难》

说自古以来，上青天有多难，通过蜀道就有多难。由于交通不便，历史记载不多，所以，人们对蚕丛与鱼凫那段开国的历史茫然不知。

好在还有两个文献，加上不少传说（传说也是有一定真实性的，很多古代传说后来都被考古发掘所证实），再结合现代考古发现，我们今天还能大概、粗略地还原古蜀国的历史面貌。

就第一代蜀王蚕丛来说，说蚕丛是蜀山氏的后裔，最早兴起于岷山，也就是岷江的发源地。那里的环境怎么样呢？崇山环绕，气候温湿，林木葱茏，水源丰富；有大块的山间平原，土地肥沃，给古蜀早期先民提供了有利的生存条件。就是在那里，蚕丛一方面教民务农，发展早期农业；另一方面，又教民养蚕，使这里成为我国桑蚕文化的重要发祥地。

蚕丛氏的蚕丛是什么意思呢？有学者认为，野蚕是不群居的，而"蚕丛"的意思就是将野蚕聚集在一起，进行人工饲养。这是早期人类的一大发明，很不简单。在这个过程中，蚕丛是蚕丛部落的酋长。与此同时，他扮演的角色，有点类似中原地区的神农氏。

据记载和当地传说，早期的时候，蚕丛氏带领部落氏族，居住在岷山一带自然形成的山洞、石室中；人死以后，用石棺、石椁进行安葬。到了后来，蚕丛氏带领部族沿着岷江一路向南迁徙，来到了成都平原居住和生活，条件大为改善。

据传说，蚕丛带领他的部落来到成都平原后，勤政为民，很得人心。每到春天，他往往身着青衣，巡行郊野，教民蚕事、农事。他去世之后，老百姓感其恩德，就给他立祠进行祭祀，这样的祠庙曾经遍布成都平原。而蚕丛在民间的俗称也变了，变成什么了呢？青衣神。今天，在大文豪苏轼的家乡四川眉山市有一个县叫青神县，这个县名在1400多年（北周562年设立）以前就有了，传说就是为了纪念当年古蜀先王蚕丛身着青衣，教民农桑而命名的。

所以，我们可以得出这样的结论：首先，"蜀"这个字的得名与蚕和蚕事活动有关；其次，蚕丛是古蜀国和蜀文化的开创者，由于他最早教民养蚕，所以，后来变成了百姓崇拜的蚕神；第三，蚕丛一开始居住在岷江上游，后来，带领部落成员正式定居在了成都大平原，拉开了成都历史发展的序幕。

二、杜宇与杜鹃

继蚕丛之后，柏灌、鱼凫先后为蜀王，建立了柏灌和鱼凫两个朝代。传说柏灌善于经营农业，而鱼凫则人面而蛇身，善于治水。鱼凫之后，出现了杜宇王朝。

根据扬雄《蜀王本纪》记载，杜宇不是土生土长的蜀国人，是一个外来部族的首领。随着部落势力的逐渐强大，杜宇率领他的部落进入成都平原，打败了鱼凫王朝，自立为蜀王，号望帝，定都于郫（今成都郫都区），而把广都樊乡（今四川双流区）作为别都。这两个地方离成都市中心不远，都可以纳入成都建都史的一部分。

杜宇这个朝代大约统治了一百多年，统治的时间大约相当于中原地区的殷商后期到西周初期。他统治时期，做了这么几件事。

一是出兵中原。据《尚书·牧誓》记载，在杜宇时期，他曾经派出一支精锐的蜀国部队，参加了西周末年中原地区的一次重要战役——武王伐纣。蜀军作为先锋部队，在推翻殷商政权，建立周朝的过程中立下了很大功劳，得到了周武王的封赏。

二是自称望帝。杜宇统治时期，成都平原进入了农耕文明发展的一个高峰期。杜宇联合四川盆地各民族建立了一个地域广大的政权，蜀国进入强盛时期，而杜宇自以为德高于中原诸王（秦王、楚王、齐王等），所以，自称帝，叫望帝，似乎比春秋五霸、战国七雄都更霸气。

三是化作杜鹃。杜鹃鸟是益鸟，在中原地区，这种鸟叫布谷鸟。每到春天，布谷鸟叫了，催着人们赶快播种，叫的声音很像"布谷""布谷"。而在成都平原的四川地区，人们对杜鹃鸟有更深的感情，他们把杜鹃鸟的叫声解读为"不如归去""不如归去"。为什么说"不如归去"？又要归到哪里呢？这跟蜀王杜宇的结局有关。因为就是这样一个看似辉煌的王朝，它的结束却显得扑朔迷离。

扬雄的《蜀王本纪》中有这样一段记载：

> 望帝积百余岁。荆有一人名鳖灵，其尸亡去，荆人求之不得。鳖灵尸随江水上至郫，遂活，与望帝相见。望帝以鳖灵为相。时玉山出水，若尧之洪水，望帝不能治。使鳖灵决玉山，民得安处。鳖灵治水去后，望帝与其妻通，惭愧，自以德薄不如鳖灵，乃委国授之而去，如尧之禅舜。鳖灵即位，号曰开明。
>
> ——扬雄《蜀王本纪》

望帝杜宇统治一百多年后，在荆，即今长江中游的荆州（关羽大意失荆州的荆州）出了一个叫鳖灵的人。这个人很特别，他死了之后，尸体神秘失踪了。后来，他的尸体到了哪里呢？顺着长江逆流而上，到了成都平原。在杜宇的都城郫都，尸体神奇地复活了。接着，杜宇接见了鳖灵，也许因为鳖灵太神奇了，或者因为鳖灵能耐太大了，杜宇一下子就看中了他，而且任命他为国相，总理全国政务。过了一段时间，四川盆地岷江发生大水灾，跟传说中的尧统治时期发生的大洪水很相似，洪水溢出河道，泛滥成灾，杜宇没有办法治理。于是，杜宇派出国相鳖灵，让他亲赴现场，指挥治水。鳖灵治水很有办法，他凿开玉山（即玉垒山），使洪水下泄，取得了成功，老百姓得以安处。他的这一行为，有点类似在中原地区广为传颂的大禹治水。而就在鳖灵到玉山治水的时候，身在郫都的杜宇却与鳖灵的妻子私通，做下了不才之事。鳖灵治水成功回到郫都后,杜宇觉得很惭愧,自以为德、能都不如鳖灵,所以,仿效尧舜禅让的做法,把蜀国君位让给了鳖灵,自己则离开郫都,隐居到西山。杜宇王朝结束,鳖灵建立了开明王朝,被称为丛帝,或称开明王。

这段记载相当离奇,而且留下了很多疑点。

首先,鳖灵死而复生本来就有悖常理,尸体怎么还能逆江水而上!这是令人不可理解的。结合其他相关记载和传说,我们大概可以还原当年的大致情况。比较合理的解释应该是,鳖灵是长江中游荆州一带的部族首领。在杜宇统治的末年,鳖灵率领他的部族沿江而上到了四川盆地。而这个时候,四川盆地正好发生了特大洪水,鳖灵率领的部族帮助杜宇治理洪水,并取得了胜利。

其次,鳖灵是如何取代杜宇王朝,成为蜀国新统治者的?禅让的说法,有些勉强。根据史料,结合我个人的判断,可能的情况有这么几种:

第一种,军事夺取的。鳖灵作为一个外来部族,用武力的方式袭取了望帝杜宇的帝位,可能还伴随刀光剑影和流血牺牲。

第二种,阴谋夺取的。杜宇在鳖灵外出治水之时与鳖灵的妻子私通,要么说明杜宇好色、无德,但也有可能是被算计了。被谁算计,当然是鳖灵。一个外来者,能在短时间内得到国君的信任,并委以国相重任,充分说明鳖灵是一个非同寻常的人,要么是真正的智者,要么可能是一位阴谋家。但无论如何,杜宇的责任不可推卸,最终,因为抵挡不住美人的诱惑,丢了江山社稷。

第三种,和平移交的。杜宇统治晚期,一方面年龄增大,精力不济,大权可能完全掌握在鳖灵手里;另一方面,又发生了私通这件事。所以,杜宇不得不交出权力,结束自己的统治。这不是禅让,更像是在威逼下不得不做出的一种无奈选择。

因为杜宇王朝结束得太离奇,也因为望帝杜宇这个人在位时做了不少好

事,所以,后代关于望帝的传说一直在流传。到了唐朝,关于杜宇和鳖灵的故事还在广为流传,大诗人李商隐写下了这样一首诗:

锦瑟无端五十弦, 一弦一柱思华年。
庄生晓梦迷蝴蝶,望帝春心托杜鹃。

——李商隐《锦瑟》

李商隐曾经在巴蜀地区为官,对古蜀文化有比较深入的了解。所以,在诗中引用了杜宇的故事,"望帝春心托杜鹃"说的是什么呢?说杜宇被迫让位后,隐居于西山。传说他死后,魂魄化为子鹃。巴蜀当地的老百姓感恩于杜宇教民力农,建庙宇供奉杜宇,把他称为杜主君。每年春天,子鹃就啼鸣不止,叫声好似"不如归去""不如归去",隐含着当年杜宇退隐西山的故事。由于子鹃不停地叫,以至于口中流血,其声哀怨悲戚,动人心魄,富有招魂意味。就这样,子鹃鸟被称为杜鹃,成为成都贡献给后人最为著名的文化动物。

三、太阳神鸟与青铜面具

从帝鳖灵建立开明王朝后,先后传了十二世蜀王,经历了三百多年的统治。在开明九世王开明尚时期(大约公元前367年),从广都樊乡(今四川华阳县)正式迁都当今成都,开启了成都历史的新篇章。

至于为什么取"成都"这个名称,有不同的说法。而《史记·五帝本纪》里有这么一句话:

一年而所居成聚,二年成邑,三年成都。

——《史记·五帝本纪》

这是说三皇五帝时代五帝之一的舜的。说舜这个人很有威望,人们纷纷投奔他。一年之后，他所居住的地方就聚居很多人，形成了村落；两年之后，发展成为一个城邑；三年之后，就变成了一个都市。后来，周朝的先祖迁往岐山的时候，也发生了类似的事。舜和周的故事广为流传，而成都的命名可能借用了舜和周的做法，故名成都。"成"有成就、成功、完成、毕、终的意思，成都就是最后的都城、成功的都城，很大气、吉祥如意，深得成都人的喜爱。所以，两千多年以来，成都这个城市名称一直被沿用下来，这在很多长江名城，乃至我国众多城市中也是不多见的。

古蜀国从蚕丛到开明经历了五个朝代、两千年左右的时间，可以想象，其间必然创造了灿烂的文化。20世纪末21世纪初期，考古工作者在成都市中心以西大约五公里的金沙遗址，出土了石器、玉器、金银器、青铜器，还有象牙、漆器等各种珍贵文物5000多件，震惊考古界。根据考古测定，这个遗址的主体文化遗存的年代为三千年前后，相当于我国历史上的商代晚期至西周时期，和杜宇以及开明王朝相对应。尤其令人瞩目的是，在30多件金器中，有一件不大但十分精美的金饰图案。这个金饰重量只有20克，直径12.5厘米，厚度只相当于一张复印纸那么薄。中间镂空的部分，是一个旋转的火球，象征着太阳。外围图案为等距离的四只神鸟，它们向着同一个方向展翅飞翔。图案再现了远古人类"金乌负日"的神话传说，体现了当时的人们对太阳及神鸟的强烈崇拜，因此，被命名为"太阳神鸟"。据研究，这个太阳神鸟系用自然沙金热锻而成，工艺十分复杂，尽管我们已经拥有了现代科学技术，但后来在制作"太阳神鸟"复制品的过程中仍然十分困难。而三千年前后，到底是什么能工巧匠仅仅凭借简单的手工技术就能制作出如此精美的工艺品，仍然是一个未解之谜。正是因为它的珍贵，所以，"太阳神鸟"金饰（2005年）被国家文物局确定为"中国文化遗产"的标志，同时也成为成都城市标志的核心图案。

除了金沙遗址，在成都附近，还有宝墩、三星堆、鱼凫城等大量的考古遗址被发现。在四川广汉三星堆遗址（二号祭祀坑）还出土了一件独具特色的青铜面具。只见面具双眼眼球呈柱状外凸，向前伸出约10厘米。整体造型意象神秘诡谲，风格雄奇华美，在三星堆各类出土文物中十分显眼，跟中原地区，比如安阳殷墟发掘的青铜器风格上差异很大。经过考古和历史学家的研究，这幅面具大致符合古蜀人始祖、古蜀国首位先王蚕丛"纵目"的记载特征。史书记载，蚕丛"纵目"，他的眼睛像螃蟹一样向前突起，而这幅青铜面具就很符合这个特征。所以，考古学家把它命名为"铜戴冠纵目面具"。那这幅面具是做什么用的呢？是古蜀人祭祀用的。生活在高山大河之中的古蜀先民对自然和祖先充满了敬意，因而，产生了强烈的自然崇拜和祖先崇拜情结。我们可以想象，古蜀时期，在三星堆祭祀的时候，古蜀先民们搭建起象征神灵崇高地位的高高的祭台，祭师们头戴这幅青铜面具，手持法器，主持庄严的祭祀活动。祭台下站满了包括蜀王、大臣等在内的国家重要人物。这种祭祀的目的或是驱鬼逐疫，或是求神消灾，或是希望战事胜利，抑或是祈求王室子孙繁衍、国家兴旺发达等，无非都是祛祸降福，为古蜀带来福祉。今天看来，尽管这种神灵崇拜观念比较幼稚，但在古蜀时期却是非常庄重、肃穆的，其作用也不可小觑。

  这些重大考古大发现，把成都平原的历史向上推到三千年至五千年以前。这说明什么呢？一方面，由于蜀道艰难，成都平原相对封闭，所以，古蜀地区出现了相对独立的文明系统；另一方面，从成都的得名、杜宇派军队参与武王伐纣等说明，古蜀地区一直保持着和中原文明的来往和交流。总之，证明了长江流域与黄河流域一样，同样是中华文明的重要发祥地。而作为古蜀文明的核心，成都无疑是长江上游早期文明的杰出代表城市，焕发出灿烂的文明之光。

四、五丁力士与金牛道

  再回到发生在秦国宫廷的那场辩论上。

  到了开明王朝晚期，开明王逐渐腐化堕落，为古蜀国的灭亡埋下了祸根，也使成都面临着一场危机。

　　以往，很多朋友认为，秦国统一全国主要靠的是强大的军事实力，秦始皇兵马俑就显示了这种战无不胜的实力。但不要忘了，无论什么时候，战争都是巨大的物资消耗战，没有强大的经济实力作为后盾，很难赢得持久战的最终胜利。而秦国要想统一全国，仅仅依靠关中平原作为经济支撑是远远不够的。所以，与秦国毗邻又沃野千里的古蜀国就进入了秦国的视野。秦国一直对蜀国虎视眈眈，但一直苦于两个问题：一是没有进兵的道路，二是没有出兵的借口。没想到，在秦惠王统治时期，出兵的借口先找到了。

　　开明王朝中后期，已经定都成都，而且也已经占领了汉中地区。开明王（第九代国君，开明尚）有一个弟弟叫苴萌，被封到汉中，做苴侯。但苴侯却胳膊肘往外拐，私下里和重庆地区的巴王要好，来往很密切。而在当时，巴与蜀关系并不好，经常兵戎相见。所以，开明王得知后，十分不满，要率兵攻打弟弟苴侯。苴侯害怕，逃到了巴王那里，开明王又要攻打巴国。当时巴国实力不如蜀国，于是巴王和苴侯向秦国求救。

　　关于是否以救援巴国、苴侯为名，出兵蜀国，占领成都，张仪和司马错的意见发生了分歧。张仪认为不该出兵，而司马错不仅认为应该趁此机会出兵巴蜀，而且应该一举占领巴蜀。他说：

　　　　其国富饶，得其布帛金银，足给军用。水通于楚，有巴之劲卒，浮大舶船以东向楚，楚地可得。得蜀则得楚。楚亡，则天下并矣。

　　　　　　　　　　　　　　　　　　——《华阳国志·蜀志》

　　第一，巴蜀土地富饶，得到了巴蜀的布帛金银，就可以从物力、财力上为秦国的统一战争提供支持。

　　第二，巴国通过长江三峡与楚国相连，而楚国是秦国最强大的对手，得到了巴国，将得到巴国勇劲的士卒，也就是兵源，从水路乘战船沿江东下，便可一举攻灭楚国。

第三，得到了蜀地、巴地，便可以攻灭楚国，楚国一亡，秦国就没有强大对手了，那么，天下统一也就顺理成章。

很明显，和张仪的观点相比，司马错的意见更富有远见，高出一筹。

秦惠文王是一位富有远见的政治家，他果断地接纳了司马错的意见，准备接受巴王和苴侯的请求，派兵进攻蜀国，一举占领成都。

但这时候，问题又来了，秦和蜀之间根本没有可以行军的正规通道。翻开地图，我们就会发现，在地形上，以成都为中心的四川盆地周围大山环绕。北边是大巴山脉、高大的秦岭，阻断了和关中平原的交通；东边是巫山山脉，有三峡，在水上航船技术不发达的情况下，与长江中下游的交通极为不便。而四川盆地的西边是青藏高原，南边是云贵高原。所以，在很长时间里，都没有成都通往中原地区的正规通道。

没有通道，就无法派出大军，怎么办？

狡猾的秦惠王想出了这样一条妙计：他让人刻了五条石牛，每天在石牛屁股后头堆上一堆金子，说是石牛能粪金，石牛就是金牛。而且，故意把这个谎言传到了蜀人那里。秦惠王之所以散播这样一条谣言，是因为他把握住了蜀王的心理——好财又好色。果然，贪婪的开明王听到了这个消息，以为石牛是天牛，信以为真，便派人向秦王求要。秦王也很大方，爽快地答应了，开明王当然十分高兴。

但石牛块头大，又很重，怎么办呢？传说蜀国有五名大力士，有超人神力，能够搬运巨石，开山筑路，叫五丁力士（关于五丁力士，有不同的说法，或指五军之长，或指负担劳役的广大劳动人民）。这五丁力士是蜀王的心腹忠勇之士，所以，常常被派去完成很多重要的事情。蜀王就让五丁力士去开山筑路，把那五头金牛迎回成都。经过了千难万险，道路最终还是开通了，五头金牛也被从咸阳运回成都。我们知道，要在秦岭、大巴山等高山绝壁、沟壑间凿石筑路、架设栈道，其工程之艰险、耗费之巨大，在现代人看来，都是十分艰难的。但这条道路能开通，说明在开山凿石修路这方面，蜀人比秦人有更高的智慧，有更多优秀的人才，五丁力士就是其中的佼佼者。因为是要搬运金牛而修的道路，所以，后人给这条道路取名金牛道，或石牛道。但金牛被运到成都后，根本不会粪金，开明王这才知道上了当。

道路开通后，秦王并没有马上进兵蜀国，为什么？因为他忌惮勇猛无比的五丁力士。于是，他又想出一条计策，说要送给开明王五位秦国的绝色美女。贪财好色的开明王欣然接受，再次派出五丁力士前往迎接。但回来的路上，发生了山崩，五丁力士和五位美女都被埋在了山下。

得到五丁力士去世的消息，秦惠王认为进攻蜀国的时机完全成熟了——路修通了，五丁力士也不在了。于是，公元前316年，秦惠王派司马错和张仪带领秦国大军沿着金牛道进攻蜀国，开明王（十二世蜀王，开明芦，或称芦子霸王）死于乱军之中，蜀国灭亡。

秦国实现了自己的意图，而在秦国消灭蜀国，占领成都95年之后，秦始皇最终消灭六国，统一了全国。所以，有很多历史学家、政论家认为，秦灭六国，应该自灭蜀开始。我认为，这个评价是站得住脚的。

古蜀灭亡对成都又意味着什么呢？

在没有开通五牛道的时候，成都是一块世外桃源，是相对独立的，也发展了可以与中原相媲美的文明。但毕竟高山阻隔，道路不通，经济和文化交流十分有限。缺乏交流，就可能不了解外部世界，甚至产生夜郎自大的心态，自以为很强大。当然，也不可能居安思危。当黄河中下游和长江中下游地区在经历变法图强、百家争鸣的时候，成都的蜀王可能还沉浸在盲目的自大里。这样，古蜀国被秦国所灭，成都被占领也就是早晚的事情。被占领是件痛苦的事情，美梦被打断了。然而，阵痛过后也意味着新生，就像破茧化蝶一样。从此之后，成都不再封闭，与中原文明和长江中下游文明紧密地联系在一起，同呼吸、共进退；成都也不再仅仅是蜀王陶醉和蜀国人向往的大都市，成都的历史翻开了新的篇章。

第六章

天府之国

城市文化自测题

1. 赞颂"九天开出一成都,千门万户入画图"的诗人是_____。

    A. 李白   B. 杜甫   C. 元稹   D. 白居易

2. 第一任蜀郡郡守对四川地区的发展做出了很大贡献。这位太守是_____。

A. 李冰   B. 张若   C. 陈壮   D. 司马错

3. 按照水文学基本原理,自然河流水资源开发利用率有一个最大值,超过了就会影响河道自然和生态平衡。这个最大值是_____。

A. 30%   B. 40%   C. 50%   D. 60%

4. "汉初三杰"为汉朝建立立下了汗马功劳,这三个人不包括_____。

A. 张良   B. 陈平   C. 萧何   D. 韩信

5. 唐中宗送给自己出嫁的公主一件珍贵的蜀锦"单丝碧罗笼裙",这位公主是_____。

A. 太平公主　　　　B. 平阳公主　　　　C. 永泰公主　　　　D. 安乐公主

参考答案

1.A　2.B　3.D　4.B　5.D

城市诗篇

上皇西巡南京歌（其二）

李　白

九天开出一成都，万户千门入画图。

草树云山如锦绣，秦川得及此间无？

[注]唐玄宗天宝十四载（755年），安史之乱爆发。第二年，唐玄宗仓皇逃到成都。757年，长安收复，唐肃宗派人迎回玄宗。唐肃宗宣布大赦天下，同时为了纪念唐玄宗避难成都，唐肃宗下诏把成都升为唐朝的南京。

安史之乱震动全国，远在江西的大诗人李白密切关注着朝廷的动向，唐玄宗出逃成都时刻牵动着他的神经。当他得知唐玄宗安全返回长安、朝廷把成都升为南京时，再也抑制不住心中的激情，奋笔写下了组诗《上皇西巡南京歌》十首。上面这首诗的大意是：成都乃是九天的杰作，不是人力所为；你看那城里的千家万户，整齐排列就像画中一样。花草树木装扮的城市如锦绣般美丽，这种景色恐怕八百里秦川的唐都长安是看不到的，盛赞了成都的迷人和美丽。

城市是人们生活的家园，好的城市声誉往往给生活在那里的人们带来自豪感。比如，"上有天堂，下有苏杭"就给苏州、杭州人带来莫大的自豪感；而北京、西安、南京、洛阳、开封等地的人也以生长在大古都而感到骄傲。成都人也很幸运，大诗人李白曾说"九天开出一成都"，成都是九天的杰作，非人力所为。同时，成都平原自古就被人们誉为"天府之国"，成都人都生活在"天府之国"里，多自豪啊！

这个"天府"是什么意思呢？顾名思义，就是上天赐予人间的府邸，仿佛一块天生的沃土、一块天生的圣地。

在我国历史上，关中平原也曾经被称为"天府"。但到了今天，似乎只有以成都为中心的四川盆地被人们公认为"天府"。其中原因，也许跟关中平原自然环境退化、人口增加太多有一定关系。而以成都为中心的四川盆地尽管在自然方面也有很大变化，但总体上仍然保持了良好的生态环境和生存状态，所以，成为人们向往的天府之地，这让成都人倍感自豪。

不过，成都虽然号称天府，但天府之国这个称誉并不是天生就存在的，什么时候才有的呢？在成都，一直流传着这样一种说法："先有都江堰，后有天府之国。"也就是说，先有了都江堰水利工程，后来才形成了天府之国。

那么，都江堰又是在什么背景下建设的？它究竟是如何给成都带来"天府之国"称誉的呢？

一、李冰履职蜀守

很多朋友对都江堰都不陌生，它是位于长江上游的支流岷江上的一个大型水利工程项目，主持修建都江堰水利工程的是秦国蜀守李冰。至今，尽管已经过去了两千多年，都江堰仍然发挥着巨大的作用，为四川盆地数百万亩的土地提供灌溉用水；它还进入了世界遗产名录，受到世人的瞩目。

那么，李冰是在什么背景下被指派主持修建都江堰水利工程的？

据史书记载，公元前316年，秦国派大军顺着金牛道灭了古蜀国，把成都和整个四川盆地并入秦国版图。当时，主张灭蜀的秦国战略家司马错把占领蜀地的作用定位为：其一，蜀地富庶，可以得到那里的粮食、物资；其二，四川位于长江上游，可以乘船而下，向东灭亡楚国。也就是说，要让蜀地成为秦国一统天下的后勤基地和军事重地。那么，蜀地政治稳定、经济繁荣就成为头等大事。所以，占领蜀地后，秦国非常重视对那里的治理。他是怎么治理的，达到目的了吗？

一开始并未达到目的。秦王封自己的儿子为蜀侯，相当于分封诸侯一样，坐镇成都。蜀侯身边还有相国。同时，设立蜀国守（不是郡，前285年才设立蜀郡），帮助处理地方政务。第一任蜀侯是秦惠王的儿子嬴通（国），蜀相为陈壮，张若为蜀国守。

秦国一开始对蜀地的治理有成功的一面。比如，一方面，在蜀国守张若的主持下，仿照秦都咸阳，大建成都（秦灭巴蜀后，设立成都县），修建城池、官府、仓储、园林等，使成都的面貌大大改观，确立了成都作为四川盆地中心城市的地位。另一方面，考虑到四川盆地面积广阔、人口稀少，从关中地区向蜀地大量移民，秦惠王时期曾经一次就移民万家。按一家三口人计算，也有三万人之多。这些人主要集中在成都附近，要么具有先进的农耕技术，要么具有先进的手工业和商业本领，为成都的繁荣奠定了基础。

但也有不成功的一面。根据记载，在秦国治理蜀地的前三十年里，先后封了三位蜀侯（通、恽、绾）坐镇成都，但这三位蜀侯结局都不好，先后被杀。为什么？两个主要原因：一是蜀地偏远，鞭长莫及。所以，蜀地一有风吹草动，秦王就怀疑那里谋反，疑神疑鬼，动辄杀戮。二是说明秦王太看重蜀地了，连自己的亲骨肉也不放过。既然连自己的亲骨肉都不放心，怎么办？干脆不设蜀侯了。所以，设了三任蜀侯之后，秦国就不再在蜀地设立蜀侯，只设立蜀守，也就是蜀郡的郡守。张若就是第一任郡守（秦昭襄王二十二年，即前285年，"因蜀山以为郡名"，见《元和郡县志》，置蜀郡，设郡守），成都为蜀郡治所。张若这个人很不简单，历经三任蜀侯都死于非命，而他却安然无恙，能独善其身，可见他在朝廷心目中的地位有多稳定，也说明其智谋之深，并深受秦王器重。同时，这个人主政蜀地前后有四十多年时间，仿照咸阳扩建成都，并对成都经济发展、政治安定、文化传播、移风易俗等发挥了重要作用，在成都城市发展历史上是值得纪念的一个地方官。

秦昭襄王嬴稷五十一年（前256年），张若调任黔中郡郡守，秦国任命水利专家李冰接任重要的蜀守一职，成都的历史翻开了新的篇章。

秦国为什么没有派一位政治家或者军事家来治理蜀地，偏偏派了一位水利专家呢？

一方面，是现实的原因。秦国打算把蜀地变成统一全国的粮食、物资后勤基地，但三十多年过去了，这个目的并没有完全达到（张若整理有效果，但不明显）。

我觉得还有另一方面的原因，即历史的原因。历史上，成都为中心的蜀地频繁遭受洪水泛滥的侵扰。从地理位置看，成都的西边是长江上游支流岷江，东部是长江的另一条支流沱江，水源很丰富。但雨季来临时，河水经常泛滥，对四川盆地的农业经济发展带来了很大危险。根据史料记载，古蜀国时期，杜宇王朝统治的晚期就遭受过一场大水灾，最后导致了杜宇王朝被开明王朝所取代。再加上张若在蜀地经营了三四十年，基本稳定了当地的局势，所以，怎么想办法梳理好江水，发展蜀地经济，成为蜀地治理的头等大事。

这样，一位水利专家被派到成都接任蜀守也就可以理解了。

二、千古都江堰

我国古代有很多伟大的水利工程，比如鸿沟、郑国渠、灵渠等，但随着岁月流转，到今天都无法再发挥作用。都江堰水利工程却是个例外，它经受住了岁月的考验，成功抵御了地震等自然灾害的侵袭，两千多年过去了，它依然发挥着水利灌溉的作用，造福于民。而主持修建都江堰工程的蜀守李冰父子也成为百姓心目中的伟人，被后人膜拜。不过，由于都江堰建造的时代离我们太久远了，也留下了不少历史之谜。

比如，首先，关于李冰这个人的身世之谜。关于李冰的身世，《史记》和《汉书》等正史里都没有详细记载，我们不知道他出生在哪一年，又在哪一年去世。

关于他的出生地，也有很多说法，一说晋国人（今山西人），一说秦国人（今陕西人），一说蜀本地人（今四川什邡人）。种种不同说法，更使李冰的出身扑朔迷离。

我认为，不管李冰出生在哪里，他在秦国成长的可能性更大一些。为什么？秦孝公任用商鞅变法以后，论军功行赏，即便是皇亲国戚，没有军功，也不会得到任何头衔和爵位。李冰如果是一个毫无军功的白身，或者没有在秦国成长并成名，可能不会被秦王看重，把地位如此重要的一个偌大蜀郡交给他去经营管理。所以，李冰可能是在秦国立了军功的一个军官，然后受到秦王赏识，被任命到成都做了蜀郡郡守。

接下来的一个疑问是，李冰的水利技术是哪里学来的？我们知道，都江堰修建过程中，运用了高超的水利技术。比如，现代大型水利枢纽工程大都是设立拦水坝，再设置闸门、溢洪道等，但那时，没有建设大型水利工程的能力。怎么办？李冰在都江堰设立了鱼嘴来解决这个问题。鱼嘴是都江堰最关键的工程，是都江堰引水工程的第一步，它将岷江水一分为二，外江为岷江河道，内江为引水渠道，鱼嘴自动调节进入内外江水的水量。丰水季节，引入内江的水量大约占岷江水量的四成；枯水季节，大约占六成。这就是都江堰工程留下来的三字经里的"分四六，平潦旱"。这个经验非常神奇，非常珍贵。为什么？60%是引水的一个极限，也就是说内江引用岷江的水量最多只能有60%，超过了，就会影响岷江河道的自然和生态平衡，这是今天世界水文学家提出的河流水资源开发利用率的最大值。而这个分水鱼嘴的建设过程也是异常艰难的。一开始，采用的是江心抛石的办法，但因为水流太急，这个办法失败了。后来，李冰想到了一个好办法。四川气候湿润，盛产竹子，于是，李冰就让竹工编织大大的竹笼，里边装满鹅卵石，然后，一个一个沉入江底，终于战胜了湍急的江水，筑成了鱼嘴。我们不知道当年的李冰是如何想到的，又是如何做到的，不觉得很神奇吗？

都江堰工程的第二步是建飞沙堰。岷江是一条含沙量较大的河流，如果有大量泥沙进入内江,时间长了将会引起淤塞,严重影响引水渠的灌溉作用。怎么办?一方面,鱼嘴起到了分流泥沙的作用,使85%左右的泥沙进入外江。那15%的内江的泥沙也不少啊,李冰怎么办呢?设立飞沙堰。飞沙堰设置在鱼嘴以下内江和外江之间的弯道上,内江泥沙经由飞沙堰时,被底流冲向飞沙堰,泥沙的沉积点正好是飞沙堰的堰顶,泥沙可以顺利地被水流挟带,飞入外江。正是这一神奇的飞沙现象,使这道低堰被命名为"飞沙堰"。

再有就是宝瓶口。内江水流经飞沙堰后,来水最终由宝瓶口引入成都平原。宝瓶口是一段人工开凿的明渠,因为它狭长,形似瓶口而得名宝瓶口。其实,宝瓶口这个地方是凿山而开的口子,这座山就是玉垒山。那个时代还没有发明炸药,想要劈开一座山,几乎是不可能完成的任务。李冰他们是如何做到的?据记载,他们当时利用了热胀冷缩的原理。先用火烧烤山体,烧烤到一定温度后,再用冰冷的江水刺激火热的岩石,受到刺激的岩石就会变得十分脆弱,再用工具一点点把它凿开。这个过程很艰难,也一定经过了较长的时间。这不也充分彰显了古人的智慧吗!

这样,由鱼嘴、飞沙堰、宝瓶口等组成的都江堰工程,完美解决了引水、溢洪、排沙、稳定引水量等关键问题,整个枢纽工程运行无须任何人力干预,只是对自然规律的巧妙利用,令人惊叹!

李冰作为蜀守,地方最高长官、一把手,是都江堰工程全面设计、施工的指挥,我们的问题是,他的技术绝不是天生的。那他是从哪里学来的呢?

我推测,两个方面。一个是他本身就关注古代水利工程事业,可能阅读了大量这方面的文献资料。另一方面,跟他的身世之谜也有一定关系。我推测,他可能不是秦国本地人,很有可能来自长江流域,也许是楚国人。我们知道,秦国为了统一全国,招贤纳士,商鞅、吕不韦和李斯都不是秦国本土人,但都来到秦国为官,并为秦统一天下立下了汗马功劳。李冰的情况也可能类似,也许他从小就生活在长江边上,对江河的水性有相当的了解,一方面爱着长江,另一方面对江河给人类带来的祸福也有深刻的体会。后来,他为实现自己的人生抱负，来到秦国，立下了军功，因为对江河治理有着独特的经验，引起秦王的关注，被任命为地方大员，来到成都。

另外，我还有一个推测，当年做蜀守的李冰可能正处在风华正茂的年龄，不是一个老年长官。为什么呢？

我们说，没有调查就没有发言权。古今工程建设，无不需要做实地勘察，工程主持者每每要奔走于山野之中，反复计划，才能设计出科学方案。李冰本来是异地人，对四川盆地不熟悉。当时又没有地形图，完全靠脚去丈量，靠经验去体会。年龄太大，身体根本吃不消。这是其一。施工过程中李冰还要亲临前线，做检查督导，甚至亲自上阵。至今在成都民间还流传着李冰斗江神的传说，也就意味着，李冰在施工过程中，可能亲自下水，与岷江水神搏斗，指挥工程建设。所以，成都民间曾经把健壮的男人称为"冰儿"，这恐怕是当年李冰同样年轻气盛、身材壮健的一个有力证据。这是其二。还有其三，李冰生前，不仅主持兴建了都江堰工程，还主持修建了岷江流域的其他多项水利工程。如果他修建都江堰时已经年老，怎么可能有精力再主持建设后来的那些水利工程项目呢。

这样的推测也得到了考古方面的佐证。1974年，当地人在都江堰安澜桥下部挖出了一个石像。此石像雕刻于东汉建宁元年（168年），高2.9米，重达4.5吨。石像身着长衣，腰间束带，拱手垂袖，神态自然，面带微笑，雍容大度。更让人惊喜的是，石刻正面刻有"故蜀郡李府君讳冰"几个铭文大字。很明显，这就是李冰的石刻像。此事引起了巨大轰动，不仅成为当年李冰组织老百姓修建都江堰的有力文物佐证，而且，因为东汉离李冰去世还不是特别遥远，这个石像也为我们大概还原了李冰的样貌。除了身着长衣、拱手垂袖、面带微笑等特征外，我们注意到，这尊石像刻画的李冰并没有胡须。这说明当时带领百姓修建都江堰工程时的李冰年龄并不是很大，可能正处于青壮年时期。

所以，综合各种因素，当年主持修建都江堰工程的李冰，可能是一个在秦国立了显赫战功的年轻军官；然后，他在风华正茂的年龄来到成都，用他丰富的水利知识，精心设计、修建了伟大的都江堰工程，从而成就了成都的千年大计。

三、天府之国的形成

李冰主持修建的都江堰工程是一个兼有防洪、灌溉、供水、航运、美化环境等多种功能的综合性枢纽工程，它的建成，对成都经济社会的发展产生了深远的影响。

首先，使成都成为名副其实的"天府之国"。在都江堰工程修建以前，成都平原缺乏人工灌溉水源，仅仅靠天、广种薄收式的落后农业形态，严重制约着成都平原农业经济的发展。所以，在古蜀国两千年左右的时间里，成都并没有出现"天府"或"天府之国"这个说法。而都江堰工程竣工后，彻底改变了成都平原的经济面貌。史书有这样的记载：

水旱从人，不知饥馑。时无荒年，天下谓之天府也。

——《华阳国志·蜀志》

这是《华阳国志·蜀志》里引谯周《蜀记》里的一段文字。意思是说，在都江堰工程修成后，成都平原地区的水旱不靠老天爷了，而是按照人的意志进行安排。天旱的季节利用都江堰水利工程进行灌溉；雨水多的季节，就利用都江堰工程进行排涝。所以，无论水旱，年年粮食都能丰收，没有荒年，老百姓没有遭受过饥馑之苦。黄河流域地区就做不到这一点，往往因为旱或者涝带来灾荒，老百姓不得不忍饥挨饿。这样，成都和整个成都平原成为人们羡慕甚至有些嫉妒的地方，变成了真正的天府之国。

都江堰工程的修建使成都平原很快成为沃野千里的天府之国，使成都日益富庶。优越的地理位置，大量的人力资源，取之不尽的粮食、物资，使成都成为秦国的粮食和物资的重要后方基地，有力支持了秦国的统一大业。都江堰工程大概完成于公元前251年，在都江堰工程建成30多年后（公元前221年），秦始皇一举灭掉六国，统一了全国，建立了我国历史上第一个统一的多民族封建国家。对此，宋朝人郭允蹈曾评价说：

秦并六国，自得蜀始。……灭六雄而一天下，岂偶然哉？由得蜀故也。

——郭允蹈《蜀鉴》

在郭允蹈看来，秦国之所以能灭掉六国，统一天下，不是偶然现象。其中，既有商鞅变法的功劳，也有蜀国大将像王翦、王贲等的军功。但从经济根源上来说，是从得到蜀地开始的。从上面我们的分析来看，这个评价还是很有道理的。

在秦始皇统一全国仅仅20年后，相同的一幕又在历史上重演了。

公元前206年，项羽自立为西楚霸王，另外分封十多人为诸侯王。项羽最疑忌刘邦，三秦八百里秦川富庶，项羽不让刘邦据有关中，而是把他封到了汉中，做汉王，占据偏远的巴、蜀、汉中三郡。项羽以为刘邦偏居一隅，再也不会成为自己的对手。但他万万没有想到，四年之后，自己却败在了刘邦手里，留下了泪别美人虞姬、自刎乌江而死的悲剧结局。而他的对手刘邦则建立了汉朝，开辟了中国历史上最辉煌的篇章。其中原因有很多，比如刘邦善于用人，身边有张良、韩信等文臣武将相帮。但还有一个重要原因就是，刘邦得到了来自巴蜀地区的强有力的后方支援。

我们知道，楚汉战争是一场旷日持久的消耗战，从公元前206年到公元前202年，一直打了将近四年。其间，刘邦与项羽军队大战70次，小战40余次，刘邦屡战屡败，屡败屡战。但为什么屡败屡战，败而不亡？固然与韩信在前线的英勇作战、张良的精心谋划有关，但是，战争除了靠勇猛、靠智谋，持久作战还主要靠粮食和物资。换句话说，持久战打的是后勤，打的是银子。

据历史记载，当刘邦做了汉中王后，萧何就着手经营汉中和巴蜀三地，汉中虽然富庶，但毕竟地盘狭小，所以，土地广阔、经济富庶的成都平原就成为汉军粮食和兵源供应的后方基地。当刘邦领着张良、韩信在中原战场厮杀的时候，萧何却一直留守汉中，并派驻得力干臣在成都组织巴蜀物资，保障军队的后勤供应，也保证了屡败屡战的刘邦在楚汉战争中笑到了最后。后来，在总结战争胜利原因、论功行赏的时候，刘邦特意提到了张良、韩信和萧何他们三个人。史书中记载了汉高祖刘邦说的这么一段话：

> 夫运筹策帷帐之中，决胜于千里之外，吾不如子房。镇国家，抚百姓，给馈饟，不绝粮道，吾不如萧何。连百万之军，战必胜，攻必取，吾不如韩信。此三者，皆人杰也，吾能用之，此吾所以取天下也。
>
> ——《史记·高祖本纪》

在汉高祖眼里，张良（字子房）、萧何和韩信是当时的人杰，这就是"汉初三杰"的来历。但论功行赏总要排出个顺序，三个人之中，到底谁的功劳应该排第一？在刘邦心目中，不是运筹帷幄、足智多谋的张良，也不是连百万之军，战必胜，攻必取的常胜将军韩信，而是镇服汉中、巴蜀大后方，负责后勤工作的萧何。这再一次说明了以成都为中心的蜀地在中国历史大格局中不可替代的重要地位。

四、繁华万里桥

都江堰工程的建设还使成都成为长江上游的水运中心。

都江堰是一个系统工程，除了灌溉方面的考虑，李冰还考虑到了成都水运的需要。把岷江水引到了成都南郊，一方面彻底改变了成都的水环境，美化了城市环境；另一方面则使成都成为长江上游的一个水运中心。很多朋友都熟悉大诗人杜甫的这样一首诗：

两个黄鹂鸣翠柳，一行白鹭上青天。
窗含西岭千秋雪，门泊东吴万里船。

——杜甫《绝句》（其三）

这首诗是唐朝安史之乱后，杜甫避难成都时所作。当时（唐肃宗乾元二年，759年），诗人杜甫一家为避安史之乱，来到了成都，靠亲友资助，在成都西郊浣花溪畔营建茅屋。次年春，茅屋落成，称"成都草堂"。在乍暖还寒的初春时节，杜甫身居草堂，听到了黄鹂、白鹭带来的春天气息，看到了成都西岭，也就是玉垒山上的积雪，诗兴大发，就写诗描述了成都春天迷人的景色。同时，还可以看到不远处的万里桥边，帆樯林立，停泊着不少来自或将要发往万里之外的吴地的船舶。唐代成都就能直接与万里之外的东吴，也就是长江下游的南京直接通航了。这是1200多年以前，诗圣杜甫有点夸张了吧？一点都不夸张。其实，早在都江堰工程完成后，成都就成了长江上游的水运中心了。万里桥的得名就可以说明这一点。

《三国志》和大家熟悉的《三国演义》都有这段故事。三国后期，关羽大意失荆州，被吴国杀害，刘备率大军攻吴又大败，从此两国关系降到冰点，蜀汉元气大伤，人才凋零。但诸葛亮认为，蜀汉虽号称天府，十分富庶，但却无法与占据黄河流域的曹魏相比，不足以单独与魏国抗衡，必须联吴抗魏，才能图存。为了和孙权的东吴搞好关系，诸葛亮重新实行了他在《隆中对》中提出的"外结好孙权"的外交策略。

于是，225年，诸葛亮曾派机智善辩的费祎出使吴国。诸葛亮知道，费祎此去责任重大，便亲自为费祎送行。费祎也深知诸葛亮的心思，所以，将要登舟之时，他站在桥头，握住诸葛亮的手说：

万里之路，始于此桥。

——李吉甫《元和郡县图志》

然后，费祎从成都出发，沿锦江（当时的锦江水流很大，河面很宽，可以通行大船）进入岷江，再沿岷江进入长江，然后沿长江东下直达吴国都城南京。见到孙权后，费祎深入剖析吴蜀联合抗曹的必要性。此后双方恢复友好关系，沿长江往来不断，为蜀国的和平发展创造了良好的条件。而诸葛亮当年为费祎送行的那座桥就被命名为万里桥了。

到了唐朝，成都的蜀锦、井盐、茶叶等特产往往在这里装船，沿江而下，直航吴越及全国各地；而吴越、江淮地区的物产则可以沿长江而上，进入岷江，到达成都。这样，就促进了万里桥地区的商业发展。万里桥还是成都一个十分繁华的地方，唐代诗人张籍也曾经到过成都，他在一首诗中写道：

锦江近西烟水绿，新雨山头荔枝熟。
万里桥边多酒家，游人爱向谁家宿。

——张籍《成都曲》

张籍的这首诗告诉我们，到了唐朝，万里桥畔，酒店林立，游人如织，是一个繁华的市井空间。到了成都，游人都要到万里桥去参观，就像今天到了成都都要到宽窄巷子去游一遭一样，这正是当年诗人杜甫看到的情景。

与此同时，都江堰水利工程的建设，还使成都成为名副其实的锦城。

成都平原盛产桑蚕，丝织业发展很早，前面我们就介绍到，甚至远在古蜀国多蚕丛时代，这里就有了丝织业。到了汉代，在成都笮桥南岸有个锦官城，是政府设立的专门负责织锦业务的地方官居住和出产蜀锦的地方，是成都的手工业区，织锦已经成为成都一个支柱性产业。所以，成都被称为锦城、锦官城，就是这么来的。

锦是有彩色花纹的丝织品，用染色的熟丝线织成，制作精细，工艺复杂，是丝织品里的精品。而在我国古代所有的锦（南京的云锦、苏州的宋锦等）中，蜀锦不仅出现得早，而且以鲜艳明丽备受青睐。为什么呢？因为蜀锦织造工艺流程中有一个重要程序，就是在流经城南的流江水中"濯锦"，即漂洗半成品的蜀锦。流江的水源来自岷江，而岷江水的源头是高山冰雪融水，"濯锦"就等于用冷水为蜀锦急剧降温。用清凉的岷江水漂洗过的蜀锦颜色鲜艳、明丽，十分漂亮。所以，成都人干脆把流经城南的南流江称作"濯锦江"，简称"锦江"。唐朝诗人刘禹锡曾经写下了这样一首诗：

濯锦江边两岸花，春风吹浪正淘沙。

女郎剪下鸳鸯锦，将向中流匹晚霞。

——刘禹锡《浪淘沙》九首之五

这首诗描写了唐朝时期锦江两岸蜀锦手工业作坊之多，织锦业在市民生活中的地位。濯锦江两岸，花木繁盛，春风吹浪，淘滤细沙。作坊里心灵手巧的女织工编织出了绚丽的带有鸳鸯图案的锦缎，在江边洗濯，而经过江水洗濯的锦缎完全可以和辉映在江中的晚霞相媲美。

所以，唐朝时期，蜀锦进入发展的另一个高潮，工艺更加成熟、精湛，成为上交朝廷的贡品，受到高层社会的普遍青睐。现代社会，姑娘出嫁时，父母往往会有大量的陪嫁礼品。但在所有礼品中什么最珍贵，当然是礼服。对于出嫁的姑娘来说，最看重的是婚纱。根据历史记载（《蜀中广记》卷67），唐中宗特别宠爱安乐公主，当公主出嫁时，中宗给了她大量珍贵的陪嫁礼物，其中，最让安乐公主喜爱的是什么礼物呢？是一件蜀锦制作的裙子，名字叫"单丝碧罗笼裙",这条裙子是由成都地方官特意为安乐公主量身定制,进献给朝廷的,制成后又千里迢迢送达都城长安。这条裙子精美绝伦,用细如发丝的金线织成花鸟,鸟的眼睛、鼻子、嘴巴、羽毛等都栩栩如生,让安乐公主十分开心。

20世纪七八十年代以来,考古工作者在新疆吐鲁番进行考古发掘时,发现了一个规模很大的贵族古墓群。古墓中,出土了大量织锦。经过鉴定,这些织锦的年代属于南北朝到唐朝之间,而且绝大多数织锦是蜀锦,这成为陆上丝绸之路上蜀锦大量流通的重要证据。而且,蜀锦还通过海上丝绸之路行销海外,至今,日本的博物馆里还保存有唐代蜀锦。

所以,我们说,城市的发展和人一样,除了自身的努力,有时候还真有点运气的成分。成都的幸运首先是有一条岷江流过,其次是秦国派来了李冰这样一位天文、水利专家,修建了都江堰,最终使这里变成名副其实的天府之国。

一条江,一个人,一辈子,一件事,改变了一座城市的命运和地位!

第七章 芙蓉女儿

城市文化自测题

1. 古代蜀中"四大才女"不包括_____。

   A. 卓文君　　B. 蔡文姬　　C. 薛涛　　D. 黄娥

2. 成都别称"蓉城"与古代一位帝王提倡在成都遍植木芙蓉有关。这位帝王是_____。

   A. 古蜀杜宇　　B. 蜀汉刘备　　C. 前蜀王建　　D. 后蜀孟昶

3. 薛涛不仅是唐代著名女诗人,她生前还获得一个朝廷赐予的官衔_____。

   A. 校书郎　　B. 中郎将　　C. 侍中　　D. 女驸马

4. "君王城上竖降旗,妾在深宫那得知?十四万人齐解甲,更无一个是男儿"一诗的作者是_____。

   A. 薛涛　　B. 鱼玄机　　C. 刘采春　　D. 花蕊夫人

5. 西汉的文翁在成都教育史上做出了巨大贡献。他所做的事不包括_____。

  A. 选派青年子弟到长安学习 B. 招收卓文君为女弟子

  C. 在成都设立地方学宫 D. 把品学兼优的学宫弟子增补为郡县官员

参考答案

1.B 2.D 3.A 4.D 5.B

城市诗篇

寄赠薛涛(节选)

元　稹

锦江滑腻峨眉秀，幻出文君与薛涛。

言语巧偷鹦鹉舌，文章分得凤凰毛。

[注]薛涛(约768—832年)，唐代四大女诗人(其他三位为鱼玄机、李冶、刘采春)之一，又被称为古代蜀中四大才女(其他三位是卓文君、花蕊夫人、黄娥)之一。此诗为诗人元稹(779—831年)寄赠薛涛的作品，诗中首先说锦江水滑腻、峨眉山秀丽，滋养出卓文君与薛涛这样的才女；接着说卓文君与薛涛怎么会说话、擅巧辩，其诗文华丽宛如分得了凤凰的羽毛，赢得当时词客和公卿们的羡慕。

这一章，我们接着说成都。

成都简称"蓉"，别称蓉城、锦城。锦城和蜀锦有关，蓉城则与木芙蓉花有关。传说古代，特别是五代后蜀的时候，成都城内街道两旁及城墙上遍植木芙蓉，秋天开花的时候，满城红艳，花香袭人，因此得名蓉城。蓉城的女人，当然可以称作芙蓉女儿。

一方水土养一方人，这是自古以来被大家认可的一种传统看法。由于气候、环境以及历史和文化的差异，不同区域形成了不同的区域文化，哺育了不同性格的人。比如说"燕赵多慷慨悲歌之士"，古燕赵主要指今天河北、北京一带，意思是说，燕赵那一带多出好侠仗义、疾恶如仇的壮士。历史上，刺杀秦王的荆轲、完璧归赵的蔺相如、负荆请罪的廉颇等，都是这类人物。

还比如，关西出将才，齐鲁多鸿儒。关西，指今天的陕西、山西、甘肃一带，古时候，那里与游牧民族接壤，经常打仗，所以出了不少将才，比如飞将军李广，青年将领卫青、霍去病等；齐鲁指今天的山东，历史上出了像孔子、孟子这样的大儒，为后学所敬仰。可是，我们注意到，以上这些评价，都比较多地从男性、男人的角度来看待"一方水土"养育的那一方人，很少或根本没有涉及女性。这一方面是因为封建社会是一个男权社会，女性总体上地位偏低，是处于从属地位的，因此，对于女性文化和女性特征的评价当然也就不多。

不过，也有一些文人士大夫注意到了不同区域女性文化的特征，并留下了相关记载，成为我们今天了解古代社会不同区域女性文化特征的珍贵资料。比如，一千多年以前的五代十国时期，有一个叫何光远的人，他写了一本书，叫《鉴戒录》，留存到了今天。书中有这么一段话：

吴越饶营妓，燕赵多美姝，宋产歌姬，蜀出才妇。

——《鉴戒录》卷十《蜀才妇》

燕赵我们解释过了，吴越相当于今天的江苏、浙江一带，宋指古宋国，相当于今河南东部一带，蜀指今四川。营妓是古代没入官府，服务于军营的妓女；美姝指漂亮女子，美女；歌姬，能歌善舞的女子。按照何光远所说，前面那些区域，吴越、燕赵、宋多出营妓、美女、歌姬，而唯独蜀地不同，多出才妇，即富有才华的女性。

《鉴戒录》的作者何光远是江苏东海（今江苏东海县）人，五代后蜀时期，曾在四川做官，任普州军事判官（普州，在今四川安岳县。军事判官，相当于一个襄助地方军务的低级文官）。他本人是吴越的，喜欢游历各地，见多识广，又在蜀地做官，他的这个说法还是有一定根据的，应该代表了当时上流社会，特别是文人士大夫的观点，有一定的普遍价值。

那么，何光远所谓的"蜀出才妇"指的都是哪些才妇？为什么蜀地会形成这种文化现象呢？

古代的"蜀"指的是今四川、重庆，地域范围很广。我们缩小一下范围，围绕成都来说说"蜀出才妇"这个文化现象。

一、女校书

在何光远的《鉴戒录》里，他佐证自己"蜀出才妇"的主要证据，就是唐朝时期，成都出了一位女诗人薛涛（约768—832年）。

薛涛这个女人很不简单。她被誉为唐代四大女诗人（其他三位是鱼玄机、李冶、刘采春）之一，又被称为古代蜀中四大才女（其他三位是卓文君、花蕊夫人、黄娥）之一。但在我看来，以上这两个"之一"完全可以改作"之首"。为什么这么说呢？看看薛涛的成就我们就明白了。

史书记载，薛涛出生在长安，从小就才气过人。薛涛的父亲叫薛郧，学识渊博，在都城长安做官，自小就教薛涛读书、识字、诵诗。薛涛也天资聪颖，进步很快。薛涛八岁（一说六岁）那年，有一天，薛郧坐在院中的梧桐树下纳凉，忽然来了诗兴，顺口吟了两句诗：

庭除一古桐，耸干入云中。

这时候，恰好小薛涛在父亲身边玩耍。听完父亲的两句诗，抬头看看高大的梧桐树，略一思索便续出了下面两句诗：

枝迎南北鸟，叶送往来风。

对仗工整，想象丰富，让父亲惊喜异常。

不幸的是，薛郧由于性情耿直，得罪了权贵，被贬谪成都，薛涛跟着家人来到成都生活。不久，薛郧因出使南诏（今云南大理一带）时身染瘴疠而亡。薛涛的母亲承担起抚养薛涛的责任，孤儿寡母日子过得很艰难。大约在薛涛十五六岁的时候，母亲积劳成疾也不幸亡故。薛涛如何生活下去呢？

这个时候，是安史之乱之后唐德宗（779—805年在位）统治时期，中原、河北和山东一带藩镇割据，动荡不安，江浙一带远在东南，所以，唐朝廷十分看重大西南地区四川的治理，把这里看作唐朝的后方根据地。成都作为大西南的政治、经济和文化中心，备受朝廷关注。唐朝在这里设置了剑南（西川）节度使，节度使的人选往往都是朝廷重臣，宰相人选。

唐德宗贞元元年（785年），韦皋出任剑南西川节度使，坐镇成都。韦皋在当时算是一位比较称职的政治家，同时也是一位有学问的诗人。他在成都任上超过二十年，和好南诏，打击吐蕃，重视对外贸易，深得成都人的好评，成都民间甚至把他看作诸葛亮转世。20年后，入朝为同平章事、中书令，做了宰相。就在他到任成都的时候，见到了薛涛，并从此改变了薛涛一生的命运。

事情是这样的。薛涛父母离世后，薛郧生前好友，一位姓李的推官，可怜薛涛孤苦无依，就把薛涛领到家里，由他的妻子照看。薛涛的容貌、才气都让这位李推官吃惊不小，但寄养在自己家里毕竟不是长久之计，所以，在韦皋的欢迎晚宴上，这位李姓推官为了讨好韦皋，就对他说，此地有一女名薛涛，是薛郧孤女，容貌美艳、长于诗赋，可否请她来侍宴助兴？

韦皋答应后，李推官就请来了薛涛。那时候，薛涛十五六岁，二八年华，就像一朵含苞待放的花朵，韦皋一下子就被薛涛的美丽容颜给打动了。接着，韦皋命薛涛当面赋诗一首，薛涛大方应对。至于赋的什么诗，有两种说法：一种说法是她把早年跟随父亲游览三峡时所作的一首旧诗《谒巫山庙》拿来吟诵；还有一种说法是她以庭前盛开的牡丹为题，作了一首《牡丹》新诗。我个人觉得，吟出一首自己喜欢的旧诗应在情理之中。毕竟，即席赋新诗难度大,当时的薛涛只是一个初涉世事的姑娘。

不过,不管哪首诗,都很精美。而且,这两首诗而今都留在了薛涛诗集里。薛涛的才华和美艳不仅打动了韦皋,也使在座的宾客为之倾倒。就在这次侍宴之后,薛涛就进入了韦皋的节度使幕府,加入乐籍。

在唐代,加入乐籍,实际上等同于官妓、乐妓,所以,有些史书上干脆称薛涛为"妓"。只不过这种"官妓"不同于封建社会完全靠卖身生活的青楼妓女,而主要靠自己的诗赋、音乐或歌舞才艺取悦权贵。从此之后,薛涛就经常出入韦皋幕府,不离韦皋左右。韦皋位高权重,成都又是唐朝十分重视的大后方,人员往来频繁,所以薛涛的名声也越来越大。

根据史料记载,从韦皋开始,到李德裕,薛涛前后经历了十一位剑南(西川)节度使,成为他们的座上宾。薛涛的诗篇和才名随着幕府驰出的使车传遍长安,传遍全国。据说,当时的诗人们每写出一首诗,最希望让两个人看:

第一想给当朝天子看。天子看中了,就可以飞黄腾达。

第二想给薛涛看。薛涛看中了,那才叫好诗。

薛涛一生写诗很多,据传有500多首,留存到今天的有90多首。比较有名的如:

> 平临云鸟八窗秋,壮压西川四十州。
> 诸将莫贪羌族马,最高层处见边头。
>
> ——薛涛《筹边楼》

> 花开不同赏,花落不同悲。
> 欲问相思处,花开花落时。
>
> ——薛涛《春望词》四首之一

> 驯扰朱门四五年,毛香足净主人怜。

无端咬著亲情客,不得红丝毯上眠。

——薛涛《十离诗·犬离主》

元朝时期,学者辛文房为唐五代才子立传,留下了一本书叫《唐才子传》,乍一看书名,一般都认为是为像李白、杜甫、白居易等男性大诗人立传的,奇怪的是,此传还入选了三位女性,其中一位便是薛涛(另两位是李季兰,即李冶,以及鱼玄机)。可见,在辛文房的心目中,薛涛是一位丝毫不让须眉的才女。

我们从今天留下来的唐诗里得知,唐朝时期,在诗歌上与薛涛唱和的唐朝大诗人包括元稹、白居易、牛僧孺、令狐楚、裴度、严绶、张籍、杜牧、刘禹锡、吴武陵、张祜等,超过二十位。这些人大多来过成都,亲眼看见过薛涛的芳容,领教过薛涛的才艺。就连没有到过成都,仅仅听说过薛涛大名的诗人王建(765—830年)也专门写了一首诗,从长安寄给远在成都的薛涛:

万里桥边女校书,枇杷花里闭门居。
扫眉才子于今少,管领春风总不如。

——《寄蜀中薛涛校书》

说薛涛住在成都枇杷花盛开的万里桥边,有多少男子和薛涛比起来都自愧不如,王建自己仿佛也成了薛涛的崇拜者。王建这首诗中说到的"女校书"是怎么回事呢?

校书郎是汉代以后,朝廷设立的中央官职,专门负责校勘宫中所藏的典籍。这个官职必须学识渊博,不是一般人能做的。唐宋时期,大都是进士出身的人才能胜任。韦皋在任剑南节度使期间,对薛涛的才华非常钦佩,打算上奏朝廷,给薛涛一个"校书郎"的头衔。他手底下有一位官员觉得不妥,一是因为薛涛是女人,以前的校书郎从来没有女人做的;二是因为薛涛是官妓,

皇帝和朝中大臣会怎么看？可能会对韦皋带来不好的影响。韦皋听了，只好作罢。还有一种说法，可能是韦皋，也可能是李德裕，回到朝廷后就任宰相，职权很大，皇帝对他们基本上言听计从，所以，最终还是为薛涛争取到了校书郎这个荣誉官衔。反正不管怎么说，女校书这个名声是传出去了，所以，王建上面那首诗的名字就叫《寄蜀中薛涛校书》。薛涛去世之后，当时在任的西川（剑南）节度使段文昌亲自为她题写墓名："西川女校书薛涛洪度之墓。"洪度是薛涛的字，再次说明女校书这种说法在当时得到了普遍的认可。

二、薛涛笺

才女的"才"表现在多个方面，其中还包括心灵手巧，不拘常规，喜欢创新和突破。在这方面，薛涛也是个典型。

唐文宗太和四年（830年），唐朝名臣李德裕调任成都尹、剑南西川节度使。李德裕早年与薛涛的父亲薛郧交好，所以，到了成都后，对薛涛给予了很大关照。按照薛涛个人的意愿，他让薛涛脱去了乐籍，恢复了自由身；并在杜甫草堂附近的浣花溪畔、万里桥边，为她建了一处雅致幽静的房舍，让她安度晚年。就是在浣花溪畔居住期间（也有学者认为比这个时期还要早些），薛涛自己创制了一种别致的纸，并被世人以薛涛的名字命名为"薛涛笺"。

一般认为，造纸术是东汉时期一位叫蔡伦的宫中太监发明的，从此以后，纸便代替早期的甲骨、帛以及竹简、木简等，成为人们的书写工具。到了唐朝，造纸术已经很成熟了，而成都是全国造纸业的中心之一，纸张产量大、质量高，是全国纸业市场上的畅销货。当时，唐朝廷还曾经做出过规定，凡各种国家公文和重要图书，都要用成都生产的麻纸书写，这就是说，成都纸已经成了全国知名品牌产品了。薛涛写诗词，每天都要用到纸，但那时候的诗歌往往是五、七言绝句或七言律诗，都不长，最多只有八行，书写的纸不需要太大。为了节省用纸，也为了使自己的诗更有特色，薛涛就自制发明了一种特殊的纸，它有两个特点：一是小巧。小而狭，才容八行，也就是说最多只能容纳八行诗作，属于专门用来写作五、七言绝句和律诗的个人诗文专用纸张。因为小巧，所以被称为笺。二是彩色。据记载，薛涛喜欢红色，所以，在制作笺纸的时候就用桃花、鸡冠花以及木芙蓉花等红花捣成汁液，加入纸浆里。这样，制作出来的纸就呈现出深红色，非常别致。起初，薛涛做这种纸只是自己专用的。她多用这种彩笺与往来成都的诗人唱和，偶尔也用于写作情诗、情书。不过，一则由于这种纸很别致，二则因为薛涛在成都的名气太大了，所以，这种纸马上被大家所关注，并被称为"薛涛笺"。于是，便有一些造纸作坊专门模仿批量生产销售这种薛涛笺，薛涛笺便在成都后来又在全国流行开来。据记载，薛涛笺流行了很长时间，甚至在唐末成为成都地方官上贡朝廷的纸张。五代时期，还有成都商人仿制薛涛的做法生产薛涛笺牟利。这成为当时的一大时尚，在文坛上也留下了一段佳话。这是薛涛这位才女留给成都，也是留给后世的一大文化遗产。

我们说，现代社会，网络信息发达，一个抖音小视频就能迅速火遍全国。而在古代，创造一种流行风潮是异常困难的。薛涛作为一名弱女子，却让薛涛笺风行唐末五代，真是令人钦佩。

这些都足以证明，薛涛是真有才，有文采、擅诗歌、懂音律，还心灵手巧，善于发明创新。对于她的才艺，当时人也赞不绝口，不吝溢美之词。大诗人元稹（779—831年）就留下这样一首诗：

锦江滑腻峨眉秀，幻出文君与薛涛。
言语巧偷鹦鹉舌，文章分得凤凰毛。
纷纷词客多停笔，个个公卿欲梦刀。
别后相思隔烟水，菖蒲花发五云高。

——《寄赠薛涛》

诗中首先说锦江水滑腻，滋养出文君与薛涛这样的才女；接着说薛涛怎么会说话、擅巧辩，赢得词客和公卿们的羡慕。这首诗的最后两句"别后相思隔烟水，菖蒲花发五云高"还为我们透露出两人之间曾经发生过一段恋情。

薛涛终身未嫁，这是事实，但并不是说薛涛没有真心爱人。元稹就是她曾经真爱的一个人。

唐宪宗元和四年（809年），元稹以朝廷派出的监察御史的身份到四川去查办一件案子（亦说到东川办事，两人见面地点不在成都）。而地方官为了迎合、讨好元稹，便搬出了才女薛涛。薛涛的身份是官妓，每当朝廷派来官员，大都会被招来，在酒桌上劝酒，或以歌舞弹琴助兴。当时，元稹三十岁出头，风华正茂，诗名远播。原配夫人去世多年，没有再娶。而薛涛年过四十，已是半老徐娘。按常理两人见面可能只是客套应酬，不会发生什么意外。可意外偏偏就发生了。什么意外？姐弟恋。

一般来说，姐弟恋之所以发生，都是男子主动（我说一般啊，并不都是如此）。就薛涛与元稹的恋情而言，我推测，应该是元稹首先被薛涛的才情所打动，加上成都气候养人，薛涛虽然四十岁出头，仍然如花似玉、风韵犹存，因此，元稹主动向薛涛示爱。薛涛一直周旋于公卿权贵之间，都是逢场作戏，从来没有真心爱过什么人。而眼前的元稹既是当朝高官，又风流倜傥、才华横溢，两人又都是诗坛高手，因此，一见如故，两颗心碰撞出激情火花，完全在情理之中。

可是，两人相处几个月之后，元稹办完差事，就离开四川，到越州（今浙江绍兴）任刺史了。元稹是一位风流才子，在越州又喜欢上了更年轻漂亮的刘采春，渐渐忘掉了薛涛，移情别恋了。

薛涛怎么办？在这个过程中，薛涛勇敢地爱过，而且是一生仅有的真爱。但她心里也明白，自己毕竟年老色衰，对于元稹的忘情，也早有心理准备，她并不后悔，也不必为元稹的始乱终弃寻死觅活。所以，薛涛晚年生活得很安静，一直到63岁（一说73岁）才去世。这说明什么？作为才女的薛涛该爱的时候敢爱、真爱，同时，也善于放下，不狭隘，有胸怀，能够把控自己的生活，随时回到正常的轨道。没有一定的才气，没有宽阔的胸怀很难做到这一点。

而今，在成都，薛涛井、望江楼、薛涛墓等处古迹都与薛涛生前的文化活动有关，供后人对薛涛这位才女进行凭吊和追忆。

三、卓文君与花蕊夫人

在元稹的这首诗中，还提到了一位和薛涛同样知名的成都才女——卓文君（约前175—前121年）。而且，按时间先后来说，卓文君还是成都历史上有据可查的最早一位才女。

卓文君的故事最早记载在《史记·司马相如列传》里，成都的民间也有很多传说流传下来。

从大的类别来分，中国古典爱情小说有三个传统大类：英雄美人型，比如吕布与貂蝉、项羽与虞姬；帝王宠妃型，比如唐玄宗与杨贵妃；然后就是才子佳人型，比如《西厢记》里的张生与崔莺莺、《红楼梦》里的贾宝玉与林黛玉。有很多文学家认为，才子佳人故事的原型、源头应该追溯到司马相如与卓文君那里。

但其实，卓文君不仅是位佳人，长得很漂亮，而且还是一位不输薛涛的才女。

卓文君是一位大家闺秀，临邛（今成都邛崃市）人。她家境富有，父亲卓王孙是临邛大富豪，所以，文君从小就受到良好教育，知书达礼。司马相如（约前179—前118年）是成都的一位才子，饱读诗书，但家里很穷，史书上甚至用"家徒四壁"来形容。不过，两人一见倾心，互生爱慕。

卓文君的父亲一开始不同意这门婚事，卓文君竟然冲破传统藩篱，和司马相如夜奔成都。父亲一气之下，给卓文君断了供，甚至扬言一分钱的家产也不分给文君。为了维持生计,卓文君卖掉首饰,用卖首饰的钱,夫妻俩开了一家小酒馆。卓文君当垆(放酒坛子的土墩)卖酒,司马相如给她打下手,度过了一段艰难的岁月。后来,司马相如远赴长安,求取功名。他的才华被汉武帝看中,拜他为郎官,后来又做了朝廷的中郎将。

显达之后,司马相如从成都接来了卓文君,住进了京城。别人家三妻四妾,而司马相如只有卓文君一个妻子,还经常被朋友调侃惧内。这时候,司马相如看上了京城一位年轻漂亮的女子,想纳她为妾,并委婉地向卓文君透露了自己的想法。卓文君怎么办?她没有吵,没有闹,更没有主动屈服,或者寻死觅活,而是写了一首诗,放在司马相如的书桌上。

皑如山上雪,皎若云间月。
闻君有两意,故来相决绝。
……
凄凄复凄凄,嫁娶不须啼。
愿得一心人,白头不相离。

——《白头吟》

这首诗的名字叫《白头吟》,大意是说,我知道你三心二意,移情别恋了。所以,用这首诗和你决绝。但我还是希望能够和你白头偕老,永不分离。声情并茂,十分感人。司马相如马上意识到,自己这一生当中最重要的不是权势、不是地位,而是拥有这样一位才华横溢、对自己一往情深的妻子。于是,主动向文君认错,并放弃了纳妾的想法。

不过,也有人认为《白头吟》并非出自卓文君之手,可能是后人的杜撰。但有一个事实很清楚,司马相如后来的确没有再纳妾,而是和卓文君相守一生、白头偕老,并成为一代伟大的文学家。

在女性地位卑微、妻妾成群的时代,风流倜傥如司马相如,爱情上不起一点风波，也是不可能的。而卓文君最终用自己的智慧、才情，守住了婚姻，收获了美满的爱情，的确不容易。所以，对于女人而言，维系婚姻最好的办法除了辛勤付出、善解人意，还要不断读书，丰富知识和思想，这样才有能力去赢得对方持久的爱。

除了卓文君、薛涛，历史上，成都还出了不少有名的才女，五代十国的前蜀、后蜀时期，成都就先后出了两位花蕊夫人，她们不仅容貌美丽，而且能诗善赋，富有文采。这两位花蕊夫人一位是前蜀国君王建的妃子徐氏，另一位是后蜀君王孟昶的妃子费氏（一说徐氏）。

前蜀国君王建（847—918年）的妃子徐氏是成都人，宫中号为花蕊夫人。她和她的姐姐都是王建的妃子，深得王建宠爱，权倾朝野。

费氏是五代后蜀的最后一位国君孟昶（919—965年）的妃子，青城人，被封为慧妃，貌美如花蕊，因此，被孟昶赐号花蕊夫人。费慧妃偏爱芙蓉花，于是，孟昶下令让百姓在城墙上、街道两旁遍植芙蓉树。花开时节，成都"四十里为锦绣"，景色煞是好看。因此，成都被人们称作芙蓉城，简称"蓉"。同时，费慧妃还是一位大才女，创作了不少宫词和诗歌。其中，有一首诗很有名：

君王城上竖降旗，妾在深宫那得知？
十四万人齐解甲，更无一个是男儿！

——花蕊夫人《述国亡诗》

这首诗的写作背景是什么呢？

孟昶在位31年，他很有才华，在统治前期励精图治，使后蜀政通人和、经济繁荣。但到了后期，他却耽于享乐，过起了纸醉金迷的生活。这是很多皇帝走不出的怪圈，孟昶晚年宠爱花蕊夫人，沉湎酒色，连自己的尿壶都用七宝珍珠进行装饰。这个事连远在开封的大宋皇帝赵匡胤都听说了，所以，赵匡胤认为消灭后蜀的机会来了。965年，当宋朝大军压境的时候，十多万后蜀军队无力抵抗，放下武器投降。后蜀灭亡后，花蕊夫人费慧妃和孟昶一起做了俘虏，被带到宋朝的都城开封。宋太祖早就听说花蕊夫人花容月貌，工于诗词，对她垂涎已久。宋太祖令花蕊夫人当着他的面赋一首新词，花蕊夫人看出了宋太祖的轻薄之意，当即作了上面这首诗。

这首诗首先显示了花蕊夫人超人的才气，我想，当年曹操的儿子曹植七步赋诗，也不过如此。同时，整篇诗歌不卑不亢，软中带硬，绵里藏针，并暗示：我要是男儿，一定会拿起武器，抵抗到底！

花蕊夫人哪来那么大勇气，敢冒着违逆当朝皇帝的危险，创作出如此富有个性的新词呢？实际上，她在心里早想明白了，大不了，有一个"死"字在那儿等着，怕什么！所以，穿越时空，我们可以从花蕊夫人身上看到成都辣妹子那种泼辣、倔强的性格特征。

四、文翁与女性教育

为什么古代会有那么多杰出的才女集中出现在成都的历史舞台上呢？

任何区域文化的形成都不是偶然的。我觉得，以下这几个方面的原因值得我们关注。

首先，经济条件优越。都江堰工程建成之后，成都平原成为"天府之国"，富足、祥和，经济发展水平在整个长江流域乃至全国都是相对超前的。加上地形相对封闭，所以，在汉唐时期，平静、安谧的成都府，仿佛身处烟尘之外，成为令人向往的世外桃源。到了唐代中后期，有"扬一益二"的说法，意思是说，除了都城长安和东都洛阳，要数扬州和益州最繁荣。当时四川大部分地区属于益州管辖，成都是益州的州治所在地。那时候的成都已经被公认为全国名列前茅的大都市，经济发展了，为孩子们读书学习、接受教育提供了良好的条件。

其次，跟一个人的倡导有关。有了经济基础，还得有人去倡导、去引领，才有可能把宽裕的资金投资到文化教育方面。幸运的是，成都历史上的确出了这么一个重要人物。这个人叫文翁（约前187—前110年，名党，字仲翁），庐江舒（今安徽舒城县）人。这个人很有学问，对《春秋》很有研究。同时，他又是一位教育家。大约在汉景帝的时候，文翁被任命为蜀郡郡守，来到成都。他看到当地文化比较落后，甚至有"蛮夷之风"，就想方设法要改变这种状况。于是，推出了两项重大措施。

一是选派年轻才俊赴京城学习。史书记载，文翁在蜀郡属吏里边，挑选出有一定文化基础和培养前途的青年才士，共18位，资助他们远赴京城长安，跟随朝廷有名的学问家学习经典。文翁还从郡守府中节约部分开支，购买一些蜀布、蜀刀等地方特产，让学生们带到长安，作为小礼品，送给京城有名的博士、学问家。学成以后，这些年轻人再回到成都，要么担任郡县的属吏，要么锻炼若干年，通过察举，推荐到中央，甚至有个别人做了刺史。还有部分人当了老师，在成都教授弟子。在文翁选派的18位青年才俊里，可能就包括司马相如。史书中有记载说：

蜀本无学士，文翁遣相如东受七经，还教吏民，于是蜀学比于齐鲁。

——《三国志·秦宓传》

说司马相如就是被文翁看中的青年才俊，经文翁推荐到长安学习经典。所以，司马相如能有不同于常人的学识，能够到京城为官，应该与文翁有密切关系，起码得到了文翁的指点或者推荐。到后来，四川的蜀学甚至可以和孔孟所在的齐鲁之学相提并论。

文翁在成都采取的第二项措施更有意义。什么措施呢？在成都建立学宫。

我们知道，孔子在春秋时期就开办了私学，授受弟子读书。但我们熟悉的中央太学、地方郡县学校是什么时候开始设立的呢？这个与文翁有关。

文翁第一个在成都设立了学宫,在成都城南建立文学精舍讲堂,作石室(即今文翁石室),接受成都和蜀郡所属各县上流社会子弟入学读书;下令免除进入学宫的弟子的徭役,甚至把学问高的学宫弟子用来增补郡县官员的缺额。到蜀郡各县考察的时候,文翁还有意挑选品学兼优的学员带在身边,宣传教化法令。地方一把手身体力行的倡导立竿见影。学宫子弟的家庭以能进入学堂学习为荣,有钱人家甚至愿意花大价钱让孩子进入学宫。

文翁在成都设立郡学学宫的时间是两千多年以前的汉景帝时期,这被看作我国历史上第一所地方大学,文翁也被看作我国历史上第一所公立学校的校长。大约20年后,汉武帝觉得文翁的做法值得推广,才在中央开办太学,并逐步在地方郡县设立郡县学。由此可见文翁在中国古代教育史上的开创性贡献。

值得注意的是,文翁重教还有一个特点,即对男女一视同仁。在《汉书》里有这么一句话:

使传教令,出入闺合。

——《汉书·循吏传》

这个"闺合"其实就是"闺阁",女性居住的房间。这句话的意思是说,他向郡县传达的教化法令,要求必须同时传达到女性那里。

我们再结合卓文君当垆卖酒这个似乎是现代社会才能见到的情景来分析,说明汉代成都女性与男性的社会地位并没有太大的区别。同时,也意味着,在文翁生活的汉代,成都女性就养成了好学的传统,并为后代继承。

文翁在成都做了30年左右的郡守,最后去世在蜀郡郡守任上。他在成都兴学、推行教化的事迹在《汉书》《三国志》等史籍中都有记载。从他之后,成都文风很盛,人好文雅,甚至比肩孔孟之乡的山东齐鲁。成都人感激这位文化老翁,在他去世后,在成都为他立祠,年年祭祀,香火不绝。

另外，除了经济基础和文翁提倡之外，成都之所以会出那么多才女，我觉得还有一个特殊原因值得关注。古代四川是少数民族聚居区，成都就是一座移民城市，汉民族与少数民族杂处。少数民族讲求"男女无别"，甚至在很多时候，女性的地位还要高于男性，这对于成都女性当家做主、从小向学社会风尚的养成，也势必产生很大影响。由此，再联系到卓文君、薛涛、花蕊夫人等杰出女性，她们出现在成都乃至中国的历史舞台上，就不是一件偶然的事情了。

这些女性虽然都是美若芙蓉花的成都女儿，但都凭借自己的才识做出了不让须眉的事业，再通过文献、小说、戏曲、传奇等逐渐积淀为长江流域的珍贵文化遗产，流传至今。

第八章

风雨草堂

城市文化自测题

1. 杜甫在成都创作的诗歌不包括_____。

   A. 《登高》　　　B. 《江村》　　　C. 《蜀相》　　　D. 《春夜喜雨》

2. 在成都生活期间，对杜甫帮助最大也是杜甫最感激的地方官是_____。

   A. 裴冕　　　　　B. 高适　　　　　C. 严武　　　　　D. 韦皋

3. 杜甫在成都曾短暂进入幕府做官，并获得了_____官衔。

   A. 掌书记　　　　B. 左拾遗　　　　C. 右补阙　　　　D. 检校工部员外郎

4. 杜甫一家在杜甫草堂居住的时间是_____。

   A. 两年多　　　　B. 三年多　　　　C. 四年多　　　　D. 五年多

5. 在杜甫草堂主祠里，配祀杜甫的两位文人是_____。

   A. 司马相如和扬雄　B. 李商隐和杜牧　C. 苏轼和苏辙　　D. 黄庭坚和陆游

参考答案

1.A 2.C 3.D 4.B 5.D

城市诗篇

茅屋为秋风所破歌

杜 甫

八月秋高风怒号,卷我屋上三重茅。

……

安得广厦千万间,大庇天下寒士俱欢颜!

风雨不动安如山。

呜呼!何时眼前突兀见此屋,吾庐独破受冻死亦足!

[注]杜甫(712—770年),字子美,自号少陵野老,唐代伟大的现实主义诗人,被后世称为"诗圣"。安史之乱爆发后,杜甫一家避乱来到成都,并在成都西郊浣花溪畔建起了一座茅屋。杜甫一家人在此居住了三年多的时间,其间,杜甫创作了《春夜喜雨》《蜀相》《江村》等大量优美的诗歌。《茅屋为秋风所破歌》即为其中的一首,诗人借描写自己的茅屋,表达了"安得广厦千万间,大庇天下寒士俱欢颜"的崇高愿望和忧国忧民的强烈情感。千百年来,这首诗一直为人们所传诵。

我们接着谈成都。

现在,很多人一想到某座城市,总喜欢谈论城市地标。比如,北京的故宫、上海的东方明珠塔、武汉的黄鹤楼、南昌的滕王阁、西安的兵马俑、杭州的西湖等。但成都的城市地标是什么?在很多人看来,是一处很不起眼的建筑——杜甫草堂。

与许多城市高大上的建筑相比,草堂就是几间低小矮的茅草屋。奇怪的是,成都人不仅没有觉得草堂寒碜、低矮，反而引以为荣，十分自豪。因为什么？因为草堂是杜甫草堂。对于成都而言，草堂赋予了这座城市非常特殊的城市内涵，给成都增添了浓厚的文化氛围。而今，杜甫草堂已经历经了一千多年的沧桑风雨，仍然成为外来游客不容错过的打卡地。

那么，杜甫为什么会到成都？怎么建的草堂？为什么杜甫草堂会成为成都人引以为傲的文化地标呢？

一、草堂落成

成都这个地方，地形十分封闭，周围高山环绕，中间是一个盆地。李白用"蜀道难，难于上青天"来形容它。秦朝时期，这里虽然也开辟了道路，但都是羊肠小道或者山间栈道，大军很难进入，往往"一夫当关，万夫莫开"。处在四川盆地的成都就好像一个天然的安乐窝，十分安全。加上都江堰工程修成之后，成都平原成为所谓的"天府之国"，物产丰富、粮食充足，所以，成都成为建都长安的那些朝代理想的后花园，或者说避难所。一旦出现危机，长安的君王们就会翻过秦岭，沿着传统的蜀道来到成都。

当年，杜甫之所以来到成都就跟成都的特殊环境有关。

唐朝玄宗时期，发生安史之乱。眼看长安要被叛军攻破，唐玄宗就带着文武大臣仓皇逃到了成都。在成都待了一年多时间，等长安重新收复之后，唐玄宗才又回到了长安。而在此期间，成都成了临时的帝都，被称为唐朝的南京。皇帝来了，暂时又回不去，在那里对全国发号施令，这段历史，对杜甫和当时的唐朝人都产生了很大的影响，成都的地位也得到了提高。

不过，当玄宗避难来到成都的时候，他的太子李亨并没有一起来，而是在甘肃的灵武登基做了新皇帝，就是历史上的唐肃宗。

杜甫曾经在长安生活了10年。在那里，他试图通过科举考试进入仕途，实现自己的政治理想和抱负，但都没有成功。安史之乱爆发以后，他追随唐肃宗到了灵武，唐肃宗一开始让他做了左拾遗，一个谏官，杜甫后来被称为"杜拾遗"就是这么来的。但杜甫做事太认真了，说话太直率，得罪了皇帝，被贬为华州（今陕西渭南市华州区）司功参军。这样一来，离杜甫远大的政治理想就更加遥远了。后来，他干脆弃官不做，一路向西。一开始，杜甫来到了甘肃的天水；再后来，从天水南下，最终来到了成都。

这一年，是759年岁末，是唐玄宗在成都避难两年之后，杜甫48岁。

一个人要在一个完全陌生的城市生活，无论古代或者是现代，都不是一件容易的事，杜甫也是一样。与现代许多到别的城市去打拼的年轻人相比，杜甫还有一个特殊情况，就是拖家带口。杜甫逃亡的时候是带着他的妻子和孩子的，而且这个时候杜甫已经48岁，快要到知天命之年了。成都这座城市会以什么样的方式接纳这位大诗人的到来呢？

我们常说，在家千日好，出门一时难。

要在一个陌生的城市待下去，需要什么条件？首先要解决吃住的问题，然后找一份适合自己的工作，而找工作也是为了解决长期有饭吃、有地方住的问题。杜甫当年也是一样。

在家靠父母，出门靠朋友。有幸的是，杜甫在成都，还真的得到了不少朋友的帮助。首先帮助杜甫的一个朋友是成都尹裴冕。在杜甫做左拾遗的时候，裴冕是当朝宰相。裴冕职位高，杜甫诗名大。所以，两人惺惺相惜，也相互敬重。杜甫来到成都之后，应该会去拜访裴冕。人家毕竟是上司，而且，杜甫做事并不古板，也不是不知道变通的人。这个时候，杜甫已经是一个名气很大的诗人，裴冕也不会不给他面子。在职权范围之内，对杜甫施以援手应该是情理之中的事情。他是怎么帮助杜甫的呢？

历史上并没有明确的记载。但是，草堂的建立可能跟裴冕有一定的关系。

初来成都，杜甫先是寓居成都西郊浣花溪畔的浣花溪寺里。浣花溪在成都西郊，是锦江的支流。因为江水异常清澈，所以又称清江。后来，就是在浣花溪畔杜甫拿到了一块荒地，建起了草堂。

我们可以想象一下：当时的成都也是天下名都，是南京啊！寸土寸金。要在一座城市拿一块地，盖一处宅子，谈何容易！起码首先需要得到当地官员的批准，要不就是非法建筑了。所以，我推测，很可能裴冕帮了杜甫的忙。至于怎么帮忙，裴冕自有办法。他是地方一把手，一呼百应。比如说，请吃一顿饭，把当地的地方官都请过来，介绍一下杜甫，说："这就是著名的诗人杜甫先生，我的贵客。请大家多多关照！"看在裴冕的份上，地方官可能会对杜甫施以援手。也许就是在这种背景下，杜甫顺利拿到了成都西郊浣花溪畔的一块荒地。

那时候，成都的城市还没有发展到浣花溪畔，那里不是城市的黄金地带，但杜甫偏偏是个诗人，就喜欢这样的地方。清静、幽雅、空气好，环境好，又有利于创作。就是在这种背景下，杜甫在这块地上开始了草堂建设。

杜甫手中原来有一部分积蓄，他当年在天水的时候，就曾经想利用这部分积蓄买一块地。现在这部分积蓄就作为建筑草堂的资金了。地方的这些朋友，包括裴冕，还有地方官，会给他一部分米、面、粮油，或者供应一些建筑材料，再或者提供一部分无偿劳动力。就在杜甫来到成都的第二年春天，即公元760年的春天，草堂落成。杜甫在成都暂时有了安身立命之地，有了自己的一个新家。

草堂的落成，也意味着成都这座城市张开双臂热情接纳了杜甫，使杜甫对成都这座城市满怀感恩之情。

二、杜工部由来

后世人对杜甫有几个称谓：诗圣，那是宋代以后诗人们对杜甫的赞誉；杜少陵，那是因为杜甫自号少陵野老；杜拾遗，是因为杜甫曾经做过左拾遗这个官职；他还被称为杜工部，是因为杜甫曾任检校工部员外郎这个职务。而检校工部员外郎就是在成都得到的职衔。这个职衔跟杜甫在成都生活期间对他帮助最大的一位贵人有关。

这个人就是严武。

严武是武将出身,他的父亲严挺之做过宰相,跟杜甫有过交往,算是杜甫旧友。严武虽然是个武将,但粗通诗词,是杜甫的崇拜者、粉丝。从年龄上,严武小杜甫十多岁,算是晚辈。巧合的是,在草堂落成的第二年(761年),严武升任成都尹、剑南节度使,这使杜甫感到既意外又惊喜。于是,杜甫就得到了严武的关照。这个关照包括几个方面。

一是送一部分钱粮,帮助杜甫解决日常生活问题。严武来成都上任伊始,知道杜甫在成都,就迫不及待地带着酒和肉,来到西郊杜甫草堂看望杜甫。杜甫就在草堂外的竹林里临时支起桌椅,两个人边喝酒、吃肉,边叙谈。临走的时候,严武送给杜甫一些钱、粮。后来,他还不间断地来过几次,看望杜甫。

二是请杜甫入幕,也就是进入严武的剑南节度使幕府,做一名文职官员节度使参谋。同时(也有说是稍后),又替杜甫向朝廷申请了另一个职衔——检校工部员外郎。这样,杜甫就可以名正言顺地从严武那里领到一份俸禄,解决基本生活问题。杜甫被称为杜工部,就是因为杜甫曾任检校工部员外郎这么个职务。大家不要小看这个职位,这个职位是从六品,赐绯鱼袋。这个小小头衔对于一生苦苦追求"致君尧舜上",希望在仕途上有所作为的杜甫来说,应该是莫大的荣耀了。

遗憾的是,杜甫在严武幕府里待的时间并不长。也许是因为身体不好,或者可能与同事无法相处,杜甫不久就辞掉了幕府参谋,重新在草堂过起了相对自由的生活。

尽管如此,对于杜甫而言,严武是他的贵人。杜甫与严武之间的感情也不一般,这从杜甫在草堂生活的时间表可以看出来。杜甫于759年(乾元二年)岁末来到成都,并于次年(760年)春天在城西浣花溪畔建成草堂;765年(永泰元年)五月离开成都。按照常理,杜甫在草堂居住的时间应该有五年多。不过,实际上，按照史书记载，杜甫在草堂前后居住了三年零九个月。其中有将近两年，杜甫为什么没有在草堂居住？他又去了哪里呢？这跟严武有关。

762年（唐代宗宝应元年）七月，因为玄宗、肃宗先后去世，严武奉命调离成都，做京兆尹，监修山陵。这一任命也说明严武深受玄宗、肃宗，以及现任皇帝代宗三朝皇帝的器重。临走的时候，杜甫亲自送严武一直到绵州（今四川绵阳以东的巴西县），离成都有二百七八十里之遥，并留下了这样一首感人的留别诗：

> 远送从此别，青山空复情。
> 几时杯重把，昨夜月同行。
> 列郡讴歌惜，三朝出入荣。
> 江村独归处，寂寞养残生。

——杜甫《奉济驿重送严公四韵》

诗中的"青山空复情""几时杯重把"都是送别的名句。而最后两句"江村独归处，寂寞养残生"的意思是说，在严武离开之后，我杜甫将不得不独处江村的草堂，寂寞地度过剩余岁月，深情地表达了诗人对严武的惜别之情。

严武前脚刚走，其手下的兵马使徐知道就发动兵变，控制了成都。据有关记载，这个徐知道在杜甫初到成都营建草堂之际还曾经帮助过杜甫，但从他举兵叛乱这件事来看，这并不是一个知"道"之人。杜甫得到消息，知道回不去了，在绵州停留一段时间后转向梓州（今绵阳三台县），投靠另一位朋友。徐知道的叛乱不久就被镇压下去了，同时，杜甫的好朋友、大诗人高适被任命为成都尹、剑南节度使。当年，杜甫和高适、李白曾经在河南开封见过面，而且一同在那里登高游玩，共论诗歌，可以说关系非常密切。但高适对成都的治理并不成功，对来自青藏高原的吐蕃军队的进攻也束手无策，成都一直处于动荡不安的状态之中。所以，杜甫虽然得到了高适在成都任职的消息，也没有立刻返回成都，他还把妻儿也接到了梓州。再后来，杜甫又从梓州转向阆州（今四川阆中），处于颠沛流离的状态。这也就意味着，好不容易营建好的草堂也不得不暂时离弃。

本来，杜甫没打算再回成都草堂。但是，764年（广德元年）三月，朝廷眼看成都局面无法控制，就把高适调回长安，重新任命严武为成都尹、剑南节度使。得到消息，杜甫当然十分欣喜。于是，举家重返成都，重新住进了浣花溪畔的草堂。

不过，人生无常。永泰元年（765年），也就是杜甫重返草堂的第二年，严武暴病而亡，英年早逝（年仅40岁）。

有统计表明，就单个人而言，杜甫生前写给严武的诗最多，有30首左右，可见他们的感情之深。严武去世后，杜甫自然十分悲伤，以至于再也无法在成都待下去。于是，当年五月，他携家离开了成都草堂。

实际上，现代人也是这样：到了一座陌生城市，都会投亲靠友。哪怕那位亲友帮不上忙，也会觉得心里踏实。所以，不管严武这个人在唐朝历史上作何评价，他都是杜甫一生最感激的人。

杜甫在草堂前后居住了三年零九个月，时间不算长。但就是这个时间，一方面是杜甫一生中最难忘也最宁静的一段时光，不挨饿了，不流浪了，还有家人团聚；另一方面，也成为成都文化中一段辉煌的时光，因为大诗人杜甫一生中最美好的一部分诗篇就是在草堂居住期间创作的。

三、歌咏成都

今天，成都是长江上游的中心城市，是成渝经济区的核心城市，经济发达、文化丰富。同时，在很多游客眼里，成都又是一座令人向往的休闲之都、美食之都。

而且，成都也十分幸运，诗仙李白和诗圣杜甫都曾经对它的魅力和迷人进行过深情的歌咏。李白是把成都作为故土进行歌咏的，在5岁左右，李白随父入川，定居在四川江油的青莲镇；25岁时"仗剑去国，辞亲远游"，沿着长江东下，开始了一生的漫游生活。这就是说，李白有20年的时间是在四川度过的。当时，成都已经是西南地区的政治、经济和商业中心，是一个繁华的大都市。根据史料考证，李白曾在15岁、21岁、24岁时三次来到成都，饱览成都风光，成都的草树、云山、濯锦江、散花楼、司马相如的相如台、大儒学家扬雄的子云居等优美的自然环境、丰富的人文遗迹、繁华的都市风情等都给李白留下了深刻印象，对于李白养成豪放旷达的个性、飘逸俊秀的诗风也产生了深刻影响。在李白的心目中，他对成都的感情是一种深厚的故土之念、恋乡之情。

安史之乱震动全国，那时候，大诗人李白远在江西，但他密切关注着朝廷的动向。唐玄宗出逃成都、唐肃宗即位灵武都时刻牵动着他的神经。当他得知唐玄宗安全返回长安、唐肃宗把成都升为南京时，再也抑制不住心中的激情，奋笔写下了组诗十首《上皇西巡南京歌》，其中写道：

　　九天开出一成都，万户千门入画图。
　　草树云山如锦绣，秦川得及此间无。
　　　　　　　　——李白《上皇西巡南京歌》（其二）

还说：

　　天子一行遗圣迹，锦城长作帝王州。
　　　　　　　　——李白《上皇西巡南京歌》（其八）

　　水绿天青不起尘，风光和暖胜三秦。
　　　　　　　　——李白《上皇西巡南京歌》（其九）

诗的大意是说：成都乃是九天（《吕氏春秋·有始》记载，天有九野，即中央与八方，中央叫钧天，东方叫苍天，北方叫玄天，西方叫颢天，南方叫炎天，另外东北、西北、东南、西南也有不同的名称，所以，叫九天。不过，大部分时候，九天通指天、上天、高高在上的神秘世界）的杰作，不是人力所为；你看那城里的千家万户，整齐排列就像画中一样。花草树木装扮的城市如锦绣般美丽，这种景色恐怕在八百里秦川的唐都长安也是看不到的。这里水绿天青路上不起尘土，气候温和胜过三秦的长安；所以，天子这一行留下了圣迹，希望锦城成都以后能长期作为帝王之州，也就是帝都所在地。在组诗中，李白一方面把唐玄宗的逃难赞为"西巡"；另一方面从多个角度赞颂了成都之美，尤其是"九天开出一成都"一句诗被古人赞颂为"金钟大镛之音""锦心绣口之辞"。李白一生还是第一次对一座城市给予如此完美的赞誉。

李白是在千里之外的长江下游念着成都、歌咏成都的。而诗圣杜甫则是身在成都，用他的眼睛在观察着成都，用他的心在感受着成都。

据统计，杜甫在四川生活期间，创作了260多首诗歌，占杜甫一生留下来的1400多首诗的近五分之一。其中，大部分是在成都草堂创作的。我们着重来分析几首杜甫创作的有关成都的诗篇。

首先是成都的自然环境和气候特点。杜甫有一首《成都府》这样写道：

曾城填华屋，季冬树木苍。
喧然名都会，吹箫间笙簧。

——杜甫《成都府》

杜甫的老家在河南的巩义。他从小在黄河流域长大，对北方地区的气候和生活环境很熟悉。但长江上游的成都就不一样了。成都位于盆地中心的平原腹地，天府之国，物产丰富，少战乱，因此，经过千百年的积淀，成都已成为长江之畔的名都。虽然黄河流域这时已陷于战乱之中，但成都有多重城墙,有华屋、笙箫,俨然一派和平的氛围,人们过着自由、安逸的生活。尤其令杜甫想不到的是成都"季冬树木苍",冬天里树木仍然苍翠、郁郁葱葱。说明成都气候温湿,自然环境、生活环境相当好。

其次是成都的经济和水上交通。唐朝时期,成都是全国名列前茅的大都市,以丰富的物产和发达的商业、手工业闻名天下,有"扬一益二"之说(扬指扬州,益指益州,即成都)。繁荣时期,城市人口数量达10万户,大约50万人。各类坊有120个左右,街道共有三四百条。当然,对于这种情形,当年的杜甫应该有亲身体会,他用最擅长的诗歌形式表达了出来。成都有悠久的养蚕缫丝技术,汉唐时期,蜀锦行销全国。杜甫在《蜀相》中说"锦官城外柏森森",又在《春夜喜雨》中歌咏道:

好雨知时节,当春乃发生。
随风潜入夜,润物细无声。
野径云俱黑,江船火独明。
晓看红湿处,花重锦官城。

——杜甫《春夜喜雨》

这是杜甫来到成都后经历的第一个春天、第一场春雨,其喜悦之情溢于言表。"晓看红湿处,花重锦官城",把"锦城""锦官城"的文化名片进一步推向全国。

杜甫在草堂创作的另一首诗则为我们留下了成都作为长江上游航运中心的珍贵资料。

两个黄鹂鸣翠柳,一行白鹭上青天。
窗含西岭千秋雪,门泊东吴万里船。

——杜甫《绝句》(其三)

杜甫居住的草堂东边不远处就是唐代成都著名的万里桥码头。在乍暖还寒的初春时节，杜甫身居草堂，看到了成都西岭山上的积雪，看到不远处的万里桥码头帆樯林立，停泊着不少来自或将要发往万里之外的吴地的船舶。杜甫告诉我们，汉唐时期，成都就能直接与万里之外的东吴，也就是长江下游的南京直接通航了，水上交通十分便利。后来，杜甫离开草堂，就是沿着水路南下，从成都经重庆过三峡，最后到了湖南的。

再者是成都的饮食和娱乐生活。杜甫在老家巩义和都城长安吃的主食以面和小米、杂粮为主，那是黄河流域的生活方式。自从都江堰工程建成后，长江上游的成都平原就成为长江流域最重要的产稻区，成都人的主食以稻米为主。同时，这里江河纵横，盛产各种鱼鲜，杜甫品尝过的就有江团、雅鱼、鲂鱼等。而且，从杜甫诗歌里我们还知道，严武曾送给他一瓶青城乳酒（《谢严中丞送青城山道士乳酒一瓶》）。这种酒是青城山道士酿造的，甘甜醇香。杜甫还曾经和老农一块喝春酒。他有一首诗这样写道：

步屧随春风，村村自花柳。
田翁逼社日，邀我尝春酒。
……
久客惜人情，如何拒邻叟。
高声索果栗，欲起时被肘。
——杜甫《遭田父泥饮美严中丞》

这是居住在草堂附近的一位邻居老人，社日临近时邀请诗人品尝春酒的情形，充满了浓郁的乡情和民风。月亮升起老高了，主人还不让客人离席；客人想要站起来，被主人拉着胳膊肘又给拉坐下了。文质彬彬的杜甫，被过分热情的邻叟的豪爽、真挚、淳朴所打动，因而留下了这首诗。这首诗还给我们透露了另外一个信息，唐代喜欢用"春"字命名酒类。《唐国史补》记载，唐代出自四川的名酒就有剑南春、荔枝春、锦江春、曲米春等。有些酒名比如剑南春一直沿用到了现代。

闲暇时间，成都人的娱乐生活又是怎样的呢？杜甫的《江村》诗曰：

清江一曲抱村流，长夏江村事事幽。
自来自去堂上燕，相亲相近水中鸥。
老妻画纸为棋局，稚子敲针作钓钩。
但有故人供禄米，微躯此外更何求？

——杜甫《江村》

浣花溪清澈的江水，弯弯曲曲地绕村而流。在长长的夏日里，事事都显得恬静、安闲。相伴多年的妻子在纸上画着棋盘，年幼的儿子敲弯了钢针要做成鱼钩。只要有老朋友给予一些钱米，我除了这个还有什么可奢求的呢？

所以，在草堂居住期间，杜甫从一个来自黄河流域游子的角度，观察着成都，感受着成都，并由衷地赞美着成都。从杜甫的诗歌里我们不难发现，当时的成都，已经和今天差不多，是一座相对富足、平静、安逸、令人向往的城市。

杜甫对成都的歌颂，还有另外的作用。在古代，城市形象的传播很困难，根本不像今天融媒体时代，有电视、网络、手机、广播、报刊等多种多样的信息传播渠道。而在古代，城市形象的传播往往是口口相传，主要靠人，特别是名人效应。为啥长安、洛阳、金陵那么有名？因为它们是都城，有皇帝、大臣们为它们代言。所以，江山好，还需文人来捧。名人诗词、歌赋往往是最好的城市形象传播载体。在杜甫来到成都前，成都的城市形象通过古蜀国，通过扬雄、司马相如，还有大诗人李白等的宣传，已经有了一定的知名度，但仍然不是那么高大。而和成都相比，长江流域的城市比如南京，形象就相当高大，因为它曾经是六朝都城；扬州知名度也很高，因为隋炀帝曾经三次到那里游玩，还因为大诗人李白曾经深情地歌咏"烟花三月下扬州"，诗人张祜曾经歌咏"人生只合扬州死"。

再就是成都了。在成都城市形象传播的过程中,诗圣杜甫发挥了重要作用。他用如椽之笔,毫无保留地深情歌咏和赞美了成都,更加全面地把成都的形象呈现在世人面前。这乃成都城市之幸,也使成都的城市形象快速提升,越来越高大。

在成都城市形象向外传播的过程中,草堂仿佛一处策划创作工作室。成都人的付出不算很大,一块荒地、一条溪流、几间茅屋,再加上成都人的热情,但得到的回馈却是无法用语言描述的。后代人只要学唐诗,就得学杜诗;只要学杜诗,就得学习杜甫的成都诗篇。所以,唐朝之后,几乎没有哪个中国人不知道成都的,成都成了长江流域的新宠儿。

成都成就了杜甫,反过来,杜甫又成就了成都。

四、家国草堂

杜甫在草堂前后居住了三年零九个月的时间,在唐代宗(永泰元年,765年)时期,离开成都,沿长江东下。此后,草堂逐渐荒芜、倒塌。到了唐末五代,诗人韦庄来到成都,读到杜甫在草堂所创作的诗歌,热血沸腾,就沿浣花溪畔寻找草堂旧址。这个时候杜甫离开成都的时间还不是太长,草堂的柱砥、基址犹存。为纪念杜甫,韦庄出资重建了茅屋草堂。由此,杜甫草堂遗址得以确认。从此以后,历代对草堂进行过增修、重建,大大小小有十多次。其中,两次最大规模的重修是明弘治十三年(1500年)和清嘉庆十六年(1811年),基本奠定了现代草堂的规模和布局,并保存至今。所以,我们今天到杜甫草堂参观,看到的并非当年杜甫草堂的原貌。

在这里,我还想给大家纠正一个误解:草堂仅仅是杜甫及其家人的居住空间。而实际上,杜甫在草堂周围拥有一大片荒地。成都气候温湿,草堂又临浣花溪水,适合种竹。所以,在荒地上,杜甫种了一大片竹子。据相关资

料记载,最多时,杜甫在草堂附近种了几十亩地竹子。杜甫曾作《杜鹃》诗,其中说道:

我昔游锦城,结庐锦水边。
有竹一顷余,乔木上参天。

——杜甫《杜鹃》

杜甫自己在诗中说"有竹一顷余",唐代的度量单位和今天不一致,一顷相当于今天的 50 亩左右。即使这样,50 亩左右的竹子,面积也是不小的。文人都喜欢竹子,但杜甫种竹的目的不仅仅是欣赏,也是经营。因为竹子既有观赏价值,又有经济价值(做建筑、船只或者编织材料),可以拿去卖钱,补贴生活支出。

此外,杜甫还在浣花溪畔种了一些蔬菜和李树、黄梅等果树,补贴日常家用。这样看来,当年的杜甫草堂既不像今天这样一个华丽的大公园,也不像很多人想象中的仅有几件茅屋,而是一处田庄、小庄园。竹林、田庄的收入应该发挥了不小的作用,否则,杜甫在草堂前后居住三年多,光靠朋友赞助过日子,恐怕是不行的。甚至,我们也不排除杜甫在这里接待过不少贵客、诗友,举行过诗会,也许还曾招过一些慕名而来的年轻人或者富家子弟做学生。无论怎么讲,只有衣食无忧的经济状况、相对宁静的环境,才能给诗人营造出诗意栖居的空间,为杜甫创作出优美的诗歌提供必要条件。

不过,现代人到杜甫草堂参观的时候,还有一个值得注意的现象:在草堂的核心建筑杜工部祠里,供奉的不仅有杜甫,杜甫塑像的两边还有两个人——黄庭坚和陆游配祀。为什么把他们二位当作杜甫的配祀呢?

实际上,在宋代之后,草堂就成了一块文化圣地,吸引了大量文人士大夫到此朝拜、缅怀,形成了"自古诗人例到蜀,到蜀必然到成都"的风气。其中,黄庭坚和陆游是最典型的。

他们和杜甫的根本不同是生活的时代不一样。杜甫是唐代的，黄庭坚是北宋的，而陆游是南宋的。

　　相似之处在哪里呢？一方面，黄庭坚和陆游两人都学习杜诗，在诗歌创作上都十分推崇杜甫，甚至被认为是唐代以后最推崇杜甫的两位诗人。不过，他们两人和杜甫一样，都不是成都人，但都曾因为做官或其他原因寓居成都多年，写了不少吟咏成都的诗篇，深受百姓敬重。黄庭坚（江西人）是苏门四学士（黄庭坚、晁补之、张耒、秦观）之一，又擅长书法，被称为宋代四大家（苏轼、黄庭坚、米芾、蔡襄）之一。宋哲宗时期，黄庭坚被贬为涪州（今重庆）别驾，在四川为官六年左右。陆游（浙江绍兴人）也曾在成都为官多年（蜀州通判、参议等职），曾在杜甫草堂附近浣花溪畔开辟菜园，躬耕于此，甚至萌生过终老成都的念头。

　　除此之外，我认为最重要的是，他们三人都是胸怀家国、天下的传统儒士，生前的理想追求相似。他们都生活在国家动荡、民族危难之时，国家的命运前途很不确定。面对这种局面，很多同时代的人选择了随波逐流、醉生梦死，或者干脆投敌、叛国。而杜甫、黄庭坚、陆游面对乱世，却满腔报国热情，试图通过自身的努力，拯救家国于危难之中，以不同的方式践行着治国、平天下的政治抱负。

　　杜甫一生抱定"致君尧舜上，再使风俗淳"的政治理想，孜孜以求，从不放弃。所以，在成都，他最佩服的人就是诸葛亮，曾多次参观武侯祠。但国家的兴盛并非一朝一夕，或者说仅仅靠一个人的力量就能实现的。所以，诸葛亮的一生也留下了深深的遗憾："出师未捷身先死，长使英雄泪满襟。"杜甫在另一首诗《闻官军收河南河北》中有这么几句："剑外忽传收蓟北，初闻涕泪满衣裳。却看妻子愁何在，漫卷诗书喜欲狂。"从中我们仿佛看到一位白发苍苍的老者听到官军收复失地时的那种难以抑制的激动、喜悦心情。而在他的《茅屋为秋风所破歌》中，眼看着自己的茅屋被风吹破，他心中却想着"安得广厦千万间，大庇天下寒士俱欢颜"。我想，如果不是深深地爱着国家、爱着这个国家的穷困百姓，绝不会有这种不同于常人的深情流露。

陆游生活在南宋，当时，黄河流域的半壁江山都落在了金人之手。朝廷不能还都开封，深以为恨。临去世前，陆游留下了一首《示儿》诗："王师北定中原日，家祭无忘告乃翁。"诗人临去世前，考虑的不是自己的后事如何办理、财产如何分配，在他的心里只有大国，而没有自己的小家。至今读来，仍然催人泪下。

正是在这种背景下，清朝时期，四川前后两任总督常明（嘉庆时期四川总督）和丁宝桢（光绪时期四川总督）在整修工部祠时，先后把陆游和黄庭坚作为配祀，分列在杜甫两旁。丁宝桢也不是一个简单的人，他是晚清一位思想激进的革新派官员，曾经秘密处死宦官安德海，这个人是李莲英之前慈禧太后身边的红人，气焰嚣张、飞扬跋扈。晚年，丁宝桢以四川总督身份镇守成都十年，修理都江堰水利工程、整饬吏治、改革盐政、兴办洋务，对于成都的政治稳定、经济发展和文化繁荣，发挥了重要作用。最后，去世在成都任上。

通过工部祠和杜甫草堂，一代一代所传递下来的是什么？是满满的家国情怀！这才是杜甫草堂传递给我们的最核心的文化信息，也是杜甫草堂最大的文化价值所在。

所以，作为一个知识分子也好，作为一个爱国、爱家的普通中国人也好，我们今天到杜甫草堂去，可以重温那时候杜甫在成都的传奇经历，亲身感受杜甫以及诸葛亮、陆游等深厚的家国情怀，感受小小的草堂和广厦之间的关系，感受个人命运与国家前途之间的关系，在这里净化、升华自己的心灵。

也正是因为有了杜甫草堂，成都这座城市，不仅有悠久的历史、厚重的文化，不仅美丽浪漫、幽静闲适，不仅有美食、美景，而且拥有非常浓郁的诗人气质。在城市面目日渐模糊的今天，留住这样一座有诗人气质、文化品位、家国情怀的城市十分难得，更弥足珍贵。

第九章

眉山苏家

城市文化自测题

1. 《江神子·十年生死两茫茫》是苏轼悼念妻子王弗的一首词,词的创作地是_____。

   A. 杭州　　　　B. 密州　　　　C. 惠州　　　　D. 儋州

2. 宋仁宗嘉祐二年(1057年),和苏轼同登进士第的宋代文人不包括_____。

   A. 苏辙　　　　B. 曾巩　　　　C. 张载　　　　D. 王安石

3. 按照《苏氏族谱》,苏轼的祖先可以追溯到唐代的苏味道那里。苏味道曾经做过_____(皇帝)的宰相。

   A. 唐太宗　　　B. 唐高宗　　　C. 武则天　　　D. 唐玄宗

4. 据史书记载,母亲程氏辅导小时候的苏轼阅读过_____(文章)。

   A. 《庄子·逍遥游》　　　　　　B. 《左传·郑伯克段于鄢》

C. 《史记·淮阴侯列传》　　　　D. 《后汉书·范滂传》

5. 苏轼去世后，没能归葬他的故乡眉山。他的埋葬地在_____。

A. 山东密州　　B. 广东惠州　　C. 河南郏县　　D. 海南儋州

参考答案

1.B　2.D　3.C　4.D　5.C

江城子·十年生死两茫茫

苏 轼

十年生死两茫茫,不思量,自难忘。

千里孤坟,无处话凄凉。

纵使相逢应不识,尘满面,鬓如霜。

夜来幽梦忽还乡,小轩窗,正梳妆。

相顾无言,唯有泪千行。

料得年年肠断处,明月夜,短松冈。

[注]眉山,古称眉州,位于长江上游支流岷江之畔,大文豪苏轼(1037—1101年)的故乡。

苏轼留下的诗词名篇很多,而《江城子·十年生死两茫茫》被认为是描写爱情、抒发对家乡思念的绝篇。这首词创作于北宋神宗年间(熙宁八年,1075年),当时,苏轼在山东密州做知州,离自己的家乡眉山有千里之遥。一个夜晚,他梦见已经去世十年的妻子,仿佛看到当年妻子对镜梳妆、两情相悦的情景。但事实是,妻子葬在了家乡苏家祖坟里,而且,那里是一片栽满短松的小山冈。这首词情意绵绵,感人肺腑,读来令人垂泪。

我们这一章将走进长江上游的名城——四川眉山。

眉山市位于风景秀丽的峨眉山脚下,因此而得名。它是"唐宋八大家"中的三位大家——苏洵(1009—1066年)、苏轼(1037—1101年)和苏辙(1039—1112年)即"三苏"的家乡,保留有元明清时期建造的三苏祠。"三苏"都是大文学家,苏轼的名气更大,他被看作古代文人士子的楷模,"千古第一文人"甚至"古今第一完人"。

不过,有时候说起苏轼,很多人不一定马上联想到他的家乡在眉山。因为什么?因为苏轼生前在黄州、徐州、杭州、惠州,甚至蓬莱、海南岛等很多地方都做过官,去世后,葬在了河南。所以,很多人知道苏轼,却不知道他的家乡在哪里。

不过,我们说,一方水土养一方人,苏轼的学问是与生俱来的吗?是从天上掉下来的吗?都不是,"三苏"的成长必然受到家乡眉山这一片沃土的滋养。

那么,古代的眉山到底是一方怎样神奇的土地,怎么就能哺育出"三苏"这样的杰出人才呢?

一、"三苏"时期的眉山

大文豪苏轼留下的诗词名篇很多,比如,词作里的《水调歌头·明月几时有》《念奴娇·赤壁怀古》《江城子·密州出猎》《定风波·莫听穿林打叶声》等,诗作里的《饮湖上初晴后雨》《题西林壁》《惠崇春江晓景》《春宵》等,都成为千古传诵的佳作。而他的《江城子·十年生死两茫茫》也很知名:

十年生死两茫茫,不思量,自难忘。千里孤坟,无处话凄凉。
纵使相逢应不识,尘满面,鬓如霜。
夜来幽梦忽还乡,小轩窗,正梳妆。相顾无言,唯有泪千行。
料得年年肠断处,明月夜,短松冈。

——苏轼《江城子·十年生死两茫茫》

这首词创作于北宋神宗熙宁八年(1075年)。十年之前,苏轼的妻子去世，葬在了家乡的苏家祖坟里，那里是一片栽满短松的小山冈。十年之后，苏轼年已四十，在山东密州做知州，这一年正月二十日的晚上他做了一个梦，梦见已经去世十年的妻子在窗前对镜梳妆，而两人却"相顾无言，唯有泪千行"。这首词情意绵绵，感人肺腑，被人形容为"有声当彻天，有泪当彻泉"，是一首传诵千古的悼亡词。

那么，苏轼的家乡眉山到底是什么样子？苏轼无比怀念的妻子是谁呢？

苏轼的家乡眉山位于四川盆地的西南边缘，有一部分连着成都平原，属于成都大都市圈，离成都的直线距离只有60公里左右。同时，眉山位于长江上游支流岷江江畔，江水穿城而过。从眉山北上，水路可以直达成都；向下游不远处就是乐山（有乐山大佛的地方），到了乐山再向南到宜宾就进入长江，顺长江而下可以到长江中下游地区，进入长江水利系统。所以，"三苏"生活的北宋时期，眉山的对外交通已经比较便利了。

现在眉山是一个市，下辖两区四县，其中有一个区就叫东坡区，用苏轼的号来命名，很明显是为了纪念苏东坡先生。不过，在宋朝的时候，眉山属于眉州的一个县，眉州又属于成都府路（或叫益州路），而成都府路（或叫益州路）又属于四川的一个行政单位。

这里要给大家交代一下，"四川"这个称呼是宋朝初期才有的。为什么叫四川呢？有些人说，河又称为川，是不是有四条大河流经这里呀？什么岷江、沱江、涪江、嘉陵江等。的确，四川是有不少江河，但四川的得名却跟河流没有关系。宋朝时候，在地方实行"路、府、州、县"的管理体制，"路"相当于现在的省，但在管理范围上比省小一些。宋朝刚建立的时候，在四川、重庆这个地区设置了两个路，分别是以成都为中心的"西川路"和以奉节为中心的"峡路"。不久，这两路又被拆分为益州、梓州、利州、夔州四路，简称川峡四路，或四川路，这就是"四川"得名的开始。也就是说，"三苏"生活的时代，已经有四川的说法了。在四川四路中，要数以成都为中心的益州路最发达，当然眉山也属于当时相对发达的核心区域。

就长江流域经济发展的过程来看,唐代以前,长江上游经济发展超前于长江中下游地区。两宋时期,形成了上下游较为发达而中游相对落后的马鞍型曲线格局。明清到近代,长江流域经济呈现下游、中游到上游的阶梯状差异,越是靠近沿海,经济越发达,越往上游,经济越落后。所以,"三苏"生活的两宋时期,四川包括眉山是全国人口比较集中、经济相对发达的地区。

青少年时期的苏轼就生活在这样一个环境里,读书学习,19岁的时候苏轼与16岁的本地(今眉山市青神县)姑娘王弗(1039—1065年)结婚。王弗知书达礼,与苏轼感情很深。

宋仁宗嘉祐元年(1056年),21岁的时候,苏轼离开家乡,和父亲苏洵、弟弟苏辙一起到都城开封参加科举考试。苏洵的夫人程氏、苏轼的夫人王弗、苏辙的夫人史氏一家人给他们送行,依依惜别。宋仁宗嘉祐二年(1057年),苏轼参加礼部考试,作策论《刑赏忠厚之至论》,与曾巩、苏辙、张载、程颢等388人同登进士第,被誉为"千年龙虎榜"。苏轼和苏辙同时高中进士,轰动京师。几年之后的仁宗嘉祐六年(1061年),苏轼、苏辙又应皇帝亲自主持的制科考试,入第三等(一、二等空缺),为"百年第一"。当朝皇帝宋仁宗阅读完兄弟俩的策论后,对二人的才华大加赞赏。到了后宫,兴奋地对他的皇后(曹皇后)说:

朕今日为子孙得两宰相矣!

——《宋史·苏轼传》

"我今天为我们的后代子孙录取了两位宰相!"意思是说,苏轼和苏辙都是有宰相大才的人选(事实上,苏轼没有做到宰相,苏辙做到了副宰相)。此后,苏轼任大理评事,签书凤翔府判官,正式踏上仕途。

苏洵呢?他在这次跟两个儿子进京考试前,已经参加过两次科举考试,均没有考中。这次,他是陪着二子参加考试的,感觉自己年龄大了(48岁),

总不能跟儿子一块考试吧。但是，他在京城拜会了当时的文坛领袖，也是当年的主考官欧阳修，献上了几篇文章，深得欧阳修的称赞。后来，经欧阳修、韩琦等当朝名臣推荐，苏洵也做了官，任秘书省校书郎。

不幸的是，宋仁宗嘉祐二年（1057年），就在苏轼、苏辙兄弟俩高中进士之后不久，他们的母亲程夫人在家乡去世。苏洵、苏轼和苏辙父子不得不从开封返回家乡，为程夫人守丧（那时候，守丧要三年的时间，实际上是两年多）。守丧期满之后，宋仁宗嘉祐四年（1059年），苏洵、苏轼、苏辙父子三人还有苏轼的夫人王弗、苏辙的妻子史氏搬迁到都城开封居住。当时，他们一家人雇了一条船，沿岷江而下，走长江，再转大运河，从眉山到了开封。

宋英宗治平二年（1065年），苏轼的夫人王弗在开封去世。第二年，苏轼的父亲苏洵也病逝于开封。按照当时的丧葬习俗，苏轼、苏辙兄弟俩要把父亲的灵柩护送回眉山老家，王弗的灵柩也一起被护送回眉山。回老家的时候，他们走的是水路。具体路线是，先走大运河进入长江，再沿长江溯流而上，经过三峡，过重庆，然后再从宜宾进入岷江，经乐山最后到眉山，把苏洵和王弗葬在了苏家的祖坟（眉山县修文乡安道里苏氏祖坟）。当年，苏轼兄弟曾在父母和王弗的墓旁小山冈上遍植松树，苏轼还写了《亡妻王氏墓志铭》来悼念亡妻。十年过后，到了北宋神宗时（1075年），苏轼在密州做官，梦见妻子，便写下了那首传诵千古的《江城子·十年生死两茫茫》。

二、眉山苏氏家族

眉山便利的交通、相对发达的经济环境为"三苏"成才提供了良好的条件。同时，"三苏"的家学渊源，北宋时期的文化环境也对他们产生了重要影响。

据苏洵撰写的《苏氏族谱》，苏家是从河北栾城（今河北石家庄栾城区）迁到眉山的。老祖宗是谁呢？苏味道。这个人很不简单，进士出身，在武则天时期曾经做过数年宰相，很有智慧，做事老练，"模棱两可"这个典故就是根据他说话办事的特点而留下的，很得女皇武则天的欢心。同时，苏味道还是一位了不起的文学家、诗人，《全唐诗》收录了他十多首诗。其中，比较有名的如《正月十五夜》：

火树银花合，星桥铁锁开。

暗尘随马去，明月逐人来。

——苏味道《正月十五夜》（一作《上元》）

这首诗描写了武则天时期神都洛阳正月十五夜，人们观灯、纵游的情景，后来，"火树银花"一词为后世模仿和传诵。

武则天去世后，因攀附宠臣张易之，苏味道被贬为眉州刺史，千里迢迢从长安到了眉山。不久，又被任命为益州大都督府长史，但还没有到成都上任，就因病去世了，终年58岁。苏味道有四个儿子，三个儿子在父亲去世后带父亲归葬老家河北。二儿子（苏份）觉得眉山这个地方不错，父亲又在这里做过官，于是就留在眉山，娶妻生子，从此，就有了眉山苏氏。苏味道以上是什么人呢？苏洵说可以一直追溯到皇帝的孙子、被称为五帝之一的颛顼。所以，苏洵这么一追溯，说明他们苏家根红苗正，是标准的世家大族，很荣耀。

不过，苏氏家族史再辉煌，那是过去。从苏份来到眉山，苏家就开始衰落了。但尽管如此，苏家跟一般的平民家庭还是有区别：首先，有较好的经济基础。祖上会留下不少金银财产，可以在眉山置买一些田产，过上比较富裕的生活。其次，苏家毕竟曾经是世家大族，"学而优则仕"的观念已经深深扎根在他们的血脉里，使他们比一般的家庭有更强烈的欲望，通过读书、科举重新走上政治舞台，续写家族的辉煌。

但出人意料的是，从苏味道（648—705年）到"三苏"（苏洵，1009—1066年）时期，间隔了三百多年。这期间，眉山苏家都没有出现活跃在国家政治、文化舞台上的大人物，一直处于沉寂状态。当然，这三百多年也是中国社会比较动荡不安的时期，是武将左右时局的时候，文人是不容易出人头地的。

到了北宋初期，苏家终于迎来家族复兴的良机。北宋建立后，朝廷一改唐末五代以来的做法，重文抑武，提倡文教，主张与文人士大夫共治天下；制定了一系列尊重、笼络知识分子的政策，皇帝甚至亲自出面，鼓励天下人读书。据传，宋真宗还亲自作了一首《劝学诗》（亦说这首诗是民间士人创作的，并非真宗所作），流传到现在：

富家不用买良田，书中自有千钟粟。
安居不用架高堂，书中自有黄金屋。
出门莫恨无人随，书中车马多如簇。
娶妻莫恨无良媒，书中自有颜如玉。
男儿欲遂平生志，五经勤向窗前读。

——宋真宗《劝学诗》

"书中自有千钟粟""书中自有黄金屋""书中自有颜如玉""书中车马多如簇"，什么都没有读书好。皇帝亲自做的宣传，不知迷醉了多少士子，影响上千年。当然，我们说，皇帝是想通过提倡读书，笼络、束缚住天下士子的心，从而使自己的统治长治久安。但不管皇帝做什么打算，对于试图改变自己命运前途的天下读书人来说，这是个千载难逢的好机会。眉山苏氏家族就是在这个时期开始登上了宋朝的政治和文学大舞台。

眉山苏家第一个走上政治舞台的是苏洵的二哥苏涣（1000—1062年），宋仁宗天圣二年（1024年），24岁的苏涣进士及第（比苏轼、苏辙兄弟早了30多年）。后来，在中央和地方做官。

苏涣步入仕途对苏家的影响非常大。就像今天在一些偏远的农村考大学一样，有一个孩子考上了好大学，那他的弟弟、妹妹，还有同村的其他孩子就看到了希望，会更加发愤努力。苏涣是苏洵的哥哥，哥哥考中了进士，给苏洵带来的影响很大，其中一个影响就是眉山当地另一个世家大族——程氏家族，把一个姑娘嫁给了苏洵（这就是后来历史上有名的程夫人，苏轼、苏辙的母亲）。眉山当时有四大家族，分别是苏、程、石（前面说到的石扬休家族）、史，都是从北方迁到眉山的。古时候，婚姻讲求门当户对，所以，苏家与程家、石家、史家都有姻亲关系。程家在苏涣之前就已经有人在中央做官，苏洵的老岳父（程文应）当时就是朝廷的大理寺丞，所以，程家比苏家还富贵。程家把姑娘嫁给苏洵，就是希望苏洵也像他哥哥苏涣一样出人头地，高中进士。不过，根据历史记载和眉山当地的传说，苏洵与他的哥哥不一样，他虽然聪明胜过哥哥，但青年时期的苏洵并不怎么喜欢学习。他喜欢游历，沿着长江到各地的名胜古迹去游览、参观。那苏洵什么时候才知道用功学习了？《三字经》里有这么几句话，专门说到这件事：

苏老泉，二十七。
始发奋，读书籍。

——王应麟《三字经》

苏洵，号老泉。古人有名、有字，有的还有号。比如，苏轼，名轼，字子瞻，号东坡。苏辙，名辙，字子由，号颍滨遗老（晚年居住在颍水之滨）。苏洵呢，名洵，字明允，号老泉。按照《三字经》的说法，苏洵到27岁，才发奋读书、学习。后来，虽然没有中进士，但成了大学问家，被列入"唐宋八大家"，他写的政论文章《六国论》还被选入了当今中学的教材。据传，《三字经》是南宋学者王应麟修著的，经后代学者逐渐完善，成了古时候家喻户晓的儿童启蒙教材（与《百家姓》《千字文》合称三大启蒙读物）。书中专门把苏洵27岁才发奋读书的故事编入教材中，一则说明在王应麟心目中，苏洵这个人不简单；二则告诉后人，只要发奋读书学习，什么时候都不算晚，都能够出成绩。现代教育也是这样，有些孩子大器晚成，要给他们时间，给他们成长的空间，不能急于求成。

苏涣成了苏洵以及苏轼兄弟学习的榜样，苏涣去世后，苏辙还为他这位伯父写了墓志铭。他在墓志铭中回忆说，苏涣有一个很好的学习习惯，就是抄书，这对他后来扎实的学问功底很有帮助。苏涣曾经亲自辅导过小时候的苏轼兄弟读书学习，也把抄书的习惯传授给了苏轼，苏轼甚至把这个习惯保持了一生。据记载，苏轼被贬到黄州以后，有一天，当地分管教育的一位朱姓学官到家里拜访苏轼，结果苏轼好半天都没有出来接客。客人等了好半天，等不及了，起身要走，这时候，苏轼匆匆忙忙赶了过来，给客人赔不是。客人问，苏先生在忙啥？苏轼说，您来的时候我在做日课，日课做完了，我才赶过来跟您见面。客人问，做什么日课？苏轼便把客人领进书房，说自己每天要抄几页《汉书》，这就是日课。苏轼接着说，《汉书》我已经抄了好几遍，烂熟于心，不信，您可以考考我。那位客人拿起汉书，随手翻到其中的一页，苏轼便能马上把这一页的内容全部背诵下来。那位客人佩服得五体投地，回去以后，对自己的儿子说，苏东坡先生那么大一个学问家，还每天做日课，抄《汉书》，我们怎么能不发奋学习呢！

现代社会，有了手机、电脑，很多孩子学习时很少动笔，甚至有些常用字也会忘记。苏涣、苏轼早年的学习经历告诉我们，读书学习还是要经常动笔，把要学习的东西写下来，比仅仅看一遍、读一遍效果要好得多。毛泽东主席一生喜欢读书，但他一直有个好习惯，"不动笔墨不读书"，喜欢在书上圈圈点点，或者写读书笔记、感想。这种习惯，使他成为十分博学的伟大领袖。

三、程夫人教子

在苏轼、苏辙成才的过程中，社会教育和家庭教育都发挥了很大作用。

社会教育就是眉山的社会办学环境。当时，眉山有两大优势，一个是官办和民间办学很兴盛。苏轼、苏辙兄弟少年时期就曾经在眉山的一个道观（天庆观)里跟一个很有学问的道士张易简学习,张易简算是苏轼兄弟的启蒙老师,当地的一百多个孩子都跟着他读书。所以,这个道观应该是地方的一个私立学校。眉山教育方面的另一大优势是图书印刷。苏轼兄弟生活的时期,已经有了雕版印刷技术。当时,全国有三大书籍印刷出版中心——杭州、建州(今福建建瓯市)以及眉山。眉山是全国的书籍印刷出版中心之一,这个文化地位可能很多人不会想到。实际上,当时眉山有大量的印刷作坊,所刻经史子集,门类俱全,行销全国各地,有些流传到今天,价值连城。这个十分有利的条件,为苏轼兄弟读书学习带来极大的便利。

不过,再好的社会教育环境也不能代替家庭教育,古今都是一样的。而在苏轼兄弟成才的过程中,除了他们的父亲苏洵、伯父苏涣会亲自教育他们外,苏轼兄弟的母亲程夫人曾经发挥了巨大作用。

对于孩子来说,学校教育固然重要,家庭教育同样十分重要。在家庭教育中,父母都有责任,但一般来说,孩子越小越愿意跟母亲接触,母亲对孩子生活习惯、学习习惯的养成影响很大;同时,对孩子的思想情感、品行道德的养成也会产生很大影响。在这些方面,母亲发挥的作用往往比父亲更大。苏轼的母亲程夫人是眉山青神县的人,出身书香门第。她从小熟读诗书,深知礼仪。18岁的时候,嫁给了苏洵,持家严谨、仁孝慈爱,相夫教子,深得乡里赞誉。她去世后,苏氏兄弟请当时的大政治家、史学家司马光为母亲写了墓志铭,文中对程夫人孝敬长辈、和睦乡亲、激励夫君、教子成才给予了高度评价。

在眉山,至今还广为流传着程夫人辅导苏轼读《范滂传》的故事。

有一天,程夫人辅导苏轼读东汉史,其中有一篇传记叫《范滂传》(《后汉书·范滂传》)。范滂是东汉末年一位很正直的官员,他看不惯宦官专权、贪官污吏横向的朝局,和他们针锋相对地进行斗争,遭到奸党迫害。被捕入狱前,他知道此去绝无生路,便与自己的老母亲诀别。范滂跪在母亲脚下,说:"儿子不孝,要先走一步了。但我弟弟孝顺,可以供养母亲。今天离您而去,希望您不要太过悲伤。"母亲抹着眼泪回答说:"名誉与长寿,往往不可兼得。你今日有了这样的好名声,我还有什么好悲伤的呢?"范滂听后,擦干眼泪,与母亲诀别而去。

当年,苏轼已经能够听懂和读懂《范滂传》的基本意思了。他深为范滂的行为感动,望着程夫人,说道:"母亲,儿长大了要做范滂,您能许我吗?"程夫人一下子把懂事的小苏轼抱在怀里,动情地说:"儿能做范滂,妈妈就不能做范母吗?"母子二人相视落泪。那场面即使放在今天,也十分令人动容。

这个故事记载在《宋史·苏轼传》里,是一个真实的故事。而且,在《后汉书》里,至今还保留着《范滂传》。当年苏轼10岁,懵懵懂懂,已经有了善恶美丑等基本的是非观,开始对事情有自己的判断了。同时,这个年龄又特别依恋母亲,正是讨母亲喜欢的年龄,最愿意听母亲的话,母亲的引导是至关重要的。所以,程夫人通过范滂的故事,很认真地告诉苏轼:"妈妈愿意有这样的儿子,妈妈为有这样的儿子高兴!"

不过,在范滂这个故事里,有些母亲也可能会与程夫人的教子方式不一样。比如,对孩子说,范滂简直是个糊涂虫,明明知道人家正得势,何必去得罪人家呢?你以后长大也要注意,咱惹不起可以躲得起,不能像范滂那样,拿鸡蛋碰石头,白白丢了性命。或者说,范滂不应该那样做,他一走了之,留下他妈妈让他弟弟养活,这不是没有尽到孝道吗?这都是不同的教育方式,而不同的教育方式对孩子的成长也必然产生不同的影响。

程夫人这样的一种教育方式就是把知识教育和情感教育融合在一起,不仅教孩子学习知识,最重要的是教孩子做人的道理:要懂得大义,要以大局为重,以国家和民族的利益为重;在重要关头,个人利益要服从国家大义。这对苏轼一生为人处世的影响是非常大的。所以,苏轼21岁进士及第,走上仕途后,到65岁去世,为官40多年,无论在都城开封做京官,还是做地方官,始终把国家利益放在首位,不看重个人荣辱,处处为百姓着想。同时,他胸襟开阔,敢于讲真话,从不逢迎拍马,一生坦荡磊落、清清白白。在黄州,他摒除溺婴陋习；在密州，他拿出库粮收养弃儿；在杭州，他整治西湖，捐钱设立免费病坊；在惠州，他捐钱为当地修桥铺路，成为接地气、受百姓爱戴的好官。

为人方面也是如此。苏轼不赞成王安石变法，觉得变法太过于急切，会引起社会的动荡，伤害百姓的利益，招来以王安石为首的新党的不满，屡次遭贬；王安石变法失败后，司马光上台，打算否定王安石所有的变法举措，苏轼反而觉得变法也有一些合理的地方要保留，不能全盘否定，又招来以司马光为首的旧党的不满。这样，苏轼把新党、旧党都得罪了。王安石曾经救过他（当年"乌台诗案"之后，朝中有些忌恨苏轼的人主张把苏轼杀掉，皇帝最后征求王安石的意见，王安石说："盛世怎么能杀名士！"一句话，救了苏轼），司马光给他的母亲写了墓志铭，都是对他有恩的人。但是，苏轼是以当年范滂为人处世的方式来处理事情的，有话就说到明处，觉得对国家、对百姓有利的就说，不计个人恩怨，该怎么说就怎么说。到后来，王安石变法失败后，晚年定居在南京，苏轼专门去看过他。苏轼一生都和司马光保持了良好的个人关系。反过来，王安石、司马光也敬重苏轼的正直无私，钦佩苏轼的人品。

所以，这种小时候的教育对于一个人的成长来讲，是至关重要的。现在很多年轻的母亲在孩子小时候往往唯分数论，片面强调读书、学习的重要性，家务活不让孩子干，不用刷碗、不用扫地，每次考高分就行了。甚至告诉孩子："你知道的东西千万别跟别的同学说，你说了，说不定哪天人家就超过你了！""他打咱一下，咱得踢他一脚，不能吃亏，受窝囊气！"这样教育出来的孩子会成什么样子？也许将来走上社会以后，就是个精致的利己主义者、自私自利的人。哪怕考上了知名高校，是留学的海归，为人处世没有胸怀、没有格局，没有理想和追求，生命的价值和意义也会大大缩水。

四、眉山现象启示

谈到"三苏",有些朋友可能认为是眉山历史上的个案。其实,这是一种误解。

宋仁宗嘉祐二年(1057年),也就是苏轼、苏辙兄弟考中进士的那一年(苏轼21岁、苏辙19岁,考中进士乙科,第二等),被称为中国科举考试史上的龙虎榜、千年进士第一榜,最牛的一榜。什么意思?这一榜各科共录取899人,其中进士388人,录取人数相当多。同时,当年主持礼部考试和阅卷的考官是谁?文坛领袖欧阳修是主考官,阅卷老师包括梅尧臣、王珪、韩绛、范镇等诗词、文学名家。而考中的进士除了苏轼、苏辙,还有唐宋八大家之一的曾巩,著名的理学家"二程"之一的程颢,另一位理学家张载("为天地立心,为生民立命,为往圣继绝学,为万世开太平"就是他留下的名言),以及后来出任宰相和副宰相的曾布、吕惠卿、章惇(敦)等9人,有24人都被列入了《宋史》,都是一时豪俊,星光灿烂,在宋代的文学、经学、政治等各个方面都尽显才华,独领风骚。在科举制度实行一千多年的历史上,这是绝无仅有的。据传说,当年,还发生过一个小插曲,当年考试的题目是《刑赏忠厚之至论》(或《刑赏忠厚论》),在阅卷的时候,副主考梅尧臣发现两份特别优秀的试卷,一时无法评判高下,就请主考官欧阳修定夺。欧阳修看到其中的一份考卷,有理有据、掷地有声,写得行云流水,字也特别漂亮,大为赞赏。欧阳修本来打算把这个人录取为第一名,但转念一想,觉得不妥,为什么?因为他凭直觉,觉得这份漂亮的试卷可能出自自己的学生曾巩之手,作为主考官把自己的学生录取为第一名,恐怕天下人会认为他徇私。所以,最终把这份卷子的作者确定为第二名。其实,这份卷子出自谁手呢?不是曾巩,而是苏轼。很有幸的是,苏轼的这份考卷留了下来,我们今天还可以从中看到青年苏轼的文笔,这个小插曲充分说明了苏轼卓越的才华。

为什么要特别提到这一榜？是因为还有一组与眉山有关的数据。实际上，除了苏轼和苏辙，当年到东京开封参加礼部考试的眉山士人有四五十个，并不是只有苏轼、苏辙哥俩。最终呢，包括苏轼、苏辙在内的13个人同时考中，占当年龙虎榜进士总数388人的将近3.4%，只可惜历史上没有留下苏轼兄弟以外其他人的名字。

千年龙虎榜和苏轼、苏辙的科举行为对眉山的影响巨大。有统计表明，两宋300多年间，有史可考的出自眉山的进士就达到800多人（还有一学者统计超过900人）。这个数字有什么意义呢？据统计，宋朝当时平均每个县考中进士的数量不超过40人；眉山考中进士的数量按800人计算，就是宋朝全国各县平均数的20倍。这种现象被称为"眉山现象"，可以说是眉山文化的高峰期，是眉山城市史上最值得骄傲的一个时代。

我们现在提起"三苏"，往往联想到的是他们的文学成就，特别是苏轼。到杭州西湖了，会不由得吟诵"水光潋滟晴方好，山色空蒙雨亦奇；欲把西湖比西子，淡妆浓抹总相宜"（《饮湖上初晴后雨》）。这首诗影响太大了，后来，很多城市都有西湖，甚至明清时期，"天下西湖三十六"。但因为苏轼对杭州西湖的歌咏，所以，谁都不得不承认"就中最好是杭州"。到庐山了，马上会联想到苏轼的《题西林壁》："横看成岭侧成峰，远近高低各不同。不识庐山真面目，只缘身在此山中。"到了中秋节，家人会一起吟诵："明月几时有，把酒问青天……但愿人长久，千里共婵娟。"（《明月几时有》）

苏轼的"竹外桃花三两枝，春江水暖鸭先知"（《惠崇〈春江晚景〉二首》之二），"春宵一刻值千金，花有清香月有阴"（《春宵》）；他的"大江东去，浪淘尽，千古风流人物""老夫聊发少年狂""天涯何处无芳草""一蓑烟雨任平生"等脍炙人口的诗词名作，不知陶醉过多少人。有人统计，与苏轼的诗词、散文、奏议有关的成语典故超过了200个。苏轼还是著名的书法家（苏、黄、米、蔡四大家之首），也是个美食家，留下了东坡肉等美食传说；甚至因为苏轼说过"宁可食无肉，不可居无竹"，竹子后来简直成了文人个性的象征。另外，怎样在仕途顺利和人生逆境中，以良好的心态来直面现实，活在当下，过好每一天，实现人生价值，苏诗中也能找到答案。可以说，苏轼在诗、词、散文、书法、绘画，甚至为人处世等方面都取得了很高的成就，对中国文化和中国文人安身立命方式的影响之大，简直难以估量。

但归根结底，苏轼是眉山人，"三苏"是眉山人，他们一生都深深地眷恋着自己的家乡。苏轼长期在长江流域做官，写了很多赞美长江的诗词。因为长期在外为官，不能回到家乡，但诗人是富有想象力的，他曾经给弟弟写过一首诗：

> 逢人欲觅安心法，到处先为问道庵。
> ……
> 犹喜大江同一味，故应千里共清甘。
>
> ——苏轼《和子由寄题孔平仲草庵次韵》

在苏轼看来，长江水是连着家乡岷江水的。大江的水都是一个味道，上下游之间即使相隔千里，也都一样的清冽甘甜。苏轼、苏辙死后，埋葬在了河南郏县（当地叫三苏坟，实际上是埋葬了苏轼、苏辙兄弟，加上父亲苏洵的衣冠冢），为什么？因为兄弟俩生前多次经过郏县，看到那里的山水非常类似家乡眉山，所以，才嘱咐家人去世后葬在那里，以寄托对家乡的思念。

"三苏"时刻惦念着家、家族和家乡，绝大多数中国人都有这种情怀。而宋朝的人也往往把他们和眉山联系在一起。根据历史记载，宋朝人也多称苏轼为"苏眉山"，或直接称"眉山"。苏轼成了眉山不可替代的形象代表，或者说是眉山的文化符号。

到了今天，眉山的三苏祠成了海内外华人拜谒"三苏"的一块圣地。而眉山该如何借助"三苏"文化实现新时代经济、社会和文化的全面复兴，则是值得深思的一个课题。

第十章

千年盐都

城市文化自测题

1. 宋词"并刀如水,吴盐胜雪,纤指破新橙"(《少年游·并刀如水》)作者是_____。

   A. 苏轼　　　　B. 周邦彦　　　　C. 李清照　　　　D. 辛弃疾

2. 按照中医学的理论,五味(咸、苦、辛、甘、酸)对应五脏,咸对应的是_____。

   A. 心脏　　　　B. 肝脏　　　　C. 肾脏　　　　D. 脾脏

3. 历史上,"川盐济楚"是利用长江上游自贡等地的井盐供应长江中游湖南、湖北等地,这个事件发生在_____。

   A. 李自成起义时期　　　　　　B. 太平天国运动时期
   C. 义和团运动时期　　　　　　D. 鸦片战争时期

4. 世界上第一口超千米的深井出现在古代的自贡盐场,这口井是_____。

A. 燊海井　　　　　B. 大公井　　　　　C. 自流井　　　　　D. 吉成井

5．据统计，抗日战争胜利的 1945 年，川盐产量占全国总产量的_____。

A. 30%　　　　　　B. 40%　　　　　　C. 50%　　　　　　D. 60%

参考答案

1.B　2.C　3.B　4.A　5.D

城市诗篇

少年游·并刀如水

周邦彦

并刀如水,吴盐胜雪,纤指破新橙。

锦幄初温,兽香不断,相对坐调笙。

低声问,向谁行宿?城上已三更。

马滑霜浓,不如休去,直是少人行。

[注]自贡位于四川的南部,长江上游支流沱江沿岸。它有着两千多年的产盐历史,就连城市的名字都跟盐有关,被称为千年盐都。

周邦彦(1057—1121年),北宋文学家。《少年游·并刀如水》是他的代表作之一。这首词开篇就说,并州产的刀子、吴地产的盐在当时都非常有名,说明了盐在当时人们生活中的重要性,并反映到了诗歌当中。今天,在江苏东部还有一座城市叫盐城,也是出产盐的地方。不过,吴地临近大海,吴盐是海盐,而自贡的盐则属于井盐。

本章我们一起走进长江上游的一座千年盐都——四川南部的名城自贡。

很多朋友了解自贡可能是因为那里有全国知名的灯会,还有恐龙化石。但如果你真正到了自贡,就会发现"盐"才是这座城市的瑰宝。自贡的地下蕴藏着丰富的井盐资源,人们在将近两千年前便开始掘井,开采地下的井盐谋生。今天,以"井"命名的地方在自贡数不胜数,什么燊海井、洪海井、吉成井、小桥井等,还有什么盐水沟、盐马路、盐店街等。据统计,自贡与盐有关的地名达300处,就连这座城市的名称——"自贡"的出现也跟盐井有关。所以，自贡是一座典型的因盐而生、因盐而兴的城市，是名副其实的千年盐都。

古人常说"靠山吃山，靠水吃水"，那么，盐都自贡人是如何靠盐吃盐的呢？

一、井盐鼻祖

食盐是老百姓日常生活的必需品，一天也离不了。明代的科学家宋应星在《天工开物》中有这么一句话：

> 天有五气，是生五味。……独食盐，禁戒旬日，则缚鸡胜匹，倦怠恹然。
>
> ——宋应星《天工开物》

宋应星在这段话里说，天有五气（寒、暑、燥、湿、风），又产生了五味（咸、苦、辛、甘、酸）。五味是重要的调味品，其中，五味的第一味"咸"尤其重要，含有丰富的营养元素，是人体新陈代谢、正常发育不可缺少的物质。按照中医学的理论，咸生肾（《黄帝内经·素问·五运行大论》），也就是咸味关联着人的肾脏，如果长期缺盐，肾精就会不足。所以，宋应星说，一个人如果十天不吃盐，缚一只鸡比捆匹牛马还吃力，显得十分虚弱，看起来没精打采。

盐分海盐（即煮海水为盐，主要产自沿海地区）、池盐（即内陆咸水湖所产的盐，主要产自内陆的咸水湖）、矿盐（从盐矿石中开采出来的盐），还有就是井盐。地下有天然形成的含盐量大的卤水（就跟石油一样），可以通过凿井的方式抽取上来，熬制成盐。而谈到井盐发展的历史，就不得不提到自贡这座城市了。

自贡位于四川南部，境内有岷江和沱江及其支流流过。数亿年前，这里曾是浩瀚的大海，后来，由于地壳运动，这一带的沧海变成了山地，但神奇的是，曾经的沧海却给这里留下了丰富的盐卤资源。

不过，因为盐卤的矿脉深藏在地下，必须开凿盐井，才能把盐卤抽取上来，供人们利用。那么，又是谁在什么时候在自贡开凿了第一口盐井呢？

关于这个问题，在自贡地区广为流传着这么一个说法。很久以前，在自贡生活着一个夷族，也就是少数民族，其中，有一个人叫梅泽。因为自贡以山地为主，所以，梅泽主要以狩猎为生。有一天，梅泽照样出门狩猎，到了中午，口渴得很，看见前面不远处山石上有清泉流过，有一只梅花鹿在那里饮水。梅泽发现，梅花鹿明明看见自己了，也没有立刻惊恐地跑开，好像很享受泉水的味道。梅泽一来口渴得厉害，二来觉得梅花鹿的行为有些反常，所以，破例没有用手上的弓箭射鹿。而是等梅花鹿饮好了水，自行慢慢走开。然后，梅泽走近清泉，过去饮水。但他发现，这水和他在别的地方饮用的山泉味道不一样，带有浓浓的咸味，是咸泉。他才明白为什么刚才那只梅花鹿行为异常，看见人来了还不马上逃走。他把这个重大发现告诉了和他要好的一些朋友，这些人在梅泽发现咸泉的地方，向下开凿，一直下凿到三百尺深，地下的盐泉便源源不断涌出地面，众人惊喜异常。紧接着，梅泽又指挥部众，把咸泉卤水用简陋的陶罐盛上，架到火上进行熬煮，终于熬出了食盐。

这个说法记载在宋代的一本地方志《舆地纪胜》（王象之著）里，书中说到，梅泽生活的时间是西晋太康年间，太康是晋武帝司马炎的年号，时间是280—289年，距今1700多年。

但这并不是自贡地区开凿盐井的最早记载。据《华阳国志》（常璩著）记载，在东汉章帝时期，在今天自贡市的富顺县，就开凿了一批盐井，其中，有口盐井出盐最多，获利甚厚。这口井产盐最多的时候，每月就能产200多吨井盐，足够10多万人吃一年的。所以，被称为富世井。东汉章帝统治的时间是75—88年，距今1900多年，比梅泽发现盐泉的时间要早200多年。

但富世井是谁发现并开凿的，《华阳国志》里并没有留下记载。而200多年在历史的长河里也不算很长时间，所以，梅泽就被认为是自贡最早发现盐泉并带领老百姓凿井的先人。万事开头难，首开盐泉是一件了不起的英雄壮举，所以，自贡人称梅泽为盐业鼻祖、井神，为他立井神庙，代代敬拜。这标志着自贡井盐业的开端，也为自贡成为千年盐都奠定了基础。

二、胡慎怡堂

对于普通百姓而言，盐是日常生活的必需品，每天都离不了；对于国家来讲，盐是经济命脉和税收的主要来源，所以，封建国家长期对食盐实行专卖，不允许民间自由买卖；对于商人来说，经营盐业是发财致富的重要途径；而对于一座富含井盐的城市而言，盐就是城市发展的重要依靠。自贡就是这样一座因盐而兴的城市。我们举历史上的典型事件来说明这个问题。

清朝中晚期，准确地说是1851年，爆发了洪秀全领导的太平天国运动。太平军沿长江东下，建立了以南京为中心的太平天国政权，震动朝野，影响巨大。

这个影响，从大的方面来说，动摇了清政府的封建统治基础，弄不好就会改朝换代；从小的方面说，普通老百姓平静的生活被打破了，特别对长江流域百姓的生活影响最为直接。

太平军占领长江下游的南京一带，这样，长江中下游之间的水上交通运输被切断了。那时候，国家的食盐供应以山东、江苏等沿海地区出产的海盐为主，周邦彦的《少年游·并刀如水》里就说"并刀如水，吴盐胜雪"，说明并州的刀、吴地产的海盐都很有名。到了明清时期，海盐仍然是百姓消费的主要盐种。以江苏扬州为中心，集中了全国的大盐商，这些盐商沿着长江把海盐从下游销往长江中游的湖北、湖南等地，获得巨额利润。太平军占领南京后，切断了盐商前往长江中游的水路，湖南、湖北老百姓吃盐成了大问题。

大家知道，湖南是抗击太平天国运动的主力军队湘军以及湘军头领曾国藩的老家，老家里的人没有食盐吃了，湘军和曾国藩能安心作战吗？清朝咸丰皇帝和慈禧太后都为此大伤脑筋。

为稳定军心、民心，安抚湘军，清政府想出了一个办法：用四川的井盐代替长江下游的海盐，供应湖北、湖南，解决百姓的吃盐问题。不久，咸丰皇帝就通过户部下了一道诏书，让四川赶紧大量产盐，而且无论商民，都允许"自行贩鬻"。以前，食盐国家专卖，是不允许私人自由买卖的。特殊时期，顾不了许多了。因为湖南、湖北是古代的楚国所在地，所以，这次事件被称为"川盐济楚"。

自古以来，自贡就是川盐的主要产地，多的时候占到川盐产量的一半左右。但以往，川盐主要销往本地和西南地区，人口相对密集的长江中下游湖南、湖北一直是海盐的市场。然而，"太平天国"运动持续了十多年（1851—1864年），"川盐济楚"则持续了二十多年（太平天国运动被平定后还持续了数年），自贡自然是主角，这为自贡盐业发展带来了绝佳的机会，自贡城市也迎来了第一次辉煌。

据相关史料记载，"川盐济楚"过程中，自贡盐场盐井数量猛增，盐产量猛增，盐业工人数量猛增，民间流传着盐井"多如麻筛"的说法。鼎盛时期的川盐销售量占到全国的1/4左右。而这个时候，经过长期的发展，自贡井盐生产技术已经逐渐成熟，比如，度脉技术。制盐过程包括钻井、汲卤、晒卤、滤卤、煎盐共五个步骤。而盐矿一般在地下100米以下，要修好一口井少则一个月，多则数月或半年，所以，选择在哪里钻井是很有技术含量的工作。盗墓贼盗墓，发明了洛阳铲，有经验的盗墓贼还会相看风水、查看土质的变化等，找到合适的地点钻井不比盗墓贼找到墓葬的位置容易多少。所以，在古代，自贡专门有一批有经验的老盐工根据山形、地势来推定哪里有盐矿，并选择井址。自贡人把找到盐井的位置的过程称为"度脉"，从事度脉工作的这样一批特殊的群体被称为"度脉人"。这可是自贡盐业生产过程中最宝贵的人才。度脉不准，打出来的井可能就是干窟窿，白费力。

自贡井盐的另一个重要发明便是卓筒井。这种技术又称为绳索冲击式凿井技术、顿钻技术，发明于北宋庆历年间（1041—1048年）。为什么称为卓筒井呢？因为这种井充分利用了自贡附近山林里特有的楠竹（粗如碗口大小的竹类植物），将竹节掏空，形成一个直筒，大筒套小筒，筒筒相连，既可以固定井壁，不至于坍塌，又方便淘取钻下的泥石。卓筒井的发明使凿井技术从人工挖掘发展为机械钻井，是现代油井和天然气井的雏形，被誉为"现代石油钻井之父"，推进了矿藏资源的开发利用，对人类文明做出了巨大贡献。随着卓筒井钻井技术日益成熟，清朝道光年间（道光十五年，1835年），自贡盐工又利用这一技术凿出了中国，也是世界上第一口超千米深井——燊海井（1001.42米，位于自贡市大安区），它每天能够自动喷出万余担的黑卤（还有8000多立方米的天然气），震惊世界。卓筒井钻井技术被西方誉为"继四大发明后的第五大发明"，充分显示了中华先民的智慧和创造。

还有，就是天然气的使用。据史书（西晋张华《博物志》、东晋常璩《华阳国志·蜀志》）记载，东汉时期，四川临邛（卓文君的老家）就发现了天然气资源。当时人们很形象地称之为"火井"，并加以开采利用。清乾隆《富顺县志》里，自贡已有火井的记载，并把天然气作为熬制井盐的燃料来使用，而沿海地区和山西制盐的过程中主要使用木炭和煤作为燃料。相比较而言，天然气更加清洁，热量更高。 这也是中国和世界历史上最早开凿天然气井和使用天然气的记载。

随着钻井技术的成熟、天然气的使用，以及盐业生产利润的增加，自贡盐井迅速增加，民间流传着盐井"多如麻筛"的说法。川盐济楚为自贡发展提供了千载难逢的大好机遇，在这个过程中，全国各地大量商人云集自贡，把大量资金投到井盐生产和销售环节，因此而发家致富的盐商超过千家，其中，就产生了所谓的四大盐商家族，四大家族各有堂号。

这四大家族包括胡氏家族（胡慎怡堂）、王氏家族（王三畏堂）、李氏家族（李四友堂）、颜氏家族（颜桂馨堂）。拿胡慎怡堂来说，胡慎怡堂的胡氏家族不是自贡本地人，祖籍江西（吉安）。第一代商人叫胡元海，在清朝中后期入川，在自贡开了一家元和布店。他看到经营盐业比经营布业更有钱赚，1850年（道光三十年），也就是太平天国运动爆发的前一年，胡元海用贩布积累的钱在自贡（贡井区）开凿了5眼盐井，开始经营盐业。拿现代话来讲，就是实现了经营的转型。紧接着，太平天国运动爆发，胡家迎来了川盐济楚的大好机遇。所以，胡氏家族的第二代盐商胡勉斋紧紧抓住这个机遇，将盐井增加到十多眼，仅用于推卤的水牛就超过500头，雇用盐工数百人，积累家资数十万两白银。就是在他手里，创立了家族堂号"胡慎怡堂"，并在贡井区大山（又名犀牛山）大兴土木，建造了豪华的四合院家族建筑，被自贡人称为"大山新房子"，远近驰名。到了胡氏第三代盐商（胡汝修、胡树良）时期，又增建了戏楼，仿照《红楼梦》里大观园的形制建了一座具有江南园林风格的怡园。整个胡慎怡堂面积最大时占地2万多平方米。为了安全防护的需要，胡氏家族还在大安区三多寨镇依托高峻山势修建了另一座四合院式的胡慎怡堂，民间称之为三多寨胡慎怡堂，设置了高达10米的寨墙，修建了许多碉楼、寨堡，具有很强的防御性。

在很多人的印象里，古代的大盐商大多只知道赚钱，生活奢靡，其实不然。就拿胡氏家族来说，第二代胡勉斋、第三代胡汝修（精通《易经》）都很有学问。第二代胡勉斋，平时勤勉好学，与雇员、盐工往往兄弟相称，亲密无间；处事经营方面，秉持和气生财理念，给人留下了谦和忠厚的印象。"胡慎怡堂"这个家族堂号就是他命名的，其中蕴涵什么意思呢？"慎"，来源于君子慎独，这是很高的道德自律；"怡"，怡情、愉悦的意思，饱含着他对高雅生活的向往。所以，在胡慎怡堂里，他设置了专门供子弟读书的学堂，重金聘请当地名流、学问家教授子孙。胡氏家族创业者胡元海还给家族留下了十二个字的家训：

薄己厚人，勤俭持家，不贪为宝。

——胡氏家训

意思是严于律己，宽厚待人，不贪恋财宝。我深信，如果一个商人家族，真能够做到这十二个字，一定能延续家族的兴盛。今天想来，这十二个字也值得仔细品味，认真领会和借鉴。自贡也有幸留下不少胡慎怡堂和其他盐商家族的建筑和历史遗存，供后人对那段"川盐济楚"的历史进行回顾和凭吊。

四大家族的出现，是自贡井盐业繁荣的标志，自贡井盐大量销往湖北、湖南等地，保障了两湖百姓和军队食盐的供应。最后，以曾国藩为首的湘军打败了太平军，挽救了清朝败亡的命运，改变了中国历史发展的进程。

所以，"川盐济楚"这个事件还告诉我们，自古以来，万里长江就是一个生命的共同体，长江头连着长江尾，长江人共饮着一江水。你看，就连在食盐的供应上，长江上、中、下游之间也通过便利的长江航运结成了一个命运共同体。在这个过程中，上、中、下游之间相依为命、取长补短、相得益彰，一方有难，他方支援，最终便利了百姓生活，繁荣了城市经济，加强了彼此之间的文化交流。当然，也成就了自贡城市史上的第一个发展高峰，盐都之名也不胫而走。

不过，太平天国运动被镇压后不久，长江航运恢复了常态。和自贡的井盐相比，海盐制造过程相对简单，成本和价格也较低，所以，来自沿海地区的海盐重新占领了长江中游的两湖地区，自贡的井盐生产进入了一个下降期，沉寂了一个阶段。抗日战争爆发后，自贡井盐又迎来了发展的良机。

那么，抗日战争跟自贡井盐又怎么会发生关联呢？

三、抗战井盐

大家知道，抗日战争是中国人民抗击日寇取得的伟大胜利。今天，当我们回顾抗日战争胜利的原因时，往往会联想到很多因素，比如，中国共产党领导的敌后抗战，国民党军队的正面抵抗，甚至还有美国使用原子弹对广岛、长崎的轰炸等。其实，很多人不知道，来自自贡的川盐在八年抗战中也扮演了重要角色，可以说抗战胜利的功劳簿上还应该为自贡记上浓重的一笔。

这到底是怎么回事呢？

1937年7月7日，日本悍然发动"卢沟桥事变"，抗日战争全面爆发，我国沿海地区相继沦陷，江苏、山东、浙江、福建、广东的盐场被日军占领，海盐告急。随后，日军又占领山西的河东盐场，池盐也被日军控制，盐的来源急剧减少。同年底，南京陷落，国民政府被迫迁都重庆，长江中下游大量工厂、学校和流民也相继进入相对安全的大西南地区。一下子，大西南地区的人口、军队急剧增加，食盐供应就出现了问题。

日本军队深知食盐的重要性，所以，提出了"盐遮断"计划，即断绝退却到内地的中国军队和中国人的食盐供应，以此瓦解中国人的斗志，逼迫中国军队投降。中国怎么办？

这时候，曾经被忽视的自贡等四川盐场成了国民政府关注的焦点。国民政府重新把眼光投向了富含井盐的自贡地区。

自贡地区的盐场主要有两个，分别位于两个县——富顺县和荣县，两县相邻，富顺县在东边，盐场被称为富荣东场；荣县在西，盐场被称为富荣西场，合称富荣盐场。"卢沟桥事变"之后，政府在富荣盐场实行一系列鼓励和恢复井盐生产的政策，包括提供贷款、补贴、奖励，政府出面帮助维修设备、增加燃料供应，甚至主动给数十万盐工实行缓役（暂时不用去当壮丁，上前线）等，取得了明显效果，井盐生产迅速恢复。

有一个统计数字，在抗日战争爆发的1937年，川盐产量只占全国盐产量的不足17%（16.7%），中国人的食盐主要靠海盐供应，海盐供应超过80%。但到了1941年，川盐产量超过全国产量的50%；抗日战争胜利的1945年，更超过了60%。而其中，富荣盐场的盐产量占了全川产量的一半以上（1941年，

53%），全国产量的三分之一。

来自自贡的大规模的川盐，保证了抗日大后方四川、重庆、贵州、云南、湖南、湖北以及陕西、甘肃军队和百姓的食盐供应；大量的盐税还大大充裕了抗战的财政收入，强力支撑起抗日战争的持久战。

那日本人能眼看着他们的"盐遮断"战略失败吗？他们当然不甘心。所以，相关资料记载，日本得知富荣盐场的重要性之后，曾经派出大量飞机，多次对盐场进行狂轰滥炸。据统计，有500多名富荣盐场盐工和平民百姓被炸死，1200多人被炸伤，50多眼盐井被炸毁，付出了可贵的生命和财产代价。富荣广大盐工虽然远离抗日战争第一线，而且那些盐工也许并不完全清楚他们所从事的工作对抗日战争有多么重要，但他们用自己朴素的爱国热情和行动为抗日战争的胜利做出了无法估量的伟大贡献。所以，我们说，抗日战争是中国历史上最伟大的胜利，但很多人不会想到，在支撑抗日战争最后胜利的诸多因素中，来自自贡的井盐做出了巨大的贡献。

与此同时，自贡盐业生产的现代化进程也进一步加快。抗战时期聚集自贡的新盐商来自全国各地，有一些来自长江下游经济相对发达地区，他们懂得经营管理、重视人才，卖盐挣了钱之后，不是把钱用于盖房子置地，而是主要用于扩大再生产，进行技术革新，提高了盐业生产的自动化、机械化程度。一部分有眼光的盐商还投资金融、保险业，不断扩大资产规模，带动了盐化工业、机械工业的发展，加快了自贡盐产业的近代化乃至现代化进程。

而就是在炮火的洗礼之中，自贡这座城市的名称也正式诞生了。

前面我们说到，自贡地区主要有两座盐场，即位于富顺县的富荣东场和位于荣县的富荣西场，合称富荣盐场。抗日战争时期，由于抗战大后方的需要，盐井数量激增，盐业工人的数量也激增，劳动工人不下十万。有那么多工人，得有与这些人日常生活相匹配的服务设施。所以，井灶与商店、市场、居民区杂处，连乡带市，百业兴旺，在富荣盐场附近绵延三四十里，实际上已经形成城市。

当时，国民政府也注意到了这种情况，为了更好地组织和管理盐业生产，解决盐商、工人及其家属的生活问题，也为了凸显富荣盐场的重要性，当地政府便决定以富荣盐场为中心，成立一座新型城市。给新的城市取一个什么名字呢？

当时，位于富顺县的富荣东场大部分井口都是自流井，即盐井能够自动喷涌出卤水，跟油井、天然气井差不多；而荣县的富荣西场有一座一千多年历史的井口——公井（也叫大公井）。明朝嘉靖年间，公井产的盐质量纯正、味道极佳，成为朝廷贡品。又因为"公"和"贡"同声共韵，所以，就更名为贡井。1939年，国民政府做出决定，从富荣东场的"自流井"和富荣西场的"贡井"中各取第一个字，成立"自贡"市，这就是自贡这座城市名称的来历。所以，自贡是一座典型的因盐设市的城市。它既非军事要地，也非交通枢纽，而是走了一条"因利所以聚人，因人所以成市"的道路。从此，中国盐都自贡逐渐成为"富庶甲于蜀中""川省精华之地"，成为四川老百姓都羡慕的"银窝窝"，其知名度也越来越高。

不过，由于将近两千年前，自贡就出现了井盐，并初步形成了城市，所以，尽管自贡这个名称出现在抗日战争时期，但一般来说，人们仍然把自贡的城市历史追溯到将近两千年前盐井开凿、形成初步城市聚落时期，所以，把自贡称为千年盐都也是名实相符的。

四、灯会与盐井河

自古至今，自贡这座城市都散发着浓浓的盐文化气息，并渗透到城市节庆、饮食、风俗等生活的方方面面。

比如说闻名天下的自贡灯会。唐宋时期，自贡就有正月十五家家户户观灯的习俗。随着盐业繁荣，城市人口增加，自贡灯会的规模逐渐扩大。到了清朝中叶以后，自贡灯会已经全国知名了，据《荣县志》（清光绪）记载：

一城数亭，一亭各式，其高数重，构栋雕镂，嵌灯如星，一亭燃四五百灯，辉丽万有。

——清光绪《荣县志》

这个"城"指的应该是自贡市成立之前的荣县县城，"亭"是为挂放彩灯临时搭建的高大的亭子。这句话告诉我们，每当新年正月十五前后，荣县县城就会在主要街道搭建数处高大且不同样式的亭子，亭子的高度达数重，很多层，也许跟高楼差不多。每个亭子都经过匠人精心构栋雕镂，把多达四五百盏的各式彩灯镶嵌在上面，就像天上的星辰，照耀街衢，辉煌壮丽。可见其规模之大，彩灯种类之多。

我们知道，正月十五举办灯展、百姓观灯几乎是全国各大城市都有的大型节会，为什么自贡的灯会规模那么大、那么有名呢？其实，追溯起来，自贡灯会是和盐文化紧密关联的。我们知道，办大型灯会是要花钱的。自贡集聚了众多家资百万的大盐商，像老四大家族和新四大家族等，他们都有雄厚的经济实力，他们可以出资办灯展。盐商为什么那么支持灯会呢？这些大盐商来自全国各地，比如胡慎怡堂的胡氏家族祖籍江西，自贡有名的西秦会馆是来自陕西的盐商建造的，等等，灯会和灯展是他们表达异乡人对家乡思念的一种形式，他们在彩灯制作的过程中，除了把自贡当地的盐井文化加入进去，也会把家乡文化自觉不自觉地带到自贡，使自贡的彩灯样式丰富多彩。当然，自贡的盐商和广大盐工百姓喜欢灯，还因为红红的彩灯除了给他们带来年节的好气氛，还预示着他们来年的生意红红火火、吉祥如意。这样一来，富裕的经济、家乡的记忆、吉祥的红火结合在一起，就使自贡人对彩灯有了别样的感情，也使自贡的灯会显得与众不同。到了现在，自贡灯会仍然保留了古代的习俗，每年正月十五都要举办大型灯会，自贡人甚至骄傲地把自己的灯会称为"天下第一灯"。

再比如饮食,川菜很有名,什么麻婆豆腐、宫保鸡丁等,其实,川菜里还有一种菜叫盐帮菜,就是古代在自贡的盐工、盐商中流行的一种菜系。到今天,盐帮菜里的很多菜品仍然在自贡流行,我们说说其中一道知名盐帮菜——火边子牛肉的来历。这道菜的名称听起来怪怪的,但来历却很有意思。

在没有机械动力的时候,牛是自贡盐场的主要动力,富荣盐场常年使用牛只达二三万头,大盐商胡慎怡堂就拥有500多头牛。据传说,在清朝年间(乾隆年间),自贡发生了一场罕见的牛瘟疫,造成大量的牛死亡。为了转嫁损失,一些盐商把死了的牛分给盐工,顶替一部分工钱。盐工们心里不愿意,但没有人为他们主持公道。那么多牛肉,怎么可能在短时间里吃完呢?这时候,有个别盐工琢磨怎么用特殊的办法长时间保存牛肉。有一个叫曾树根的普通盐工还真的想出了一个好主意。他先把好的牛肉切成小薄片,然后涂上盐巴、辣椒,串起来,用牛屎粑作为燃料,进行烘烤。他发现,牛屎粑燃烧的时候,边缘的火没有那么多异味,且温度不高不低,从而使烤出来的牛肉鲜香味美。消息一传开,盐工家庭纷纷模仿。因为是利用牛屎粑火边烘烤而成的牛肉,所以,盐工们称之为"火边子牛肉"。不久,盐商、盐工和当地的老百姓都掌握了这种做法。不少盐商到外地销售盐,也要带上火边子牛肉,路上充饥。随之,自贡火边子牛肉的名声也传到了外地。现在,自贡人保留下来了"火边子牛肉"的传统烘烤工艺,不过,不用牛屎粑而是用木炭加少许香樟木增香,对牛肉进行烘烤。火边子牛肉成为盐帮菜的代表菜品,也是中国饮食文化中的一绝。

不过,到过自贡的朋友会发现,上天是眷顾自贡人的,赋予自贡无比丰厚的井盐资源,使祖祖辈辈的自贡人过上了靠盐吃盐、衣食无忧的生活。但同时,我们还会注意到另外一个情况,自贡虽然位于长江上游,却是全国严重缺水的城市之一,人均水资源占有量不足四川人均占有量的20%。所以,自贡人自古就珍爱水资源,还曾经把釜溪河(又称盐井河、荣溪)

称作母亲河。

那么，这条河流与自贡的发展又产生了怎样的关联呢？

自贡位于长江上游的支流岷江、沱江沿岸，富顺盐场附近有沱江的主要支流釜溪河流过。釜溪河的水量虽然不大，但毕竟可以通过水运进入涪江，进而进入长江，把大量的井盐销售出去。这条河流也被看作自贡的母亲河。

为什么非要通过水运来销售井盐呢？

自贡井盐的销售区域主要在长江上游和中游的四川、重庆、贵州、云南以及湖南和湖北一带，那一带属于高山丘陵地区，道路崎岖，陆路交通往往要靠人背马驮，异常艰难；而水运速度快、运量大，省工又省力。所以，井盐销售最经济、最便利的方式便是通过船只，进行水运。通过釜溪河可以进入沱江，通过沱江可以进入长江，再通过长江的干支流可以连通四川、重庆、贵州、云南、湖南和湖北等广大地区。

怎么才能更好地利用水量不大的釜溪河呢？古时候的自贡人想了很多办法。

首先，设立水闸，设法调节和控制水位。

其次，由于釜溪河水量不大，河道弯曲，水流湍急，水中多滩，为此，聪明的自贡人专门设计了一种歪脖子船，也叫歪尾船，它容易驾驶、转弯，不易倾覆，适应特殊的水运航道。

再次，为了表示对井盐销售的重视，古代自贡人每年会举行一个庄严肃穆的放水节。放水节在每年正月十五盛大灯会之后，年过完了，天气转暖了，这时候，自贡开始第一次开闸放水。地方官员、大小盐商、地方名流都聚集在王爷庙，举行大型拜祭活动；然后，在釜溪河畔为第一批向外运销的歪脖子盐船举行隆重的送行仪式。排列整齐、绵延数里的大量歪脖子盐船载着自贡人的梦想，沿着釜溪河进入沱江，然后进入长江，或向上游到重庆、成都、遵义、丽江，或向下游经过三峡，进入湖南、湖北。

大家都知道自贡的灯会很有名，甚至被称为"天下第一灯"。其实，在古代自贡人的心目中，釜溪河畔每年一度的放水节甚至比灯会还要重要。没有涓涓的釜溪河水，便无法承载那一艘艘盐船驶出盐都，自贡人的梦想便无法实现。

所以，我们说长江是一条绵延万里、胸怀宽广的母亲河，如果把她的干流比喻为长江母亲的躯干的话，她的千万条支流（比如岷江、涪江）、支流的支流（比如釜溪河）就是她的血管和毛细血管。而釜溪河就像自贡人引以为傲的彩灯一样，照亮了自贡人的生活，点亮了自贡人的幸福之路。

另据记载，为了给将要驶向远方的盐船送行，也为了给年轻的船工送行，古代自贡人还创作了深情的"盐船情歌"。船工们将要出门远行，水长山高、时日悠长，充满了巨大的风险，也会留下无尽的相思。盐船将要启航的时候，站在船头的年轻船工和站在岸边为心上人送行的姑娘会大声对唱、深情表白，情歌里寄托着恋人们的美好祝愿和期盼，不由得令人动情。

而今，随着母亲河釜溪河水量的减少和现代铁路、公路网的形成，放水节已经逐渐淡出了人们的视野。但我也注意到，许多自贡的文化学者在当地文化部门的支持下，正在致力于恢复与当年的盐业生产相关的非物质文化遗产，比如"自贡盐场号子""盐船情歌"等，使它们成为非物质文化遗产项目，并成为新的流行音乐。这份对历史文化遗产保护和传承的做法十分可贵，要为他们点赞。

第十一章

宜人宜宾

趣味知识自测题

1. 历史上，宜宾的城市名称曾多次变易，但它的曾用名不包括_____。

   A. 僰道　　　　B. 戎州　　　　C. 叙州　　　　D. 播州

2. 曾经在宜宾生活多年，并在诗歌中称赞宜宾"荔枝绿"美酒的宋朝文人是_____。

   A. 苏涣　　　　B. 苏轼　　　　C. 黄庭坚　　　　D. 王安石

3. 清朝时期，宜宾有很多外地富商建立的会馆。其中，规模最大，被称为"西南第一馆"的会馆建立者是_____。

   A. 粤商　　　　B. 徽商　　　　C. 晋商　　　　D. 滇商

4. 中南海瀛台有一幅大理石屏风，题写有一位清朝帝王的《瀛台大理石屏歌》。这位帝王是_____。

   A. 康熙帝　　　　B. 乾隆帝　　　　C. 雍正帝　　　　D. 光绪帝

5. 抗战时期,来到宜宾李庄继续进行科学研究的著名学者有很多,但不包括_____。

A. 梁思成　　　B. 董作宾　　　C. 傅斯年　　　D. 郭沫若

参考答案

1.D　2.C　3.D　4.B　5.D

城市诗篇

廖致平送绿荔枝为戎州第一,
王公权荔枝绿酒亦为戎州第一(节选)

黄庭坚

王公权家荔枝绿,廖致平家绿荔枝。
试倾一杯重碧色,快剥千颗轻红肌。
泼醅葡萄未足数,堆盘马乳不同时。
谁能同此胜绝味,唯有老杜东楼诗。

[注]宜宾位于云、贵、川三省交界处,金沙江和岷江在宜宾汇流后,才形成浩浩长江。所以,宜宾被看作"万里长江第一城"。宜宾也是国家级历史文化名城、五粮液的故乡。

黄庭坚(1045—1105年),北宋政治家、文学家,因得罪朝中权臣,被贬涪州别驾、戎州(即宜宾)安置。他在宜宾留下了很多诗篇,在《廖致平送绿荔枝为戎州第一,王公权荔枝绿酒亦为戎州第一》一诗中,黄庭坚说到当地种荔枝,而且当地士大夫世家王公权和廖致平酿出了一种叫"荔枝绿"(亦名"绿荔枝")的美酒,并用来招待黄庭坚,充分说明了宜宾悠久的酿酒史。

我们知道,长江是中华民族的母亲河。长江太长了,人们太爱她了,所以,沿岸的人给长江起了好多名字:通天河、金沙江、川江、荆江、浔阳江、扬子江等。从什么地方开始,长江叫长江了呢?

从四川南部的城市宜宾开始。

宜宾之上(西)是金沙江,北面是岷江,金沙江和岷江在宜宾汇流后,才形成浩浩长江。所以，宜宾人自豪地把宜宾看作"万里长江第一城"。宜宾人长期在这里繁衍生息，创造了灿烂的文化。不过，人们同时也会有一些疑问，比如，这座城市的名称是怎么来的？是不是专门为欢迎八方宾朋而确定的？它既然处在两江汇流地，便利的交通条件给宜宾的城市发展带来了怎样的影响呢？

我们就从宜宾这个城市名称开始说起吧。

一、宜宾由来

北宋末年，当时的宜宾叫戎州，戎州通判（和知州或知府共同管理地方政务，同时负有监督地方知州、知府的权利）叫苏时。这个苏时有些来头，他是眉山苏家的后代，苏轼的伯父苏涣的孙子，进士出身，很有才华。他当时给朝廷上了一道奏章，但在奏章里没有报告戎州的政治，也没有说地方经济，也没有谈长江的水运，而是说了一件什么事呢？希望朝廷给戎州改名。苏时是怎么说的呢？

今车书同、声教一，州名曰戎，是夷其民也。请易之。

——祝穆《方舆胜览·叙州》

这段话出自南宋学者祝穆所著的《方舆胜览》一书。什么意思呢？苏时说，现在戎州这个地方已经今非昔比了，"车书同、声教一"，说车同轨、书同文，语言、艺术、教育、文化和中原地区完全统一了，没有什么差别了，可州的名称仍然叫"戎"（古代中原王朝把周边相对落后的少数民族称作蛮、夷、戎、狄等）。他说这个"戎"字不好，似乎朝廷仍然把这个地方当作蛮夷之地来对待。我认为不合适，请求朝廷给改个州名。

追溯起来，为什么把这个地方称为戎州？也是因为宜宾是少数民族聚居地。曾经长期在这个地方生活过的一个少数民族叫"僰"。僰人曾经参与过殷商末年的武王伐纣，由于在战争前线立了功，西周建立后，被封为僰侯，建立了侯国。因为是僰人聚居之地，所以，汉武帝时期，在宜宾设立了僰道县。南朝梁武帝时期（544年），这里归梁管辖，设立戎州，僰道县成为戎州的一个县。

僰文化在宜宾有较为丰富的遗存。而今，宜宾文兴县还有一座僰王山，山上有僰人当年所建的大小寨门、古城墙、古城堡等遗迹。而宜宾珙县麻塘坝的悬崖峭壁上，则保留有200多具古僰人留下的悬棺，具有极高的历史文化价值。这些悬棺一般高达20—60米，最高者达100多米。为什么僰人要采取悬棺葬呢？这么高的高度，是怎么葬上去的？这个谜题至今还没有完全破解。僰人采取悬棺葬可能有两个原因：一是出于保存尸身的需要。宜宾属于山地、丘陵地带，不宜起坟。而山里野兽众多，尸身埋藏不深的话很容易被野兽吃掉。怎么避免这种情况？聪明的僰人就想到了悬棺的办法。二是趋吉乞祥。悬棺岩上，可以使子孙高显，具有趋吉避害、乞迎吉祥的作用。农村盖房子不就是这样吗？这一家把房子盖在高一点的地方，我就盖在更高的地方；这家盖两层楼，那家就要盖三层楼。不能比人家低，比人家矮。

那么，古时候僰人到底是怎么将悬棺放置在悬崖之上的呢？有几种办法：一是搭厢架，就跟今天盖楼房时搭的脚手架一样。只不过那时候是用木头或竹竿搭的。宜宾盛产竹子，还有竹海，森林茂密。楠竹资源丰富，竹木不成问题。聪明的僰人可能会利用楠竹搭建起高高的脚手架，然后再把棺材抬上去，架设在高高的悬崖上；最后，再撤去楠竹脚手架。二是崖顶放绳索，人从崖顶攀着绳索吊到空中作业。还有一种可能就是在悬崖下垒土或垒石，垒到一定高度再作业，完了后再把土石撤掉。可能还有其他办法，有待进一步考证。不管怎么样，悬棺葬反映了僰人的高超智慧，成为研究古代历史文化的珍贵资料，也是现代旅游观赏的一大风景。

我们再回到前面的问题上。到了北宋时期，宜宾既是戎州的州治所在地，也是僰道县的县治所在地。不过，由于这里水上和陆路交通便利，自然资源丰富，汉民族人口大量迁移到这里，僰人已经不再是宜宾人口的主体。所以，北宋时期的宜宾已经成为经济和文化都比较发达的地区。据记载，唐代大诗人杜甫和北宋诗人黄庭坚都曾来过戎州。在戎州，杜甫品尝到了当地的"重碧"春酒，黄庭坚品尝了一种叫"荔枝绿"（亦称绿荔枝）的地方酒。他们留下来的诗歌反映出，宜宾当地人，特别是僰人不仅善于种稻，而且善于种植荔枝，有大片的荔枝园。大家知道，酒的生产需要大量的原料，粮食和荔枝产量不大，吃都不够吃，还怎么会有多余的粮食酿酒呢？所以，宜宾出产"重碧"春酒和"荔枝绿"酒，从侧面说明这个地方物产丰富、人民富足。"仓廪实而知礼节，衣食足而知荣辱"，礼节、荣辱就是文化层次的事了。所以，苏时才说"车书同、声教一"，说明当时的宜宾经济社会和文化发展已经和中原地区没有什么差别了。而地名、州名里还带有具有蛮夷色彩的"戎"字，当然不合时宜了。

所以，苏时说的这事，它不是小事。

朝廷接到奏章后也很重视，但也很慎重，并没有马上回复。到了宋徽宗政和四年（1114年），朝廷终于来了回复，说答应地方请求，不用戎州这个名称了，改成什么呢？叙州。因为《尚书·禹贡》里有"西戎即叙"这句话，"即叙"也作"即序"，是"就序、归顺"的意思。所以，才把西南的戎州改为"叙州"。

说到这儿，有朋友可能发问了：怎么没有改成宜宾呀？您别急，宜宾就是这次改名时一起出现的。

当时，戎州下辖好几个县，其中包括僰道县。戎州和僰道县的治所都在今宜宾所在地。"戎"有戎狄、蛮夷的意思，"僰"同样也是一个早期生活在宜宾的少数民族的称谓，也带有某种蔑称的意思。那也得改！所以，就在把戎州改为叙州的同时，朝廷同时下令，把僰道县正式改名为宜宾县。

为什么叫宜宾呢？唐玄宗时期，宜宾附近有一个少数民族归服中原，朝廷在戎州之下新设立一个县叫"义宾"，取《尚书》"慕义来宾"这句话，即向往仁义，故来宾服的意思。到了宋朝第二任皇帝赵匡义时期，为了避讳，改"义宾"为"宜宾"（《孟子》里有"义者宜也"，"义"与"宜"相通）。宋神宗时期，撤销宜宾县，并入僰道县。这就是说，宜宾这个名称在宋初就出现了。而到了宋徽宗时期，需要为僰道县改名时，朝廷又想起了宜宾这个名称，觉得寓意不错，又与叙州相互呼应。于是，把僰道县改名为宜宾。宜宾正式成为今宜宾主城区所在地地名，并沿用至今。

这个过程听起来似乎有点复杂。我也觉得，比起一般城市的得名，宜宾的来历是复杂了些。这说明什么？说明古人对城市命名很重视，很讲究。当然也说明，在统治者心目中，宜宾这个地方地位的重要性。

丰富的物产和"重碧"春酒、荔枝绿美酒给路过宜宾的杜甫、被贬宜宾的黄庭坚带来了生活的调剂和快乐。而到了明清时期，宜宾便利的交通条件则为无数来宜宾打拼的外地客商带来了绝好的商机。

二、客家巨商周达元

大家知道，明清时期，我国出现了很多大的商帮，比如活跃在我国北方地区的晋商和南方广大地区的徽商。而在宜宾，晋商和徽商的势力并不是很强大，相对活跃的商帮都有哪些呢？

在宜宾民间，至今还流传着一个广东粤商创业致富的故事。清朝乾隆年间，大量广东的客家人千里迢迢迁移到宜宾。其中，最有名的是来自广东长乐（今广东梅州五华县）周氏家族的周达元（字贞生）。民国《叙府周氏宗谱》有这样的记载：

年十五入蜀，居叙州府城。经营创业，富有千钟。

——民国《叙府周氏宗谱》

说周达元15岁来到四川，迁居叙州府城，叙州就是宜宾；然后经营创业，后来，累积资产"富有千钟"。"钟"是古代的计量单位，古代民间流传这么一句话"书中自有千钟粟"，说可以通过读书做官挣得千钟的粮食。而对于不种地而经商的商人周达元，更可能是千钟金银，他的富裕程度可想而知了。那这位周达元又是如何发家致富的呢？

清朝乾隆年间，宜宾所在的四川地区频繁遭受自然灾害和战争的打击，土地抛荒、人烟稀少。这时候，清政府实行了人口迁移政策，采取有组织和自由相结合的方式，从人口相对集中的长江中下游和珠江流域迁移大量人口进入四川，这就是所谓的"湖广填四川"。这里的"湖广"包括了湖北、湖南、广东、江苏、江西等多个省份。政府鼓励迁民四川，实际上给他们的生存发展又提供了一个空间、一个梦想。漂泊异乡对于客家人已经不再陌生，于是，便有大量长乐客家人积极响应。当时，周达元虽然只有15岁，但精明能干，有一股闯劲。他向父亲提出请求，希望出去闯一闯。周达元的父亲周凤鸣虽然觉得达元年纪轻，不太放心，但也没有更好的出路，于是就抱着试试看的态度，答应了儿子的请求。

跋山涉水来到四川后，长乐的周氏族人在宜宾落了脚。为什么在这里落脚？一方面，宜宾土壤肥沃，可以开垦荒地，从事农业生产；另一方面，宜宾处在长江与岷江汇流处，水上交通便利，从事商业经营也很容易谋生。周达元就一个人，加上年龄小，没有多少农耕经验，在族人介绍下，跟随一个船帮当学徒。

清朝初期，随着大量移民的进入和清初数十年的和平发展，宜宾的商业贸易已经逐渐发展起来，集中在宜宾的商帮很多，比如豆芽帮、绸缎帮、盐帮、山货帮等，还有按区域分的四川帮、江西帮、云南帮、贵州帮、福建帮等。其中，船帮的势力很大。船帮经营岷江、长江和金沙江及其支流的长途水上运输，获利甚厚。周达元进入船帮后，踏实肯干，经常跟随老船工在长江及其支流上行船，很快掌握了行船的各种技能，也赢得了大家的喜欢。

有一年夏天，船帮老板接到一个大单，要从宜宾运送一批石材到湖北。但船老大们个个推诿，都不愿意接这个差事。为什么？因为从宜宾到湖北要经过泸州、重庆、宜昌，再到湖北，有一千多公里的水路，路途遥远。而且，这一年夏天，长江上游雨下得特别大，江水暴涨。最要命的是，要经过长江三峡，行船加倍凶险。这可急坏了老板。就在这个时候，周达元站了出来，表示愿意接受押船的任务，替老板跑这趟生意。

本来，当时的周达元只是船上的帮工，没有单独负责押过船。但一是实在没有人派，二是时间紧，加上周达元平时办事也很精明、稳妥，所以，老板就破例答应了周达元的请求。接到任务后，凭借多次行船学习的经验，周达元沉着冷静、指挥得当，船工们通力配合，顺利闯过了三峡，完成了任务。周达元不仅赢得了船帮老板的信任，也挣得了他人生的第一桶金。此后，他单独负责出航的机会不断增多，积累的资金也越来越多。再之后，他离开船帮，开始独立经营长江水上运输业。几十年以后，周达元成为宜宾屈指可数的大船商，正像《叙府周氏宗谱》里说的"富有千钟"。他把父亲周凤鸣从广东老家接到宜宾来奉养，又延请名师，教育子弟，周达元的儿子、孙子、曾孙、玄孙有三十多人都通过读书获取了举人、贡生等功名，有的做了地方官，延续了周氏家族的荣耀。

我们说，机会总是留给那些敢闯敢干的人的，也是留给那些有准备的人的，没有什么事情能随随便便成功。根据相关资料记载，当时像周达元那样年纪不大就投身商业的外地年轻人还有很多，来自福建的闽商赖武昌是和周达元一样赫赫有名的大商人。赖武昌以在宜宾和乌蒙、泸州、重庆之间转运蓝靛和山货起家，成为走马街巨富。他认为，商业经营就需要长期在一线历练，所以，在他的长子赖炳堂13岁的时候，赖武昌就派他督运自家的商船，从宜昌下重庆，锻炼他的胆识，锤炼其独立面对问题的能力，为日后赖炳堂的成功和赖家事业的兴旺打下了坚实的基础。

如果说，在清朝初期和中期，来自广东的粤商和来自福建的闽商势力相对突出一些的话，那么，到了清朝晚期，来自云南的滇商的势力则越来越大了。

三、西南第一馆

中国人都眷恋自己的故土，用不同的方式表达对故乡的思念之情。在异地经商的商人们怎么表达这种情怀呢？明清时期，流行建会馆。在宜宾的老城区，有一条古老的街道走马街，它濒临长江，水上交通异常便利，曾经是明清时期最繁华的商业街。牙行、堆店、客栈、马店和当号挤满街道，使走马街成为府城最为繁华的地方。清朝晚期，走马街的马店就有十多家，可以日宿驮马一千多匹。有一家叫宋太婆的马店，日宿马200多匹。就在这条街道上，鼎盛时期曾分布着20座左右的会馆，其中，包括周达元代表的粤商会馆（南华宫）、赖武昌代表的闽商会馆（天上宫）等。而比较起来，要数滇商修建的云南会馆规模最大，最富丽堂皇。

云南会馆修建于清朝光绪七年（1881年），到光绪三十年（1904年）才最后完工，前后花了24年时间，耗资二百多万两白银。会馆内有大小五座院落，殿宇、乡祠、亭台、水榭、戏楼、书楼、荔枝园等一应俱全，雕梁画栋，装饰精美，最大时占地超过20亩，被誉为"西南第一馆"。为什么滇商会馆会独占鳌头呢？

我们来具体分析一下。从地理位置上看，宜宾正好处在川、滇、黔三省交界的部位，古时候重庆还没有从四川分置出来，如果从今天看的话，实际上宜宾处在四川、贵州、云南、重庆三省一市交界的地方。所以，宜宾除了有便利的水上交通条件外，还是通往云南、贵州陆路交通的枢纽。

秦汉时期，以宜宾为起点，劈山开道，修筑了所谓的"五尺道"，也就是宽大约五尺的山道，相当于今天一米半左右。在崇山峻岭中修筑道路难啊！不能像内地平原地区那样，修筑宽阔的驰道，可以并行两驾马车都没问题。

就是这条五尺道,从宜宾向南,通过云南的昭通、曲靖,连接省会昆明。从昆明向西,可以连接大理,贵州;从昆明继续向南可以通向南亚的缅甸,进而通向大海,成为南方丝绸之路的重要组成部分。

这就是说,这条道路把长江上游地区和海上丝绸之路连接起来了。看似封闭的大西南实际上也有了一条直接通向南亚,进而进入海洋的道路,具备了对外开放的交通条件。所以,建立在这条窄窄的"五尺道"基础上的南方丝绸之路意义重大。

当然,五尺道对于宜宾城市的发展尤其重要。五尺道修成后,经过了历代不断的整修和维护。到了明清时期,宜宾民间流传这样一种说法:

搬不完的昭通,填不满的叙府。

什么意思呢?云南的昭通是云南商业贸易的重要集散地,货物多得搬不完;叙府也就是宜宾,也是货物贸易的集散地,货物交易频繁,沿长江、岷江等水路被销往别的地方,那里市场大得似乎永远也填不满。这句话形象地说明了宜宾和昭通在川滇商业贸易中的重要地位。在商人眼里,条条道路通向富,有了路,就有了发财致富的条件。大量目光远大的滇商看到了五尺道带来的利益,所以,纷纷沿着五尺道来宜宾经商,并逐渐在宜宾定居下来,成为那里的坐商。他们垄断了从宜宾经过昭通进出云南的贸易,依靠云南的马帮驮队,把云南的茶叶(云南是茶叶之乡,有著名的普洱茶)、中药材以及其他土特产运输到宜宾销售;从宜宾返回云南的时候,马帮再从四川带去丝绸、川盐以及其他土特产等,获利巨大。到了清朝晚期,宜宾逐渐涌现出一大批来自云南的富商。

人越是富有,越想念自己的家乡。能回家的就衣锦还乡,长期经商不能回家怎么办?会馆就应运而生了。会馆的作用是见老家人、说老家话、吃老家菜,交流商业信息、休闲娱乐;而修建会馆的资金都是商人们自愿捐助的。

为什么要捐钱建会馆？不外乎显示财力，寄托乡情。"西南第一馆"的云南会馆也是在这种背景下修建起来的。

当然，云南会馆之所以被称为"西南第一馆"，除了占地面积大、雕梁画栋、富丽堂皇外，我觉得还有一个特点，就是装饰特别考究。具体来说就是采用了珍贵的大理石进行部分墙壁、屏风的装饰。今天，大理石已经很普遍了，而且很多地方，甚至国外也都可以生产大理石。但在古代，大理石就是来自云南大理点苍山的特殊石材。这种石材有什么特殊性呢？

大理石原产于大理点苍山，是一种白色带有黑色花纹的石灰岩。这种石材的神奇之处在于，把它切割、剖开以后，剖面往往形成一幅幅天然的水墨山水画，比如层峦叠嶂、积雨初霁、雪峰千仞等。中国古代上流社会常用山水画作为室内建筑装饰，大理石不就是大自然的鬼斧神工缔造的山水画嘛，所以，古人常选取有成型花纹的大理石用作画屏或者镶嵌画。

根据文献记载，大约在唐朝时期，云南大理石进入四川；宋朝时候，作为贡品进入朝廷；明清时期，开始大量进入宫廷和文人、官僚家庭。乾隆皇帝生前非常喜欢大理石，在中南海瀛台，有一幅大理石屏风，他曾有一首诗赞道：

直方大幅出岩峦，制为屏风陈座端。
不忘本来具神解，林岭犹肖点苍山。

——清高宗《瀛台大理石屏歌》

可见他对这幅大理石屏非常喜爱，而且在他眼里，这幅石屏上的树木、山岭仿佛就是他不曾亲临，但向往已久的大理的点苍山一样美丽。

睹物如回故乡，能用来自家乡的装饰品就不要当地的，这也是会馆建筑的一大特色。不过，大理远在大西南，石材运输相当困难。在古代交通极其不便的情况下，运送沉重的石材，其艰难程度可想而知。当年，云南会馆里的大理石就是通过五尺道，通过马帮，长途跋涉，才运到了宜宾。由此推想，唐宋明清的大理石，包括乾隆皇帝非常喜欢的中南海瀛台的大理石屏，也大多以宜宾为交通枢纽，通过长江水路或陆路进入内地。这说明，我国丰富的大理石文化也有宜宾这座长江名城的功劳。这充分彰显出宜宾在大西南交通和贸易中的重要地位，成为宜宾商业发展史上的珍贵记忆。

四、文化李庄

宜宾人以他们博大的胸怀不仅接纳了仕途困顿的北宋文人黄庭坚，培养了周达元、赖武昌以及大量的滇商等巨商，在抗日战争时期，还张开怀抱迎接了一万多名特殊的知识分子宾朋。

抗日战争时期，很多大学和科研机构为暂避日军炮火，迁往大西南，于是，出现了所谓的抗战大后方四大文化中心的说法。其中的三大文化中心都很有名，分别是昆明（西南联大）、成都（齐鲁大学）、重庆（复旦大学），但还有一个数千人口的小镇，很多朋友就不一定熟悉它了。那就是宜宾的古镇李庄。

李庄是今宜宾市翠屏区的一个镇，它位于长江南岸，西距宜宾城区20公里左右。相传，有一对李姓兄弟曾在这里居住，并在长江中打鱼为生，而后，这里逐渐形成一个小渔村，取名李庄。再后来，李庄有码头可以沿长江通航，大量商人聚居于此，逐渐发展成为商业贸易繁荣的城镇，被誉为"长江第一古镇"。

1940年的一天，李庄乡绅罗南陔府邸聚集了全镇名流，要商议一个重大事项。什么大事呢？1937年"卢沟桥事变"后，抗日战争全面爆发。很快，抗日战争的烽火几乎燃遍整个中国，只有大西南尚没有被日军占领。为躲避日军炮火，我国中东部地区的大学和科研机构及其人员西迁相对比较安全的大西南。不过，由于西迁高校和科研机构比较多，包括同济大学、中央营造学社等一部分高校和科研机构一时还没有找到合适的落脚地点。这个消息传到李庄后,引起了李庄人的高度关注。罗南陔是一位开明乡绅,他熟读史书,擅长书法金石,性善交游;还创办农场,推崇实业救国;崇文重教,开明包容,在李庄德高望重。当他得到上面的消息,一股热情油然而生,所以,他约集地方官员、乡绅到自己家中,进行商量。"天下兴亡,匹夫有责!"很快,他们便达成共识,于是,由罗南陔草拟的电文便发往同济大学:

  同大迁川,李庄欢迎;一切需要,地方供给。

  当时,同济大学辗转昆明,落脚未稳,又要迁往四川,正在寻找落脚地,便接到了这封电报。虽只有短短十六个字,却字字千钧,温暖人心。1941年初,同济大学正式来到李庄办学。尔后,国民政府中央研究院、中央博物院、中央营造学社、中国大地测量所、金陵大学文科研究所等知名度很高的高等学府、研究机构相继从北京、上海、南京等地辗转内迁李庄镇。1947年抗战胜利后,才先后迁回原处,前后在李庄办学、研究六年左右的时间。

  那时候的李庄有多少人口呢?仅仅三千人左右,而先后到来的高校和科研机构人员却有一万二千人,这使宁静的李庄一下子热闹起来。这么多人,怎么住宿,怎么办学、办公?

  李庄本来是长江上游重要的码头,明清时期建有大量的古寺院、庙宇,有所谓的"九宫十八庙"之说。这时候,这些宫庙全部腾空,用作学习和科研机构的办公和居住场所。地方还不够,罗南陔等乡绅就腾出自己的房屋。考古学家梁思永(建筑学家梁思成的弟弟)先生,因为身体不好,罗南陔就腾出一间房子,让梁思永住在自己家里调养身体。即使这样,镇里的房舍还不够用,怎么办?一些机构就选择在古镇郊区的村里办公。其中,梁思成先生所在的中央营造学社就落脚在李庄上坝村的月亮田。

  就这样,一万多名教师、学者、学生以及大量仪器设备,在小小的李庄安顿下来，傅斯年、陶孟知、董作宾、李济、梁思成、林徽因等著名学者云集古镇，在战乱动荡的中国找到了一块净土，放下了"一张安静的书桌"。同济大学的师生们继续从事他们的教学、科研，梁思成先生则在他的夫人林徽因的全力支持下，在李庄月亮田完成了他一生中最重要的学术著作《中国古代建筑史》，这在中国建筑史上具有划时代的意义。

　　但是，由于地处偏僻，这些学者、老师和学生们的生活是十分艰苦的。林徽因本来就患有肺病，宜宾潮湿的天气和连续的奔波使她的身体更加虚弱。梁思成有时候不得不放下手中的笔，学着蒸馒头、做饭、做菜。为了改善林徽因的营养，梁思成把陪伴了自己几十年的派克金笔和金表拿到宜宾的当铺当掉，但也仅仅换回了两条长江边的草鱼。即便如此，梁思成也不改乐观豁达的个性，提着两条长江草鱼回家后，幽默地对妻子林徽因说："把这派克笔清炖了吧，这块金表拿来红烧！"有一次，梁思成和林徽因身在美国的朋友费正清夫妇来信劝他们夫妇去美国治疗、做研究，他们却给费正清夫妇回信说："我们的祖国正在灾难中，我们不能离开她。假如我们必须死在刺刀或炸弹下，我们要死在祖国的土地上。"表现出了强烈的爱国主义情怀。还有一次，梁思成和林徽因五岁的儿子梁从诫向林徽因提出了一个看似幼稚的问题："妈妈，如果日本人打到四川，我们怎么办？"林徽因看着儿子的脸，很平静地回答："中国读书人不是还有一条老路吗？咱们家门口不就是扬子江吗？"面对国难、面对死亡，林徽因像千千万万长江英雄儿女那样，表现得异常冷静、异常超脱。

　　梁思成、林徽因等众多学者、高校和科研机构的到来，也改变了李庄的对外形象。在此之前，李庄是一个在地图上都找不到的地方。然而，当同济大学和大量科研机构入驻后，一大批耀眼的学术明星，照亮了偏僻的李庄之夜。当时，接收国际邮件，只要写上"中国李庄"四个字，就可以顺利送达。李庄的知名度之高令人仰慕。

　　国难当头，宜宾人、李庄人、开明乡绅罗南陔们没有明哲保身，而是把地方的兴衰、小家的生活与国家的命运紧紧联系在一起,以它们的大义和温情为中国抗战史、中国教育史留下了浓墨重彩的一笔,宜宾李庄也被后人高度评价为"中国文化的折射点,民族精神的涵养地"。

李庄也得到文化反哺,本地子弟获得了也许是中国古镇最好的教育机会,形成了从幼儿园、小学、初中、高中、大学到研究生,完整规范的教育体系。就乡镇这个层面,全国绝无仅有。

出身农家的宜宾子弟、16岁的罗哲文考上了营造学社的练习生,追随刘敦桢、梁思成先生学习。抗战胜利后,他跟随梁思成先生到清华大学深造。梁思成先生一直向罗哲文传递这样一种思想理念:文物、古建筑是全人类的财富,没有阶级性,没有国界。在历史变革中能把重点文物保护下来,功莫大焉!所以,在梁思成先生去世后,罗哲文一生致力于保护古建筑,成长为中国古建筑艺术的大师,尤其对于万里长城的保护付出的心血最多,被誉为"万里长城第一人"。

优越的地理位置、便利的交通条件,使宜宾很早就成为宜居之地,宜农、宜商,宜人又宜宾。今天,我也深信,宜宾仁义、好客、开放、包容的经济和文化基因一定能够长久地传承下去,成为城市发展的不竭动力和源泉。

第十二章 巴渝春秋

城市文化自测题

1. 在一部古书里，有巴蛇吞象的记载，这部古书是_____。

   A. 《山海经》　　　B. 《搜神记》　　　C. 《华阳国志》　　　D. 《太平广记》

2. 重庆古称"巴"，是先秦巴国所在地。后来，灭亡巴国的是哪个诸侯国？

   A. 蜀国　　　　　　B. 秦国　　　　　　C. 楚国　　　　　　　D. 苴国

3. 被称为"断头将军"的巴蔓子是重庆的一个英雄人物，巴蔓子的故事发生在_____。

   A. 巴国与蜀国之间　B. 巴国与楚国之间　C. 蜀国与秦国之间　D. 秦国与楚国之间

4. 重庆的得名和宋朝的_____（皇帝）有关。

   A. 宋神宗赵顼　　　B. 宋徽宗赵佶　　　C. 宋高宗赵构　　　　D. 宋光宗赵惇

5. 宋朝时期，命名了一些带有"庆"字的新州府，但其中不包括_____。

   A. 重庆　　　　　　B. 鹤庆　　　　　　C. 肇庆　　　　　　　D. 安庆

参考答案

1.A 2.B 3.B 4.D 5.C

城市诗篇

峨眉山月歌

李　白

峨眉山月半轮秋，影入平羌江水流。

夜发清溪向三峡，思君不见下渝州。

[注]重庆，古称巴，简称渝，又以山城知名。重庆位于长江干流和嘉陵江交汇处，三面环水，风景别致，是国家级历史文化名城。

青年时期，李白（701—762年）仗剑去国，辞亲远游，从峨眉山出发，沿着长江顺流而下，出川远游，提笔写下了《峨眉山月歌》。诗的末句"思君不见下渝州"告诉我们他此行要经停渝州，即重庆，说明当时重庆已经是长江上游一个重要的经停码头。

重庆位于长江上游，有长江干流和嘉陵江流过，山环水绕，风景别致。我曾经到过那里三次，每次都被这座山城自然山水的美丽和人文资源的厚重所倾倒，尤其好奇于建在高山上的洪崖洞建筑，叹服重庆人生存的智慧。

不过，我还试图弄明白一直以来的一些疑问：为什么古时候的重庆被称为"巴"？古老而神秘的巴国到底是怎么回事？平时，我们虽然总是把巴蜀相提并论，但既然名称不同，巴蜀两地的文化，甚至成都人和重庆人的性格还是应该有一些差异吧？那么，这种差异究竟表现在哪里呢？

从今天开始，我们将带着这一系列问题，一起走进长江上游的文化名城重庆，揭开笼罩在这些问题上的谜团。

一、巴蛇吞象

中国汉字很有讲究，其中往往蕴藏着一些不为人知的文化密码。我们就先从"巴"这个字说起。

在东汉文字学家许慎的《说文解字》里，对"巴"字的解释为：

巴，虫也。或曰食象蛇。象形。

——许慎《说文解字》

什么意思呢？说巴是虫，什么虫？长虫，就是蛇。我小时候，就把蛇叫长虫。所以，"巴"这个字就像一条盘曲起来的蛇，正瞪着眼睛，张开大口吞吃东西，是个象形字。许慎还解释说，这种蛇跟其他蛇不一样，是一种"食象蛇"，能吞吃大象。

我们中国人常说"贪心不足蛇吞象"，一般认为，蛇根本不可能吞吃大象，只有贪心不足的人才那样痴心妄想。而令人意想不到的是，在古代的巴地，还真有蛇吞象这种怪事发生。文献记载和民间传说中，都有证明。《山海经》里就记载说，西南地区有个巴地，也就是古代的重庆地区。这个地方有一种青头黑蛇，身长千寻（寻是古代长度单位，八尺是一寻，相当于一个人两臂伸开的长度；千寻那就相当可怕了），能吞吃大象。但因为象太大了，很难消化，所以，三年之后，蛇才把无法消化的象骨头从嘴里吐出来。

《山海经》是一部带有神话传说性质的奇书，偏重于地理。书中的很多记载后来被证实还是有一定文献价值的。比如《山海经》里记载说，远古的时候，东方的汤谷上有扶桑神树，树上有十只载日的金乌栖息。不过，书上虽然这么说，可几千年来没有谁真正见过扶桑树。可是，1986年，在四川广汉三星堆遗址考古发掘中，就出土了一棵高大的青铜神树，树枝上雕刻着九只金乌（另一只金乌在天上值日）。考古学家认为，这棵青铜神树就是《山海经》中所描述的扶桑神树，青铜神树上雕刻的九只金乌则象征着太阳，从侧面说明了《山海经》记载的可信度。

蛇吞象这种事今天看起来有些荒唐，但远古时代，在地广人稀的大西南山区，蟒蛇之类的蛇可能长得非常大。巨大的蟒蛇即使吞吃不了块头大的成年象，吞吃小象总还是可能的吧。

蛇能吞象，当然也能吃人、吃牲畜。吃人、吃牲畜就成了害虫了，怎么办？传说尧（三皇五帝之一）那个时候，就派后羿（"后羿射日"里的后羿，本领很大）去斩杀巴地的大蛇。结果，有一条最大的巴蛇沿着长江顺流而下到了洞庭湖。后羿又追杀到洞庭湖，经过一番搏斗，终于把这条大蛇给杀了。因为蛇太大了，蛇的骨头堆成了一座小山，被称为巴丘或巴陵——因为是巴蛇的骨头堆成的山陵。这个地方在哪儿呢？就在今天洞庭湖边的岳阳市，古代就叫巴陵郡——范仲淹的《岳阳楼记》里称岳阳为巴陵郡，开篇就说"庆历四年春，滕子京谪守巴陵郡"。范仲淹作为一个学问家，应该很清楚后羿斩杀巴蛇的故事。

文献记载和民间传说告诉我们什么呢？

首先，古代重庆地区气候温湿、水网密布，森林茂密、山地多，很适合蛇在那里生存繁殖。按照许慎的解释，"巴"是"食象的蛇"，所以，古代重庆地区被人们称为"巴"地，而生活在那里的人就被人们称为"巴人"。

其次，后羿是一个传说中的人物，后羿斩杀巴蛇不一定真有其事。不过，从这个传说故事里我们推测，很遥远的时候，长江上游的重庆与中游的湖南等地通过长江水系应该就有了人员的交往。换句话说，早期的巴文化与长江中游的楚文化之间已经有了互动和交流。

再次，因为重庆地区以高山大川为主，盆地和平原很少。巴人长期生活在高山、大川之间，靠渔猎为生，以这种自然环境为基础逐渐形成的巴文化应该是一种典型的山地文化、渔猎文化。这对于巴人个性特点的形成必然产生很大的影响，并最终与蜀文化有较大差别。

二、勇猛巴师

现代人把以重庆为中心的地区称为巴，以成都为中心的地区称作蜀。但又往往习惯于把巴和蜀并提，称为巴蜀、巴山蜀水。不过，对于古蜀国而言，由于地形相对封闭、交通不便，古蜀国曾经长期独立发展，与中原地区虽然有交往，但这种交往很有限。近些年来，四川广汉三星堆遗址考古发掘出土了大量文物，比如青铜面具、青铜立人、金杖等，这些文物明显不同于中原地区的器皿，也成为蜀文化曾经独立于中原文化而发展的见证。

而以重庆为中心的巴国与中原地区的关系则要比蜀国密切得多，因而受到中原文化的影响也比较大。何以见得呢？

我们说一个在历史上有重大影响的事件——武王伐纣。

殷商末年，殷纣王沉湎酒色，施行残暴统治，引起天怒人怨。公元前1046年，武王联合各地诸侯讨伐纣王，相传有八百诸侯之多，在牧野（今河南卫辉）与殷商军队展开了一场大规模的决战。在八百诸侯中，就包括了巴人和蜀人组成的军队。当时，蜀师和巴师都被武王当作先锋部队来使用，但巴师发挥的作用更加突出一些。史书记载：

> 巴师勇锐，歌舞以凌殷人，前徒倒戈。
>
> ——《华阳国志·巴志》

这段史料记载在东晋成都人常璩所著的《华阳国志·巴志》里，在其他文献中也有类似记载，其真实性应该没有问题。

这段文字告诉我们什么？说当年武王伐纣的时候，勇猛的巴人组成的军队被武王当作了先头部队。巴人作战的方式很独特，士兵们手里拿着武器，边歌边舞，一路冲向殷商的队伍。这种歌舞到底是什么形式，我们今天不得而知，但肯定不是今天用于观赏的街舞、大妈们跳的广场舞那样。巴人长期生活在高山大川之间，要与严酷的自然环境做斗争，它们的歌舞应该是在狩猎、祭祀过程中逐渐形成的铿锵有力、具有强大威慑力的歌舞形式。

中原人哪见过这种作战形式啊，而且当时，殷商的都城在朝歌（今河南鹤壁一带），商纣王来不及调动全国各地的部队，所以，临时组织了不少在都城工地上服役的劳动工人，甚至一些刑徒参与保卫战。那些劳动工人一方面缺乏战斗训练，另一方面早已不满殷纣王的残暴统治，而且，也从来没见过巴人边歌边舞勇猛冲锋的阵势，所以，一下子就被震慑住了。一些胆小的刑徒为了保住性命，临阵倒戈，向后败退。兵败如山倒，紧接着，巴师和武王带来的诸侯部队在后面追杀，殷商军队大败。殷纣王在鹿台自焚而死，殷商灭亡。

周朝建立后，实行分封制，论功行赏。由于在武王伐纣中蜀师和巴师所发挥的作用不同，受到的封赏差别很大。史书中只是说蜀人受到了周武王的物质封赏，然后，返回蜀地。之后，蜀人便几乎断绝了与周朝的来往。

巴人则大有不同。

巴人组成的巴师在武王伐纣中露足了脸、出尽了风头，居功至伟。周朝建立后，按照公、侯、伯、子、男五个等级分封诸侯，分封巴地为子国，并把周朝的一个姬姓宗室封到了那里。历史上，称为巴子国，简称巴国；都城设在江州，今重庆的渝中区。为什么叫江州呢？因为渝中区处于嘉陵江与长江干流交汇处，三面环水，好似江中之洲，故名。从这个时间算起，重庆已经有超过三千年的城市史了。

这就是说，中原王朝对待巴和蜀的态度是有很大差别的。难道这种差别仅仅因为巴师比蜀师的功劳更大吗？

其实，从更早时候，夏朝开始，巴人就与中原王朝开始了交往，相传，大禹在涂山召见各地诸侯时，巴人就曾经带着玉器和丝帛前往觐见。到了殷商的时候，根据甲骨文的记载，巴是西南的一个实力强大的方国，殷商女将军妇好曾经领兵攻打巴方。被打败后，巴方臣服于殷商，年年向殷商进贡。

到了殷纣王时期，加大了对巴人的剥削，引起巴人的不满，巴师就是在这种背景下加入武王伐纣的诸侯大军的。

这就是说，从文献记载来看，巴人与中原王朝之间的来往要比蜀人密切得多。这意味着，巴人对中原文化的接受程度也要比蜀人更深一些。事实上也是如此，比如，考古学家在今重庆三峡地区发掘出土了不少青铜器、玉器，其形制与中原地区并没有太大差别。这说明与蜀相比，巴国与中原地区的经济和文化交流更频繁，也更多地接受了来自中原地区的文化和礼仪。所以，后来司马迁、班固等历史学家在《史记》《汉书》等典籍中，虽然往往把巴蜀并称，但又把"巴"放在"蜀"的前面。这种次序不是随便摆放的，是有讲究的，它往往暗含着时间顺序以及重要性等多方面因素，比如"荆楚""吴越"，你不能颠倒过来，说成"楚荆""越吴"。也许在司马迁、班固等正统史学家的心目中，虽然同处大西南，即古代所谓的蛮夷地区，但巴人比蜀人更早和更多地接受了中原文化，较早摆脱了蛮夷状态，更多地被中原王朝和学者们所认同。

巴国一直存在了700多年的时间。到公元前316年的时候，被秦国所灭。最鼎盛的时候，疆域包括今重庆全境，还有四川东部、陕西南部、湖北西部以及贵州北部等地。虽然在700多年的时间里，巴国的都城也时有迁徙，曾经迁徙到今重庆合川、丰都以及四川阆中等地，不过，在这些地方建都的时间都不长。所以，绝大部分时间里，都以江州即重庆渝中为都城。从对古江州城考古发掘的情况来看，当时的城市已初具规模，有固定的宫殿区和商业区。这都证明，在长达700多年的时间里，江州都是巴国的政治、经济和文化中心。

不过，周朝时期，特别是在春秋战国时期，各诸侯间为了争夺地盘相互混战，巴国也未能置身度外。从相关历史记载来看，巴国曾经与周边的蜀、楚、秦等发生过不少战与和的故事，也有不少恩怨情仇。下面这个发生在战国晚期的故事就证明了这一点。

三、断头将军

很多朋友都熟悉三国故事，在赤壁大战后，刘备和诸葛亮进攻巴蜀，准备在那里建立根据地，为统一全国做准备。当时，张飞率领一支部队由陆路从东向西进攻。到了巴郡（秦汉时期，在重庆设立巴郡，郡治就在重庆渝中地区），遇到了巴郡太守严颜的顽强抵抗。后来，张飞用计将严颜生擒活捉。张飞要他投降，老将严颜义正词严地说：

> 我州但有断头将军，无有降将军也。
> ——《三国志·张飞传》

也就是说，我们巴州只有断头将军，没有投降将军。这句话深深打动了张飞，成为三国历史上的一段佳话。在上面那句话里，老将严颜所说的"我州但有断头将军"是有所指的。实际上，严颜老将军并不是重庆历史上第一个不怕断头的将军，追溯起来，在巴国时期，重庆就出了一位了不起的"断头将军"蔓子。因为是巴国人，后世称之为巴蔓子。

巴蔓子怎么被称为断头将军呢？

战国晚期，巴国西和北与蜀国、秦国相接，东与楚国相邻，随着秦、楚等战国七雄日渐强大，巴国面临着越来越艰难的生存危机。而这时候，巴国的统治已经开始走下坡路，内忧外患不断。这时，巴国国内发生了一次较大规模的武装叛乱，巴国兵力不足，一时无法平息。叛乱直接威胁到了巴国的命运，都城江州（今重庆渝中区）危在旦夕。这时，巴国有一位叫巴蔓子的将军（生卒年不详）向巴王建议，请求楚国出兵帮助巴国平叛。巴王赞同，并派巴蔓子沿长江而下，到楚国请求援兵。

当时，借助于长江便利的水上交通通道，巴与楚之间的交往相对比较密切。另外，根据相关史料记载，巴与楚还长期结为姻亲之好，以此对抗蜀国和秦国。

巴蔓子原以为楚国出兵应该不成问题，不过，当巴蔓子到了楚国的都城郢都（今湖北荆州）时，却遇到了大麻烦。虽然巴楚互为结盟国家，楚国的国君楚怀王不好意思拒绝出兵援巴，但当时的诸侯国都以各自的利益为重，楚怀王说，出兵可以，但事成之后（也就是平定巴国内乱之后），巴国要割让三座城邑给楚国作为回报，这样，我也好给楚国交代。这大大出乎巴蔓子的意料。

怎么办？不答应楚王的条件，巴国将会面临更大的危机，老百姓也将遭受更大的苦难。答应割地则意味着背叛巴国，而且临行前巴王也没有授予巴蔓子这个权利。不过，当时交通和信息都极为不便，又事出紧急，为了挽救巴国，巴蔓子略一思索，便爽快地答应了楚国的条件。楚国也马上出兵，跟随巴蔓子进入巴国，很快平定了内乱，挽救了巴国。

不久，楚王派出使者到重庆，索要三城。巴王一听，一头雾水，因为巴蔓子并没有将此事报告给巴王。这时候，巴蔓子站了出来，把事情原委给巴王及大臣们说了一遍。大家听后，一片沉寂。巴蔓子答应割让的三城到底包括哪三座城池，我们今天还不能确定，有一种说法是这三座城市大致都位于重庆东部的三峡一带，临近楚国。从地理位置看，这三座城是巴国向东防御的屏障，如果把这三座城割让给了楚国，就等于门户大开，巴国随时可能遭到楚国的进攻。巴蔓子知道，割让三座城池绝对不是小事，关系到国家的生存和长远利益。对此，巴蔓子早已打定主意。史书记载，还没等巴王回话，巴蔓子便站出来对楚国使臣说：

藉楚之灵，克弭祸难。诚许楚王城，将吾头往谢之，城不可得也。

——《华阳国志·巴志》

感谢楚国，借助楚国的帮助我们平灭了祸难。的确，我也承诺割让三城给楚国。我会信守对楚王的承诺，请您将我的头颅带给楚王，以谢我食言之过。但是，城池是巴国的，我一个将军怎么有权利私自割让？说罢，拔出宝剑，自刎而亡。在场的楚国使臣、巴王和大臣们都被这突如其来的一幕震惊了，好半天才缓过神来。

后来事情怎么发展呢？楚国使臣带着巴蔓子的头颅返回郢都。当使臣把详情向楚王做了汇报后，楚怀王感叹道：

使吾得臣若巴蔓子，用城何为！

——《华阳国志·巴志》

意思是说，如果楚国能得到巴蔓子这样的将军，又怎么会在乎几座城池呢！看来，楚王也被巴蔓子舍身保国的英勇行为深深打动了。于是，楚怀王以上将军之礼厚葬了巴蔓子的头颅。而巴国呢，则以上卿之礼隆重埋葬了巴蔓子的躯体。

这是个真实的故事。在今天重庆七星岗，还有巴蔓子将军的墓，据说就是埋葬巴蔓子躯体的地方，当然，也有说巴蔓子的身躯葬在了湖北利川或者重庆忠县。之所以三个地方都同时主张巴蔓子死后葬在了他们那儿，主要还是因为都敬仰巴蔓子"以头留城，忠信两全"的可贵精神。所以，到了三国时期，老将严颜说"我州但有断头将军，无有降将军也"，他所说的"断头将军"就是指巴国英雄巴蔓子。

后世人都敬仰巴蔓子，修了巴王庙敬奉他。而且，到了唐朝初期（贞观八年，634年），唐太宗李世民为了纪念巴蔓子，下诏把巴蔓子的祖籍临江城改名为忠州，即今天重庆的忠县（也就是说，忠县是为了纪念巴蔓子，皇帝亲自给赐的名），让巴蔓子的英雄事迹世代铭记。

四、吉祥重庆

到过重庆的朋友都会被山城的美景所折服，山即是城，城即是山。江水婉转好似天上的银河落在人间。到了晚上，天上银河、地下灯火，宛如人间仙境，美不胜收。有一首诗这样说道：

> 高下渝州屋，参差傍石城。
> 谁将万家炬，倒射一江明。
> 浪卷光难掩，云流影自清。
> 领看无尽意，天水共晶莹。
>
> ——王尔鉴《字水宵灯无题诗作》

这首诗的作者叫王尔鉴（河南卢氏人），进士出身，是清朝乾隆年间的巴县知县。他本是中原人，来到重庆后，感觉到了这里山水景致的独特之处。他发现，重庆的民居楼房都傍依起伏的山势而建，高低错落；两江环抱着石城，江面上帆樯林立，百舸争流。每当夜色降临，万家灯火高低辉映，水天一色，瑰丽夺目，似不夜之城。徜徉于美丽的山城，王尔鉴逐渐喜欢上了重庆。在重庆任职期间，他搜集重庆的历史文献，编纂了第一本《巴县志》，给重庆留下了珍贵的历史记录。

不过，在王尔鉴的这首诗中，为何说"渝州屋"，而不是"巴人屋"或者"重庆屋"呢？这跟重庆地名的演变有关。

大家知道，重庆简称"渝"，就是这个"渝州"的"渝"。那"渝"又有什么讲究呢？

重庆处于嘉陵江和长江的交汇处，嘉陵江古称俞水（也有学者认为，俞水指嘉陵江的支流渠江）。后来，就用带三点水的"渝"代替了没有三点水的"俞"。秦汉时期，在重庆设立巴郡，由于嘉陵江被称为渝水，所以，居住在沿岸的人被称为巴渝人。巴渝人继承了早期巴人刚勇好舞、善于格斗的个性特征。楚汉战争时期，巴渝人又出了一把风头。

当时，汉高祖刘邦被封为汉王，控制了巴蜀地区。后来，拜韩信为将军，在攻取关中三秦之地的时候，曾经征集了一批年轻力壮的巴渝人，组成了一支先锋部队。他们裸露上身，面目狰狞，手拿武器，踏着鼓点，跳着舞蹈，勇猛冲锋，使敌人为之胆寒，为平定三秦立下了头功。这个故事，非常类似当年参与武王伐纣时期巴人组成的先锋部队——巴师，传承了那种勇猛、无畏的性格，加上歌舞，又多了几分浪漫乐观的情怀。汉高祖在打败项羽建立汉朝之后，念及巴渝人的功劳，下令在宫廷中编排了《巴渝舞》，重现当年的战争情景，这使"渝"这个称谓为大家所熟知。到了隋朝初期，正式设置渝州（改楚州为渝州），治所在巴县（即今重庆）。所以，今天，重庆简称"渝"，就跟渝水、渝州有关。

说到这里，朋友们可能迫不及待地想知道"重庆"是如何得名的了。

一般认为，重庆的得名是在宋朝。"重庆"的意思是双重吉庆，或者说两次吉庆，听起来吉祥如意，非常符合中国人的审美心理和命名习惯。关于这个名称的来历，至今还有一些争议。主要有两种不同的说法。

一个说法是，隋唐时期，重庆称渝州；宋朝时期（宋徽宗时期），改为恭州。当时，朝廷把很多州都升格为府了。恭州升格为什么府好呢？重庆的南边有一个府叫绍庆府（今重庆彭水地区），北边有一个府叫顺庆府（今四川南充地区），重庆正好位于两个叫"庆"的府之间，所以，就把恭州改名为重庆了。这个说法记载在明代的文献《蜀中广记》（曹学佺撰《蜀中广记·蜀郡县古今通释·重庆府》）里，曾经很流行，听起来也有一定的道理。但仔细推敲起来，却站不住脚。从以上三个府设立的时间上看，重庆府设立的时间是在南宋光宗（赵惇）皇帝继位之时（1189年），而绍庆府（1228年）和顺庆府（1227年）设立的时间都要晚于重庆，重庆得名的时候还没有那两个府呢，根本不可能因为处于那两个府之间而得名重庆。看来，这个说法没有道理。

另外还有一种说法，指向南宋时期的第三位皇帝宋光宗赵惇。大家知道，南宋的第一任皇帝是宋高宗赵构，这个人被称为偏安皇帝，建都在浙江杭州，他不思收复中原，还默许奸相秦桧以"莫须有"的罪名害死了抗金名将岳飞。

但高宗晚年的禅位却使后人觉得他还是一位颇有智慧的皇帝。高宗在做了36年的皇帝之后，56岁时，以"倦政"为由，把皇位和平移交给了皇太子赵昚，是为宋孝宗。什么是倦政？也就是自己操劳多年十分疲倦，对政事心生倦怠了。而他禅位的皇太子赵昚却不是他自己的儿子，而是宋太祖的七世孙，他的侄子、养子。他自己则是宋太宗的直系后代。他早年有一个儿子，三岁时夭折了（还有几个女儿），所以，没有皇位继承人。

辞去皇位后，宋高宗自称太上皇，过起了逍遥自在的休闲生活，游览西湖美景，品尝美味佳肴，欣赏曼妙歌舞，做了25年的太上皇，81岁时（1187年）去世，成为中国历史上少数几位活过80岁的皇帝（乾隆89岁，梁武帝萧衍86岁，武则天82岁，吴越王钱镠81岁，元世祖忽必烈80岁，还有就是宋高宗81岁）之一。

25年间，新皇帝对他真的就像亲生儿子一样孝敬，他自己也得以长寿和乐享晚年。这不说明宋高宗是一位很有智慧的皇帝吗！

被高宗看上的宋孝宗则是南宋少有的一位有作为的皇帝，在位期间，他平反岳飞冤案，锐意进取，发展经济，史称"乾淳之治"。他在位27年，在统治晚年，也像宋高宗那样，如法炮制，在自己62岁（1189年）时禅位于自己的第三个儿子赵惇，是为宋光宗，到68岁（1194年）时去世。

重庆名称的得来就跟这位宋孝宗赵惇有关。比较流行的说法——比如你刚到重庆下飞机前的介绍，或者有些重庆导游词里，会这样说：

1189年正月，宋孝宗封其子赵惇为恭王，恭王藩邸为恭州；紧接着，到了2月，孝宗禅位于赵惇，是为宋光宗。赵惇先封王，后称帝，可谓双重喜庆！所以，将藩邸恭州改为重庆府，这就是重庆的由来，这个名称一直沿用到现在。

但对照历史文献，这个说法是有问题的。据《宋史》记载，赵惇被封为恭王的时间是在孝宗继位之时，为"拜镇洮军节度使、开府仪同三司，封恭王"，时间是在1162年，这一年，赵惇16岁。而赵惇当皇帝前，他的身份早已不是恭王，而是皇太子了。赵惇是宋孝宗的三子，1171年（也就是在赵惇做了9年的恭王之后），他的大哥皇太子赵愭病故，二哥赵恺过于宽厚仁慈，不适合做皇太子，所以，三子赵惇有幸被立为皇太子。又过了18年，当赵惇43岁的时候，才接任皇帝。这样算下来，对于赵惇而言，应该是三重喜庆，封王、立太子、做皇帝。有多重喜庆，不止双重（当然，重庆也可以理解为多重喜庆）。话又说回来，历史上，绝大多数皇帝不都是先封为皇太子，然后做皇帝嘛，为什么其他地方没有被命名为重庆呢？所以，这其中，必然有其他原因。

什么原因呢？我觉得有两点值得关注：

一是宋朝皇帝喜欢"庆"这个字。宋朝时期，虽然经济和文化都很发达，但边境一直不安宁，辽、西夏、金、蒙古铁骑一直虎视眈眈，令历任皇帝忧心忡忡，这样，在给一些事物、城市命名的时候，就特别想沾点喜庆色彩，从中寄托美好的希望。比如，宋仁宗继位前曾经被封为庆国公，他继位后，年号叫"庆历"；宋理宗的年号叫"宝庆"；等等。

二是宋代多个州府都带有"庆"字。在古代，帝王为王侯的时候，都有封地，也叫潜邸、封藩、藩邸等。皇帝不一定要到潜邸，但这个名义上的封地要有。封为王侯的皇子不止一个，而当其中某位皇子有幸做了皇帝，潜邸的地位就不一般了。宋朝的做法一般是把潜邸从州升为府，给新府取什么名字就要看当时的习俗和新皇帝的偏好了，有一定的偶然性。而宋朝的新皇帝十分偏爱"庆"字，所以，很多新府都带有"庆"字，保留到今天还在沿用的地名就有广东的肇庆（宋徽宗做皇帝前的潜邸，意思是"开始带来吉祥喜庆"）、安徽的安庆（宋宁宗赵扩的潜邸，意思是"平安吉庆"）等，据统计有一二十个。

重庆这个名字，也是在这个大背景下得来的。但详情却与导游讲解的不一样。

事情应该是这样的。宋孝宗继位后，封16岁的赵惇为恭王，恭州，即今天的重庆，也是赵惇的封藩、潜邸。25岁时，他有幸成为皇太子；43岁时父亲禅位给他，做了万人仰慕的皇帝。

  这个时候，赵惇已过了不惑之年，两鬓都有白发了。而且，据史书记载，他体弱多病，但终于熬出了头，这是一大喜庆。而早年做恭王、封太子已是好久以前的事情，不能算作当下的喜事。那另外值得喜庆的事还有什么呢？

  这跟赵惇的父亲宋孝宗有关。宋孝宗看不上赵惇，赵惇就不可能越过自己的二哥成为皇太子；对赵惇不放心，也不会提前退位，做太上皇。所以，这让赵惇无限感恩，怎么表达对父皇的感恩呢？赵惇就组织大臣商议，给退居二线的父皇上了一个吉祥如意的尊号——至尊寿皇圣帝，省称"寿皇"，希望父亲成为寿比南山的至圣皇帝；同时，也给母亲太皇太后上了一个尊号"寿成皇后"。上尊号是要举行隆重仪式的，这不又是一件吉祥喜庆的大事吗？

  所以，对于当时的赵惇来说，自己登基成为新皇帝是一庆，给父亲、母亲上尊号是二庆，短时间内双重吉庆；再加上当时人从上到下都喜欢"庆"字，这样，沿袭以往潜邸升府的一贯做法，赵惇把自己的潜邸恭州升为重庆府，意思是双重吉庆（甚至还有多重吉庆的意思），听起来吉祥如意，非常符合中国人的审美心理和命名习惯。从1189年起，重庆这个名称一直沿用到了现在。

  今天，我们回过头来看，从自然资源上，重庆多丘陵、山地，平原、盆地极少，与沃野千里、五谷丰登的成都平原相比，有天壤之别，生存条件是相对恶劣的。不过，上天并没有亏待巴渝儿女，赐给重庆人一个无与伦比的瑰宝——长江上游得天独厚的水路要冲、水上交通枢纽。向上，通过长江干流和嘉陵江、岷江、大渡河等支流，可以沟通四川以及贵州、云南，顺流而下，经过三峡，则可以沟通荆楚、吴越等广大地区，为重庆的长远发展奠定了雄厚的基础。

第十三章

川东锁钥

城市文化自测题

1. "王濬楼船下益州,金陵王气黯然收"描述的是_____。

   A. 秦国攻打楚国的事　　　　　B. 西晋攻打东吴的事

   C. 隋朝攻打南陈的事　　　　　D. 北宋攻打后唐的事

2. "王濬楼船下益州,金陵王气黯然收"出自刘禹锡的《西塞山怀古》,西塞山位于_____。

   A. 重庆奉节　　B. 江苏南京　　C. 湖北黄石　　D. 湖北宜昌

3. "功盖三分国,名成八阵图"(《八阵图》)高度评价了诸葛亮。诗的作者是_____。

   A. 杜甫　　　　B. 李白　　　　C. 元稹　　　　D. 刘禹锡

4. 抗战时期,一位爱国人士开办的民生轮船公司为迁都重庆做出了巨大贡献。这位爱国人士是_____。

A. 张謇　　　　　B. 荣德生　　　　　C. 陈启沅　　　　　D. 卢作孚

5. 抗战期间大量高校西迁重庆，抗战结束时重庆高校数量占全国高校数量的_____。

A. 1/5　　　　　B. 1/4　　　　　C. 1/3　　　　　D. 1/2

参考答案

1.B　2.C　3.A　4.D　5.C

城市诗篇

西塞山怀古（节选）

刘禹锡

王濬楼船下益州，金陵王气黯然收。

千寻铁锁沉江底，一片降幡出石头。

[注]这是唐朝诗人刘禹锡（772—842年）的一首诗，很多小朋友都会朗诵。但大多数的时候，这首诗往往被作为金陵城（也就是南京）王气黯收、政权更迭的象征。其实，在这首诗的背后，还有很多不为人知的故事，暗含着长江上下游之间密切的军事联系，也凸显着长江上游重庆川东锁钥的特殊军事地位。

我们今天接着讲重庆。

大家知道，重庆是著名的山城，所辖区县也大多是山区。在长江流域的大都市中，重庆地区的地理位置和地形十分特殊。对此，清朝地理学家顾祖禹有这样的描述：

会川蜀之众水，控瞿塘之上游，临驭蛮夷，地形险要。

——顾祖禹《读史方舆纪要·重庆府》

这段话的意思是说，一方面，重庆汇聚了来自川蜀，包括长江干流以及岷江、嘉陵江、大渡河等长江上游干支流的水；另一方面，控制着三峡之一的瞿塘峡等上游。"临驭蛮夷"，居高临下驾驭着蛮夷之地——古代重庆以上的泸州、宜宾也往往是众多少数民族杂居的地方,地形险要,是川东的政治、军事中心,历来为兵家必争之地。打个比方,重庆地区就像一把铁锁,牢牢地控制着长江上游的巴蜀地区与中下游的荆楚、吴越交通的门户。换句话说,只有用钥匙打开重庆这把锁,才能畅通长江上游与中游、下游交流的通路。这种地理形势不是很形象的"川东锁钥"(锁钥:军事上相当重要的地方)吗?

围绕这把锁钥,曾经演绎了许多荡气回肠的历史故事,给重庆这座山城增添了厚重的文化色彩。

我们先从大家熟悉的一首唐诗说起。

一、王濬楼船下益州

唐朝诗人刘禹锡(772—842年)有诗说道:

王濬楼船下益州,金陵王气黯然收。
千寻铁锁沉江底,一片降幡出石头。

——刘禹锡《西塞山怀古》

这首诗很有名,很多小朋友都会朗诵。但大多数的时候,它往往被作为金陵城(也就是南京)王气黯收、政权更迭的象征。其实,在这首诗的背后,还有很多不为人知的故事,暗含着长江上下游之间密切的军事联系。

就说这首诗里的主人公王濬(207—286年)吧,他是历史上一位了不起的政治家、军事家。

根据《晋书·王濬传》记载,王濬是西晋时期的人,很有学问,容貌俊美,很有风度,又富于谋略,深得晋武帝司马炎的信任。当时,西晋已经先消灭了刘备和诸葛亮建立的蜀汉政权,拿下了巴蜀地区。王濬被任命为巴郡太守,坐镇重庆，下一步，就要着手进攻东吴，进一步统一全国。

王濬一上任，便遇到了一件怪事。他发现巴郡的老百姓都不愿意养育男孩。什么原因呢？当时的巴郡并不富裕，经济和社会发展也与成都有较大的差距。而且，由于巴郡与东吴接壤，往往成为双方战争的前线。双方战事频繁，造成两个后果：一是战争徭役繁重，百姓苦不堪言；二是大多数男丁被征入伍，死于战场。这样一来，老百姓生了男孩就不愿意养育，觉得养了也是白养；长大了，又要死在战场上，白发人送黑发人，不是更加让人伤心吗？由于这种心理的影响，甚至出现了溺婴的恶习，很多男婴生下来被活活溺死。久而久之，导致巴郡地区男少女多，性别结构严重失衡。

王濬深知男丁的重要性，下决心改变这种恶习。于是，上任伊始，他便果断采取措施，制订鼓励生育男孩的措施，减轻徭役课税，凡是生育男孩者，都可免除徭役。同时，尽力避免与东吴频繁摩擦，减少战争伤亡。这样，从根本上打消了百姓的顾虑，让百姓可以放心生养男丁。因为王濬的这些措施，被保全成活的男婴有数千人。这数千人在后来王濬领军统一全国的时候发挥了重要作用，这一点我们后面还要说到。

因为治理巴郡成效显著，王濬得到朝廷的重用，调往都城任职。不久之后，考虑到四川盆地对于国家的重要性，他又被任命为益州刺史，再次来到巴蜀地区。在益州刺史任上，王濬就开始做攻打东吴、统一全国的准备了。

我们知道，巴蜀处于长江上游，地势高亢，可以居高临下，进攻长江中下游地区。早在秦朝统一全国的时候，就曾经从巴蜀出动水师，沿江而下，配合陆路军队攻击楚国，产生了奇效。王濬是一位军事家，当然也看到了这一点。所以，在益州刺史任上，他动员军民，打造高大的楼船，为将来的统一做军事上的准备。在三国时期的赤壁大战中，东吴已经能够建造用于长江上作战的高大的楼船了。而据史书记载，王濬建造的楼船更加高大，最大的楼船上下三至五层（所以才叫楼船），大船周围用木栅栏围成城墙的形式，建有城楼望台，高大坚固，攻防兼备。每艘楼船可以装载两千名左右的士兵，船上甚至可以行走战马。楼船规模之大、数量之多、技术之先进，自古未有。刘禹锡诗中说的"王濬楼船下益州"的"楼船"就是指的这件事。

当时，东吴控制着重庆以东的三峡中的最后一峡西陵峡（瞿塘峡和巫峡则被西晋控制着）及长江中下游地区，那里负责守卫的地方官和将领也得到了消息，知道西晋正在做进攻东吴的准备。但到底怎么准备的，一开始并不知道详情。一件无意中发生的事，引起了东吴君臣的警觉。什么事呢？王濬在益州大规模打造楼船的时候，不经意间，大量木屑、锯掉丢弃的小木板沿着长江漂向了中下游地区，部分东吴官员看到漂满了江面的木屑、木板，凭经验，一下子就意识到是怎么回事了。他们马上把这个消息报告给了东吴的皇帝孙皓。孙皓是孙权的孙子，历史上记载，这个人早期施政还比较清明，到了后期，变得昏庸残暴，不得人心。蜀汉被西晋灭亡之后，孙皓变成了惊弓之鸟，总担心有一天西晋军队会攻打自己。这时候，他得到了西晋在巴蜀打造战船的消息，当然心生害怕。如果西晋从巴蜀顺江而下，进攻东吴的都城南京，怎么办呢？经过和大臣们商议，东吴采取了看似有效的措施：一方面，增加兵力，加强长江沿江军队的防卫；另一方面，为了防备西晋从巴蜀沿长江向下进攻，在长江三峡的最后一峡西陵峡的江心设置了巨大的铁锥和拦江的长约千寻（寻是古代长度单位，八尺是一寻，相当于2米多，千寻那相当长了）的铁索。铁锥可以刺破楼船船底，造成楼船沉没；高大的楼船遇到拦江铁锁，也可以船翻人亡，沉没江底。刘禹锡诗中说到的"千寻铁锁沉江底"的"铁锁"就是指的这件事。

做了各方面的准备后，孙皓认为这样就可以高枕无忧了。

结果真如孙皓预想的那样吗？

二、金陵王气黯然收

关于何时进攻东吴，统一全国，在西晋有不同的看法。一部分保守的大臣认为，时机还不成熟，应该先发展经济，进一步训练军队，伺机向东吴进兵。但以王濬、杜预（西晋的军事家，也是一位经学家，曾经为《孙子》《春秋》作注）为代表的主战派认为，进攻的时机已经成熟。为了坚定晋武帝司马炎统一全国的信心，王濬还专门给朝廷上了一道十分有说服力的奏章，从三个方面向晋武帝表明了进攻东吴的理由。

第一，孙皓昏庸，正是灭吴的好时机。孙皓昏庸腐败，沉湎酒色，刚愎自用，滥杀无辜，已经失去了人心，这不正好是我们进攻的好机会吗？如果错过这个机会，等以后东吴再出一位明主贤君，人心重新凝聚起来，我们再攻打它，难度无疑会增大。

第二，自己已经做好了军事上的准备。王濬前后两次被任命为益州刺史，时间加起来有七年之多。王濬说自己已经做了七年的准备，打造了大量楼船，有一部分楼船要是不马上投入使用，就会开始慢慢腐烂。这是第二个理由。

还有第三，自己年纪已大，时不我待。刘禹锡诗歌里轻快的节奏，让很多人觉得王濬似乎是一位意气风发的青年将军，就像羽扇纶巾的周瑜那样，其实不然。根据史书记载，向朝廷上书的时候，王濬已经74岁了。古代还真有不少老将军，老骥伏枥，志在千里，在战场上立下了汗马功劳，像廉颇、黄忠等，王濬也是如此。王濬对晋武帝说，我已年过七旬，时不我待啊！如果再不伐吴，我可能就等不到西晋统一全国的那一天了。现在我还有三寸气在，愿意拿出老命为国家赴汤蹈火。感不感人？

就是这道奏章，感动了晋武帝，加上杜预等主战派的支持，于是，太康元年（280年）正月，西晋发动了全面的灭吴之战。当时，兵分六路，其中一路便由王濬节制巴蜀军队，率领五万左右的水军，从巴蜀顺流而下。在巴郡，也就是重庆集结后，东出三峡，直击东吴的都城建业（也就是南京）。

在这支水军中，就包括了当年王濬做巴郡太守时保护下来的男婴。到西晋攻打东吴的时候，那些男婴都已成人，到了服兵役的年龄。他们的父母感激当年王濬的功德，纷纷鼓励儿子参军，他们怎么说的？"因为王大人，才有了你们，你们在大人的军队里，一定要全力杀敌，尽心报答大人的恩德。"在西晋灭吴的历史过程中，这也许只是一件小事，但为什么被记载在史书中？一方面，人人都向往和平，无休止的战争对于普通百姓而言的确是灾难，他们讨厌战争。另一方面，也要看战争双方如何对待战争，希望通过战争达到什么目的。西晋发动的灭吴战争是有利于全国统一的战争，是大势所趋，代表了一定的历史潮流，统一的目的也是为了更长久的和平。出于这样的目标，作为地方官的王濬也好，作为军事将领的王濬也好，行为处事的目的是出于正义，出于为官一任，造福一方。当王濬为百姓考虑了，反过来，百姓就会以成倍的感情回报你、回馈国家。实践也证明，数千巴郡子弟加入王濬的水军后，继承了巴人英勇善战、不怕牺牲的特点，为后来的灭吴立下了巨大功勋。

而当王濬的军队通过巴郡，进入重庆东部的三峡的最后一峡西陵峡的时候，就遇到了东吴事先设立的铁锥和铁锁。对此，王濬早已经做了准备。

此前，通过侦查，王濬已经得知铁锥和铁锁的情况，摸清了它们的位置和数量，想好了对付的办法。怎么对付铁锥呢？王濬命人做了几十个大木筏子，木筏上扎上草人，他命令巴郡善水的士兵乘着筏子，向前冲锋。江水中的铁锥刺到筏子上，便被筏子带起，士兵们就会把它们一个一个清除出江面。就这样，先破了吴军设置的铁锥。

接着，又向江心放出数只小船，船头固定上巨大的火炬，火炬上浇灌了大量麻油，足够燃烧一段时间。当小船自上而下漂流的时候，就会被江中的铁锁拦阻。这时候，船上的巴郡水手就会点起火炬，一直燃烧，直到把一根根横阻在江面的铁锁熔化烧断。

铁锥被清除了，铁索被熔断了，大型楼船就能在江面畅行无阻了。这就是刘禹锡诗中所说的"千寻铁锁沉江底"的典故由来。

长江三峡的西陵峡被攻破后，从川东通往长江中下游的铁锁就被彻底打开了。接着，王濬率领着巨大的楼船水军部队相继拿下了荆州、武汉，直抵东吴的老巢都城建业。这一路上，孙皓不断接到战报，早已被势如破竹的王濬水军吓破了胆，所以，得到王濬水军包围建业的消息后，便无力抵抗，出城投降，"金陵王气黯然收"。王濬把孙皓以及一帮东吴臣下押解到西晋的都城洛阳，东吴灭亡，再次实现了全国的统一。

西晋灭吴这一年，王濬74岁。由于在灭吴战役中居功至伟，王濬被晋武帝拜为辅国大将军，开府仪同三司，相当于宰相，位极人臣。到太康八年（286年），王濬在洛阳去世，享年80岁。他的传奇故事，后来还被记载在罗贯中的《三国演义》里，世代传颂。

现在，让我们回过头来，再品味诗人刘禹锡的那首诗。刘禹锡出生于黄河流域的河南荥阳，富有才华，进士及第后进入仕途，并参与了唐顺宗时期的"永贞革新"。革新失败后，他多次被贬，唐穆宗长庆元年（821年）被贬为夔州刺史。夔关在哪里呢？它是长江上游的重要关口，在古代夔州所在地，即今天的重庆奉节，也是刘备临终前向诸葛亮托孤的白帝城所在地。夔州地处长江三峡，景色优美，地势险要，民风淳朴，刘禹锡在这里创作了很多优美的诗歌，其中有两首《竹枝词》，很形象地描述了巴山江水的情形：

杨柳青青江水平，闻郎岸上踏歌声。
东边日出西边雨，道是无晴却有晴。

——刘禹锡《竹枝词》（其一）

在刘禹锡的眼里，长江除了雄浑、壮阔和凶险外，还有温柔的一面，成为青年男女表达爱情的场域。

楚水巴山江雨多，巴人能唱本乡歌。
今朝北客思归去，回入纥那披绿罗。

——刘禹锡《竹枝词》（其二）

这首诗，则形象地描述了巴地多雨，巴人又善于唱歌的民风。

长庆四年（824年），做了三年夔州刺史的刘禹锡被朝廷调往和州（今安徽和县）任刺史，经三峡顺着长江而下，沿途饱览长江壮美的景色。当他走到湖北，登上长江岸边的西塞山（今湖北黄石境内）上，遥想西晋老将军王濬率领浩浩荡荡的楼船大军沿江而下从眼前驶过的情景，不由得感慨万分，情不自禁地吟出了这首传颂千古的诗歌："王濬楼船下益州，金陵王气黯然收。千寻铁锁沉江底，一片降幡出石头。"

王濬和他的传奇故事用大量事实验证了地处长江上游的重庆"川东锁钥"的重要地位。西晋首先占领了巴蜀，掌握了打开川东进攻中下游的金钥匙，获得了消灭东吴、统一全国的主动权。

西晋统一的例子，是从长江上游攻击中下游来看重庆地理形势的重要性。反过来，当从长江中下游试图占领大西南的重庆、四川等地的时候，也必须越过重庆这道防线，这也同样可以体现重庆"川东锁钥"的重要性。

当然，最典型的例子莫过于抗日战争时期国民政府迁都重庆这件事了。

三、名成八阵图

前面我们说了诗人刘禹锡的《西塞山怀古》，他用西晋统一的例子，为我们展现了重庆"川东锁钥"的重要地位，这是从长江上游攻击中下游这个角度来说的。

巧合的是，比刘禹锡稍晚一些，大诗人杜甫也创作了一首诗，为我们展示了从长江中下游进攻上游时，重庆"川东锁钥"所发挥的重要作用。这首诗是这么说的：

功盖三分国，名成八阵图。
江流石不转，遗恨失吞吴。

——杜甫《八阵图》

谁"功盖三分国"呢？当然是诸葛亮。说诸葛亮为三分天下立下奇功，《八阵图》又成就了他的英名。而今，大江在日夜不停地流动，但石阵却没有变化。只是遗憾的是，失去了吞灭东吴的机会。这样简单解释，我们似乎不太明白其中蕴含的意思。实际上是怎么回事呢？

三国时期，诸葛亮协助刘备在成都建立了蜀汉政权。后来，东吴为了和蜀汉争夺荆州，杀死关羽。刘备和关羽是结拜的生死弟兄啊，为了给关羽报仇，刘备不听诸葛亮的劝阻，率领数十万大军讨伐东吴。由于轻敌冒进，结果，在彝陵（今湖北宜都北）大战中，被东吴大将陆逊打得大败。紧接着，东吴军队乘胜追击蜀汉败军。《三国演义》里说陆逊率领的吴军追击到夔关的时候，遇到了诸葛亮提前用巨石设计好的八卦阵。进入阵中后，飞沙走石，士兵死伤无数。后来，幸亏得到诸葛亮的岳父黄承彦老先生的指点，才走出八卦阵。

前面我们说过，夔关是长江上游的重要关口，对应今重庆奉节，是刘备临终前向诸葛亮托孤的白帝城所在地。今天，在临近长江边的奉节鱼腹浦，还留有当年诸葛亮入川时垒石为阵，设立的八阵图。大诗人杜甫曾因为躲避安史之乱，避难成都。数年之后，杜甫离开成都，沿长江东下，寻找诸葛亮当年活动的遗迹，专程来到夔关，看到了诸葛亮留下的八阵图。有感于三国的那段历史和诸葛亮轰轰烈烈的一生，写下了这首诗，为当年刘备在彝陵大战中失败，没能使蜀汉达到消灭东吴进而统一全国的目标而感到遗憾。

根据《三国志》诸葛亮和陆逊传记的记载，诸葛亮的确曾经创立过八阵图，同时，陆逊和诸葛亮一样都是当时著名的军事家、谋略家，他们同时看到了重庆所处的川东地位的重要性。这个区域处在长江上游和中游之间水陆交通的咽喉地带，地理位置异常重要。但在地形上，这里又属于巫山山脉，高山耸立，到处悬崖峭壁，只有山间羊肠小道可以通行。同时，三峡又是长江上游的最后一个区段，江面狭窄，水流湍急，尤其在没有机械动力的情况下，逆流行船异常艰难。大诗人李白曾说从成都通往关中的陆路蜀道"难于上青天"，其实，从长江中下游地区通过川东的重庆进入长江上游的道路之难又何尝不是名副其实的"难于上青天"呢？后来，西晋灭亡蜀汉，北宋消灭后蜀，都是自北而南通过陆路进攻的，也进一步验证了川东道路的"难于上青天"。

陆逊深知，要想攻打蜀汉，必须越过蜀汉控制的川东地区。那里山高路险，水急浪高，即使付出巨大的代价，也未必能够取得成功。这是陆逊没有继续乘胜追击刘备的一个原因。同时，当时魏蜀吴三国形势错综复杂。陆逊判断，如果自己带领吴军主力攻击刘备，国中守卫空虚，曹魏就有可能趁机攻打东吴，那东吴可就危险了。所以，东吴军队不得不匆忙撤回。

历史就是这么喜欢给人开玩笑。当年陆逊率领的东吴士兵是强大的生力军，所以，取胜了。而孙皓掌权时期，东吴则进入了统治的末期，国家失去了活力，所以，才被王濬率领的西晋军队给灭亡了。但无论东吴胜与败都跟重庆这块神奇的土地发生了关系，似乎是这把"川东锁钥"决定了东吴盛衰的历史命运。其实，无论何时，山川依旧，关键是占据这些山川的统治者采取何种治理方式，是否能够顺应自然、顺应民心。

抗日战争时期，重庆"川东锁钥"的军事形势再一次发挥了巨大作用，甚至左右了中国抗战的命运和前途。

1937年"七·七"卢沟桥事变爆发，日本发动了全面侵华战争，北方大片国土迅速沦陷。11月，上海沦陷，眼看都城南京不保，国民政府便着手拟定迁都计划。迁向哪里呢？

只有两个方向可以迁移：一是向南，二是向西。向南，比如迁到武汉、广州，那里几乎无险可守，容易暴露在日军的飞机、坦克和大炮之下。向西，则是迁到重庆。迁到重庆有两个十分有利的条件，一方面，可以利用重庆所处的险要军事地位，易守难攻；再依托成都平原的粮食和物资供应，可以与日军展开持久战。另一方面，这个时候，长江航运中已经广泛使用了以蒸汽机为动力的大轮船，可以利用长江航道，便利于人员和物资运输。所以，向西比向南更好些。但向西到哪里？最终，国民政府决定正式迁都重庆。

计划是定了，如何才能在日军的飞机大炮轰炸中完成迁都大计呢？

四、战火中重生

抗日战争中,全中国甚至全世界的眼光都转向了祖国大西南的山城重庆,胸怀家国的重庆人也以无畏的气势勇敢地挑起了保卫祖国的重担。

在从南京迁都重庆的过程中,有一个人站了出来,他就是被称作船王的卢作孚(1893—1952年)。

卢作孚是重庆合川人,他当时的身份有两个:一个是民生公司的大老板,另一个是国民政府的交通部次长。民生公司是一个什么公司呢?1926年,卢作孚抱着"实业救国"的思想,在重庆合川挂牌创办了"民生实业股份有限公司",简称"民生公司",专门经营长江上游的川江(长江干流自四川宜宾经重庆到湖北宜昌段)航运。民生公司成立时,只有一条船,7名正式员工。但卢作孚抱着实业救国的理念,加之经营得当,10年之后,到抗战全面爆发的1937年,民生公司已经拥有46艘轮船,近4000名职工,垄断了川江70%以上的客运和货运业务,创造了长江航运史上的奇迹,成为名副其实的国内"船王"。

抗战时期,国民政府官方的船只紧缺,而且主要被用来运送部队和军用物资,所以,都城的迁移任务就落在了民生公司老板兼交通部次长的卢作孚身上。卢作孚具有强烈的爱国主义热情,本着"抗战第一"的原则,使公司利益服从国家和民族大义,全身心投入抗战事业中。当他得知国民政府迁都他的家乡重庆的消息,十分激动。接下来,民生公司主动承担了从南京、武汉、宜昌逐步迁运国民政府党、政、军大量官员、办公人员,以及办公、军用设备、物资,重要文献资料以及大学师生、教学仪器设备的主要任务。

1937年11月,国民政府的主席林森带领第一批官员,乘坐民生公司的"民风"客轮抵达重庆的朝天门码头,揭开了国民政府正式迁都的序幕。这次迁都采取了逐次迁转的方式,卢作孚本人亲自赶到南京、武汉、宜昌,节节指挥民生公司的迁运工作，从南京到武汉、宜昌，再到重庆，前后持续三年，到1940年，基本完成了迁都重庆的工作。

在此过程中，民生公司承担了90%以上国民政府机关人员和笨拙工业设备的搬迁工作，以及大量科研单位、高校设备和大量珍贵历史文物的迁运任务，总计运送上百万的官员、专家学者、学生入川。而在此过程中，民生公司先后有16艘轮船遭到日本敌机轰炸、损毁，100多名船员牺牲，为抗战的最终胜利做出了巨大贡献。当时任国民政府军事委员会副主席、主张坚决抗日的冯玉祥将军由衷感慨："民生公司是爱国的公司。"

国民政府迁都重庆后的1943年，日本曾经集结重兵于湖北宜昌，与国民党军队在宜昌石牌（在今宜昌彝陵区，长江三峡西陵峡的右岸，就是当年东吴为阻止王濬的楼船东下而设置千寻铁锁的地方。此地被称为保卫重庆的第一道门户，不容有失）进行了残酷的决战。在石牌保卫战中，日军死伤超过25000名士兵，损失水上船艇超过120艘。中国军队也付出了伤亡10000多人的代价。但日军即使付出如此惨重的代价，也无法突破重庆川东防线，这打破了日军地面军队攻占重庆的战略意图。

接下来，日军又试图通过空袭炸毁重庆，摧垮中国人的抗战意志。于是，从1938年春天开始，日军派出大批飞机，对重庆进行狂轰滥炸。当时在重庆避难的老舍先生曾经写下了这样一段文字：

> 火光中，避难男女静静的走，救火车飞也似的奔驰，救护队服务队摇着白旗疾走；没有抢劫，没有怨骂，这是散漫惯了的，没有秩序的中国吗？像日本人所认识的中国吗？这是纪律，这是团结，这是勇敢——这是五千年的文化教养，在火与血中表现出它的无所悔的力量与气度！

——老舍《五四之夜》

从1938年春天到1944年冬天，日本陆海军航空部队联合对重庆进行了长达六年多的狂轰滥炸，史称"重庆大轰炸"。大量无辜平民被炸死炸伤，大量房屋被战火毁坏，日本侵略者犯下了滔天罪行。不过，依托山城的有利地形、地貌，重庆人挖掘了大量防空掩体，最大限度地减少了人员伤亡和财产损失。

从1937年到1945年这八年中，重庆一直是国民政府的都城（虽然名义上以"陪都"来称呼），成为全国抗战的中枢和大脑，是全中国乃至全世界关注的焦点。而令卢作孚也没有预料到的是，他的爱国行为不仅拯救了苦难中的中华民族，同时，也帮助他的家乡重庆从一座普通的山城实现了中国城市发展历史上极其罕见的跨越式发展，完成了华丽的转变。

我在这里说三个数字：

第一个数字，城市人口。1937年，重庆城市人口仅有47万多。八年中，大量外来人口迁入，重庆城市人口迅速增加，到1945年，猛增到将近130万。随着人口增加，城市规模迅速扩大，基础设施不断完善，使重庆在短时间内成为初步具备现代化气息的大都市，全国的政治中心。

第二个数字，工业发展。抗战爆发后，长江中下游上海、南京、武汉等地大量的军事和民用企业迁入重庆。有资料表明，抗战以前，重庆只有不到100家工厂，10000多名工人。工业基础薄弱，产品质量落后。到1945年，重庆登记的工厂数量将近1700家，占全部大后方工厂数量的28%；工人超过10万，占大后方工人数量的27%，重庆从一个工业基础薄弱的城市一跃而成为全国的经济中心。重庆的军用和民用工业有力支撑了全国的抗战，成为最终战胜日本帝国主义的坚强保障。

第三个数字，高校数量。据国民政府统计，抗战前，全国专科以上的高校100所左右。抗战期间，大量高校西迁重庆。到抗战结束时，重庆拥有大专院校38所，占全国高校数量的1/3还要多。与此同时，大量仁人志士、专家学者包括作家、艺术家、诗人、哲学家、历史学家等迁入重庆，大大提升了重庆城市的文化素养，使重庆成为全国的文化中心。

所以，大轰炸不仅没有摧毁重庆人大山一般的精神，反而激发了重庆人钢铁般的斗志，使重庆始终成为抗战中一面高扬的旗帜，一座威武不屈的英雄城市，直到抗战取得全面胜利。经过战争的洗礼，山城重庆也在浴火中得到了重生。

第十四章

朝天码头

城市文化自测题

1. 明太祖朱元璋派出的攻占重庆的大将是_____。

   A. 徐达　　　　B. 常遇春　　　　C. 汤和　　　　D. 沐英

2. 明朝修筑的重庆城池有十七座城门,九开八闭。唯一没有面对大江的开门是_____。

   A. 朝天门　　　B. 金紫门　　　　C. 千厮门　　　D. 通远门

3. 以下_____（作品）不是在三峡创作的。

   A. 杜甫的《登高》　　　　　　　B. 刘禹锡的《竹枝词》

   C. 元稹的《寄赠薛涛》　　　　　D. 苏轼的《新滩》

4. 滟滪堆是一块裸露在三峡江心的巨石,是古代行船的主要障碍,它位于_____。

   A. 瞿塘峡　　　B. 巫峡　　　　　C. 西陵峡　　　D. 虎跳峡

5. "川江号子"的代表作品不包括_____。

  A.《十八扯》 B.《数码头》 C.《跑江湖》 D.《一根竹竿容易弯》

参考答案

1.C 2.A 3.C 4.A 5.D

城市诗篇

重庆火锅童谣

无名氏

街头小巷子，开个幺店子；

一张方桌子，中间挖洞子；

洞里生炉子，炉上摆锅子；

锅里熬汤子，食客动筷子；

或烫肉片子，或烫菜叶子；

吃上一肚子，香你一辈子。

[注] 火锅是重庆的一张文化名片，上面这首童谣形象地再现了早期火锅店的情景。关于重庆火锅的来历，有许多种不同的说法，但与重庆的朝天门码头以及川江船工的生活应该有密切的关系。到了后来，这种本来是码头工人或者船工的吃食逐渐进入重庆市内，演变成相对高雅的吃食，并在重庆和全国逐渐流行开来。

大家好！

我们本章接着谈重庆。

重庆的朝天门码头很有名，现代旅游者只要到重庆，一般都会到朝天门码头看一看。那是重庆的城市地标，轮船往来穿梭，游人如织，是外来游客十分重要的打卡地。它位于重庆渝中半岛东北尖角处，是重庆地势最低处。一面是长江干流，一面是长江支流嘉陵江，碧绿的嘉陵江水与褐黄色的长江水激流撞击，清浊分明，形成"夹马水"，景色秀丽，煞是好看。

大家知道，重庆偏处我国的大西南，天高皇帝远，这么偏僻的一个码头，为什么叫朝天门码头？甚至很多土生土长的重庆人称重庆的文化就是码头文化。

那么，朝天门码头到底是如何得名的？码头文化和重庆这座城市的繁荣有什么内在的关联呢？

一、朝天码头朝天子

先说朝天门码头的由来。

明朝洪武初年，明太祖朱元璋首先统一了长江中下游地区，定都在长江下游的南京。紧接着，派大将汤和（1326—1395年）率领大军沿长江西上，统一大西南地区。汤和是朱元璋手下有名的战将，作战勇敢，足智多谋，所以，明朝军队一路势如破竹，战无不胜。洪武四年（1371年），攻占重庆，留下一个叫戴鼎的部将留守重庆，汤和率领大军继续进攻四川、云南和贵州等地。

那个时候，明朝在各州府设立卫所，作为军事指挥机构，一般是一府设立一个所，几府设立一个卫，比如天津卫、威海卫等都是那个时候设立的。重庆是进出大西南的咽喉要地，军事地位异常重要，所以，洪武六年（1373年），明朝廷下令设立重庆卫，戴鼎被任命为重庆卫的最高军事长官指挥使。

戴鼎名气不大，甚至在明代正史中也没有为他立传，但他在重庆的名声却不小。直到今天，重庆戴氏宗亲还把戴鼎认定为自己的祖先。而正是这位重庆卫指挥使，让朝天门码头名扬天下。

大家知道，明朝有一个突出特点，就是大修城池。在此之前，古代的城池都以土城为主，而从明代开始，对各大城池进行砖包加固。现在留下来的好多城墙，比如南京、西安、开封等地的城墙，都是那时候采取砖包加固的，万里长城也是明朝用青砖加固并留存到今天的。这个做法与开国皇帝明太祖朱元璋有关，是他首倡的。所以，手下的将领和地方官也要秉承皇帝的旨意，戴鼎当然也不例外。

根据历史记载，在戴鼎之前，先秦时期的张仪、蜀汉时期的李严、南宋时期的彭大雅等驻守重庆的时候，都曾对重庆老城区（渝中区）的城墙进行过建设和增修加固，但都不够坚固，毁坏的也比较严重。戴鼎准备秉承明太祖的旨意，对重庆城墙来一次大规模的扩建。

根据地方志记载，戴鼎扩建重庆城池时既因循旧制，又虚实兼顾。重庆多山，从山上采石很容易。以往，张仪、李严、彭大雅在修建城池时也都利用了山石。戴鼎因循以往的做法，用大型条石修砌起坚固的石城。新修的石城沿渝中区山势蜿蜒曲折，高十丈，周长7.7公里（一说9公里），比张仪、李严、彭大雅等以前修筑的城池规模要大得多。

同时，戴鼎这个人虽然出身武夫，但颇有心计，他信奉道教，讲求风水。所以，在扩建重庆卫城池的时候，设立了十七座城门，九开八闭，做到了虚实兼顾。所谓开门，就是真正的城门，可以沟通城内外，这是从实用方面考虑的。所谓闭门，就是只有城楼却没有城门的门，或者有城门的样子却被堵死了的门，平时不能正常进出，这就有点虚的意味了。因为在戴鼎看来，九开八闭暗合了九宫八卦之数，九道开门寓意"九宫"，对应着天上的"九宫"，又是最高的阳数，可以吐故纳新；八道闭门呼应"八卦"，象征着"金城汤池"，富有吉祥寓意。

为了适应重庆水上交通的需要，这9座开放的城门中的8座都朝向长江和嘉陵江。沿长江开了6道城门——朝天门、东水门、太平门、储奇门、金紫门、南纪门，沿嘉陵江开了2道城门——千厮门、临江门，另外一道开门是渝中区七星岗上连接佛图关的通远门。这样，正好9道开门。而在长江的6座城门中，第一道就是朝天门，城门上书写有四个大字"古渝雄关"。戴鼎为什么把面对长江的第一道门命名为朝天门呢？

因为这道城门位于嘉陵江与长江交汇处，地势较为平坦，是重庆最早的码头所在地。南宋的时候，都城在杭州，朝廷派出的高官来重庆，一般都选择沿长江而上，在这个码头登陆。朝廷高官来自都城，往往带着皇帝的圣旨，皇帝古称天子，所以，重庆古民谣中有"朝天门迎官接圣"的说法。戴鼎被任命为重庆卫指挥使以后，也多次在这个码头迎接朝廷官员带来的圣旨。这是一个原因。

另一个原因，重庆官员进京朝觐皇帝，或者士子进京赶考、商人到京城做买卖也由此码头出发，去朝天，去追逐理想。所以，戴鼎把这座城门命名为朝天门合情合理。而且，在城门以里的街道命名上也有讲究，有所谓的"接圣街"（今信义街）、"圣旨街"（今新华路），更说明朝天门与都城的密切联系。

当然，到底是先有了朝天门这道城门，后有了朝天门码头，还是先有了朝天门码头，后有了朝天门，是一个有待澄清的问题。我个人认为，朝天门码头的命名在先，朝天城门的命名在后似乎更合理一些。因为从更久的年代比如盛唐的李白、北宋的苏轼那时候开始，只要走水路进京（或者像南宋的陆游走水路来到重庆），大都在这个码头上下，朝天门码头的说法也许在重庆民间已经流行开了。戴鼎入乡随俗，把位于这个两江夹持的码头上的城门命名为朝天门，既随俗又大气，于是，这个名称就一直沿用到了今天。

朝天门成了外来人和重庆人记忆最深的地方，成了重庆的标志。今天，朝天门货运码头每天仍吞吐万吨货船，而客运码头则是观赏重庆风光的第一站，还是游览三峡游轮的启航地，每天成千上万的游客从这里启航，游览壮丽的三峡风光。

二、码头工人与重庆火锅

有码头就得有为来往船只提供服务的码头劳动者。

明清以及近代重庆，在面对长江和嘉陵江的码头都有成千上万的码头工人靠出卖力气谋生。其中，朝天门码头位置最佳，运输最繁忙，被称为众码头之首,每天在这里谋生的码头工人经常保持在1000多人。这些人被称作"力夫"或者"脚夫",就是靠出卖力气挣钱养家糊口的人。

为什么会有这么大规模的"力夫"或"脚夫"呢?首先是因为重庆水上交通繁忙,来往货物和人员众多。清朝乾隆年间,曾经在重庆做地方官的王尔鉴有这样的记载:

> 九门舟集如蚁,……商贾云屯,百物萃聚……水牵云转,万里贸迁。
>
> ——乾隆《巴县志》

说包括朝天门在内的九座城门(明朝为八门,清朝和民国时期又增加了"望龙门"码头,因此为九门)面对的码头上,船只多得就像聚集在一起的蚂蚁,商贾云集,百物荟萃,通过长江及其支流转运万里之外。长江成了物流大通道,朝天门码头成了百物中转的枢纽。那时候,通过朝天门码头转运的货物都有什么呢?有大米、川盐、蜀锦、茶叶、铜铁、马匹、柴炭,还有竹木以及土特产品等。重庆是上中下游运输的枢纽,上下的货物或人员一般都要在这里停留、补给,然后踏上东下或西上的水路。码头"力夫"的工作则是上货、下货,以及替人搬运行李等。

码头力夫们的工作十分繁忙,却收入微薄,还要把每天收入的一部分或者一大半交给码头的帮会头头"夫头"或者"干事"——古时候,各个码头都由一些地方势力控制着,组成帮会,在那里干活必须得到他们的允许。除了要交一部分钱给码头的"夫头""干事"们,平时,还要缴纳一些杂费,无偿替夫头、干事劳动;逢年过节、婚丧嫁娶、搬家盖房,还要送钱送物。一年到头,能省下来的钱就十分有限了。街边屋檐下或者山脚下的自然岩洞里,往往就是码头工人和无家可归者留宿的地方。

不过,朝天门码头的"力夫"们每天干的都是重体力活,背负或肩挑着几十斤、上百斤的货物上坡过坎，天天饿着肚子怎么能行？但又没那么多钱买吃的，怎么办呢？他们往往会在劳动间隙，到临近码头的菜市场上，用极低的价钱买些（或者捡拾一些弃之不用的）猪、牛、羊的下水，再买些（或者捡拾些）不太好的碎菜叶子、白菜帮子、烂辣椒等；然后，在码头上或者江边岩洞里，几个人合伙，支起铁锅，把那些洗干净的下水、菜叶子，加些辣椒合在一起炖煮，等一锅杂碎汤炖煮好了，几个人围在一起，就着黑窝头吃起来。这种吃法，简简单单，热气腾腾，暖暖和和，再一起聊着天，说着码头上的事，快快活活，既恢复了体力，又加强了彼此之间的交流。这可能就是最早的重庆火锅，非常类似于夹杂着辣椒和菜叶子的肚肺汤之类的杂碎锅。

码头工人吃的杂碎锅仅仅是为了温饱、不挨饿而已，不是为了享受，怎么省钱怎么做。所以，最初的火锅可能是码头工人（或者船工、纤夫，因为他们的生活跟码头工人类似）的一种吃食。当然，关于火锅的起源，有很多种不同的说法，这只是其中的一种可能。不过，这种可能也得到了很多重庆本地文化学者（比如曾海龙先生）的认同。

本来是码头工人（或者船工、纤夫）吃的这种火锅经过有心人的改良，在重庆市内的大街小巷中开始经营。重庆曾流传着这样一则童谣：

街头小巷子，开个幺店子；
一张方桌子，中间挖洞子；
洞里生炉子，炉上摆锅子；
锅里熬汤子，食客动筷子；
或烫肉片子，或烫菜叶子；
吃上一肚子，香你一辈子。

——《重庆火锅童谣》

慢慢地，火锅的汤讲究了，菜讲究了，环境也改变了，吃饭的心情也不一样了。火锅逐渐从码头文化演变为庙堂文化，登上了大雅之堂，成为一种高雅的吃食。唯一不变的，是当年码头工人吃火锅的那种和谐氛围。

后来，到了抗日战争时期，重庆成了陪都，像郭沫若、夏衍、胡绳、于伶等大量社会活动家来到重庆，也都喜欢品尝火锅。比如，1941年年底，郭沫若过50大寿（郭沫若生于1892年，是按虚岁过的寿辰），用什么方式庆寿呢？当然是火锅宴。寿辰当天，郭沫若特意在重庆的天官府（重庆渝中区七星岗郭沫若旧居）备下火锅宴。当时，避难重庆的一些知名人物，如著名作家夏衍、著名历史学家胡绳、戏剧界名流于伶等都来到天官府为郭沫若先生祝寿，成为重庆的一段佳话。

抗战胜利后，这些人重新回到内地，艰苦岁月里火锅香喷喷的滋味始终难以忘记，重庆火锅的名声也因此逐渐传扬开去。重庆火锅从像朝天门码头这样的大码头走出去，风靡全国，甚至走向了世界，成为重庆的一张文化名片。直到今天，到朝天门游玩的时候，还可以在几家品牌店（小天鹅、秦妈等）那里品尝到最正宗的重庆火锅。

所以，我们说，正是码头上这些"力夫"的辛勤付出，才使重庆朝天门码头活跃起来，货畅其流，人畅其通。这样，年复一年，南来北往、东去西至的客货穿行于此，繁荣了城市经济，增进了文化交流。还有资料记载，这些码头工人虽然来自社会底层，但他们却深明大义，有爱国情怀。抗日战争时期、大轰炸期间，他们往往无偿劳动，一分工钱不取，帮忙转移物资、支援前线，表现出极大的爱国热情，为抗战的胜利贡献了力量。

三、苏轼惊险过三峡

毫无疑问，朝天门码头的繁荣是来来往往的船只带来的。今天，很多朋友从朝天门码头乘坐油轮游三峡，风平浪静，景色秀丽，心情愉悦，根本感觉不到什么凶险。但是，古时候，可完全不是这样，每一艘在朝天门码头离岸或者靠岸的船只都可能经历过川江行船的凶险。

所谓川江，是指从四川宜宾到湖北宜昌的这段长江，有1000多公里，因为主要在老四川境内流过，所以叫川江。巴蜀境内，重峦叠嶂，陆路交通极其不便。所以，川江就是大西南的云南、贵州、四川和重庆人员来往、货物流通的黄金水道，水上运输十分繁忙。尤其是从重庆到宜昌的这段江，有600多公里，在三峡大坝建成前落差有120多米。经过三峡时，水流十分湍急，江中险滩密布，礁石林立，被船工们看作"鬼门关"，古人有"天下之险，莫险于峡江"的说法。当年"三苏"一家就曾经亲身经历过这样的凶险，闯过三峡鬼门关。

北宋仁宗嘉祐四年（1059年），苏轼和父亲苏洵、弟弟苏辙，带着他们的家人从家乡四川的眉山出发，租了一艘不大的木船，沿长江而下，举家搬迁至都城开封生活。在经过三峡的时候，苏轼留下了不少诗篇，其中既有描写三峡优美风景的，也有描述三峡凶险场景的。比如这样的一首诗：

扁舟转山曲，未至已先惊。
白浪横江起，槎牙似雪城。
……
区区舟上人，薄技安敢呈。
只应滩头庙，赖此牛酒盈。

——苏轼《新滩》

这首诗的名字叫《新滩》，很明显是苏轼通过新滩后留下的诗篇。新滩又名青滩，位于长江西陵峡中，是长江三峡中最大的险滩。水流湍急，江中有大量明礁、暗礁，船只经过这里要加倍小心，弄不好就会船毁人亡。苏轼一家人也应该知道新滩的凶险，所以在诗中说"未至已先惊"，还没到新滩呢，心里就已经有些惊慌了。而过新滩的时候又是什么情景呢？江心白浪横起，犬牙交错的白浪涌起来就像一座高大的雪城。这个时候，江中之舟显得十分渺小，驾驶木船的艄公加倍小心，把浑身解数都使了出来，这才安全过了新滩。这时候，天生乐观诙谐的苏轼又从惊惧中恢复了神情，用滩头小庙作为诗歌的结尾。说正是因为新滩的凶险，滩头的小庙才那么受人敬拜，上下新滩的旅客都虔诚地祈求神灵保佑，毫不吝惜地贡献祭品，这才使小庙的神仙有酒有肉。通过这首诗，苏轼把当年一家人过新滩的情景淋漓尽致地描述了出来。

其实，三峡之中，还有另外一处比新滩还凶险的地方，苏轼在诗中并没有提及。哪里呢？就是滟滪堆。

滟滪堆位于重庆奉节白帝城下的瞿塘峡口，又名犹豫石。意思就是船只走到这里，船工就会犹豫不决，到底是过呢还是不过？郦道元的《水经注》里引用当地的一则民谚说：

　　滟滪大如象，瞿唐不可上；滟滪大如马，瞿唐不可下。

——郦道元《水经注》

这则民谚什么意思呢？说滟滪堆很特殊，它正好位于瞿塘峡的江心峡口，秋冬枯水季节，显露出江心，好似一头大象横截江流。下水船可顺势而过，上水船则因为水位太低，极易触礁，故有"滟滪大如象，瞿塘不可上"之说。夏季洪水暴发，江水直奔滟滪堆，这时候的滟滪堆大部分浸入水下，若隐若现。行船下水，船如箭离弦，分毫之差，就会撞上滟滪堆，船毁人亡，这就是所谓的"滟滪大如马，瞿塘不可下"。因为这块巨石，不知有多少条船被打碎，多少船工葬身鱼腹。1959年，滟滪堆被炸除。这块巨石现在存放于重庆三峡博物馆。

当年，杜甫从成都行经三峡到长江中游时也在一首诗中提到了瞿塘峡：

中巴之东巴东山,江水开辟流其间。

白帝高为三峡镇,瞿塘险过百牢关。

——杜甫《夔州歌十绝句》(其一)

百牢关在汉中的汉江,两岸峭壁,水流其间,与瞿塘峡相似。而在杜甫眼里,瞿塘峡比百牢关还要险峻。当然,杜甫也会见识瞿塘峡的滟滪堆。但他当年是否乘舟经过瞿塘峡,历史上并没有确切记载,而苏轼一家则经过了瞿塘峡。不过,苏轼为什么没有在诗中提及这块滟滪堆呢?

我们注意到,当年苏轼一家是十月份从家乡出发,沿江而下的,正好是秋天,属于长江枯水季节,按照"滟滪大如象,瞿唐不可上"的民谚,苏轼一家的下水船是相对容易通过的。我个人认为,也许是这个原因,苏轼才没有对滟滪堆做过多的记载。

苏轼一家是顺流而下,那如果经三峡逆流而上,则更加艰苦。一只小小的木船,要由几十名纤夫用长长的绳子,一头拴在船上,一头套在肩上,在势如奔马的激流中逆流而上。在沿江岸边一步一步,躬身跋涉。

纵然如此危险、如此艰难,人们为了生活,就像苏轼一家,还是要照旧走三峡,不惜冒生命危险。而在这个过程中,除了把安危系之天命,全船人的安全都操在了一个艄公之手,他必须有极高的技巧、极丰富的经验,才能使船有惊无险,顺利通过。

所以,古时候,行经三峡的人在进入三峡之前,往往要焚香祈祷,希望神灵保佑平安;出了三峡,照样也要焚香谢神、感恩,庆祝一番。怎么庆祝呢?以美酒佳肴犒劳船夫,把他们当作救命恩人;同时,自己也要大快朵颐,一醉方休。回望"猿鸣三声泪沾裳"的三峡,仿佛刚刚过了鬼门关;一梦醒来,重新回到人间。

我想,当年从重庆出三峡闯天下的人,比如当年的苏轼、李白、陆游等,可能对人生也有了特殊的感悟,"鬼门关"都过了,还有什么困难不能克服,什么事情不能放下呢？他们的性格也比一般人多了一份旷达、乐观。

四、川江号子

20世纪80年代初期，峨眉电影制片厂拍摄了一部电影，叫《漩涡里的歌》，其中，有一首插曲《船工号子》随着这部电影的演出而流行起来，其中有几句歌词是这样的：

> 穿恶浪，踏险滩，船工一身都是胆。
> 闯旋涡，迎激流，水飞千里船似箭。
> 乘风破浪，奔大海，
> 齐心协力，把船扳。
> ……

——《船工号子》

这首歌激情豪迈，说是《船工号子》，又叫川江船工号子。歌唱的时候再加上一些"啰""呀""哟""嘛"等尾音，把川江行船的凶险和船工的机智勇敢描绘得淋漓尽致，听起来令人热血沸腾。川江船工号子又是如何形成的呢？

首先是行船鼓劲协调的需要。前面我们讲到，川江尤其在三峡行船时，极其凶险，苏轼一家都经历过。在没有机械动力船，只有木船的时代，沿江而下不容易，溯江而上更难，往往需要船工拉纤。甚至在过险滩时，还需要先把船上的货物卸下来，客船得让客人先下来，等空船过了滩，人货再重新上船。为了使船顺利过险滩，往往需要几十个人一齐用力拉纤，在号子声中鼓舞干劲，协调动作，步调一致，以保证船只稳步前行。换句话说，川江号子首先是劳动号子，是船工劳动的产物。这类号子流传到今天的有《拉纤号子》《逆水数板号子》《拉船歌》等。

其次是行船知识传承的需要。广义的川江号子包括长江上游干流及其支流嘉陵江、岷江、沱江、涪江、金沙江、乌江、渠江等地的号子。不同地域的民俗风情不同，不同水域的水情差别也很大，而船工们往往又没有接受过正规教育，甚至不识字。老船工、号子头们常年在川江行船，对于沿途风土人情、江水涨落、明礁暗礁、水文气象牢记于心，积累了丰富的社会和水文知识。为了让船工们了解沿线的风俗人情，保证行船的安全，于是，他们便把这些知识编成朗朗上口的号子歌曲，教船工、纤夫们喊唱，一代一代传承下去。这类号子流传到今天的有《跑江湖》《数滩》《数码头》等。还有一首《说重庆》专门提到了重庆的各处城门和码头：

四川省水码头要数重庆，开九门闭八门十七道门。
朝天门大码头迎官接圣，千厮门花包子雪白如银。
临江门开木厂树料齐整，通远门锣鼓响在埋死人。
南纪门菜篮子涌出涌进，金紫门恰对着镇台衙门。
储奇门卖药材治人疾病，太平门卖的是海味山珍。
东水门白鹤厅香火旺盛，正对着真武山古庙凉亭。

——聂元岚《中国歌谣集成（重庆市卷）》

前面我们讲到，戴鼎修建重庆府城时，沿长江开了6道城门，分别是朝天门、东水门、太平门、储奇门、金紫门、南纪门；沿嘉陵江开了2道城门，分别是千厮门、临江门。另外一道开门是渝中区七星岗上的通远门。上面这首《说重庆》把九道开门都提到了，而且说到了不同城门的不同特点，非常形象，朗朗上口，十分便于船工们记忆和学习。

再就是跟巴渝人能歌善舞的习俗有关。能歌善舞是巴渝人的传统，早在武王伐纣和楚汉争霸时期，巴渝人就展示了他们这方面的才华。对于很多船工而言，常年在川江行船，看惯了沿途景色，就会感觉枯燥乏味。于是，他们发挥传统优势，用号子歌来排遣沿途的寂寞，调剂心情，娱乐消遣，这成为川江号子产生的一个重要原因。这类号子有《十八扯》《桂姐修书》《八郎回营》等。比如这首号子：

> 喜洋洋，闹洋洋，大城有个孙三娘。
> 膝下无儿单有女，端端是个乖姑娘。
> 少爷公子她不爱，心中只有拉船郎。

——《川江号子》

这首号子虽然连名称也没有，却很受船工们的喜爱，成为川江流域船工、纤夫身心寂寞和疲惫时的调剂，也唱出了他们对爱情的向往。

当然，船工处于社会底层，他们的生活远远没有我们今天那么轻松和浪漫。"脚蹬石头手扒沙，风里雨里走天涯"，"衣无领裤无裆难把人见，生了病无人管死在沙滩"。我们从相关资料中甚至还发现，很多纤夫在拉纤的时候不穿衣服，裸露着身子。其中原因，一是因为纤夫贫穷，买不起衣服；二是夏天的时候，重庆和三峡地区天气热，是有名的火炉。还有一个重要原因是，怕一直用力，把裆磨破，这才是当年纤夫们生活的真实写照。

所以，这样来看，川江号子和诗经、唐诗、宋词的产生都是同样的道理。只不过，由于川江特殊的水上交通的需要，重庆先民才用更加激昂、高亢、响亮的号子代替了相对高雅的诗情画意的诗词，用十分质朴的民间歌唱的形式表达出来，回荡在千里川江，沉淀为长江永恒的记忆，成为长江的魂魄与精神象征。

码头是船工、纤夫的启航地，也是他们的终点，是他们上岸回家的地方。如果说长江及其支流是一个巨大的交通网络系统，那么，一座座像朝天门这样的码头就是这个交通网络的一处处驿站，连接了长江沿岸无数的城市和乡村，使货畅其流，人畅其通。所以，如果没有像朝天门等码头，也许就没有今天的重庆。再进一步讲，重庆文化的本底应该是以朝天门为代表的码头文化。

我个人觉得,重庆的码头文化有这么几个突出的特点。

一是能干。重庆码头工人也好,遍布山城的"棒棒军"也好,每天都要背负、肩挑几十斤、上百斤的货物,上山下坡,不能干行吗?都是铁腰板、硬汉子。女人也没闲着,甚至"女人当成男人用",也都有把子力气。再不济,摆个地摊,开个饭馆,补贴一下家用。有个统计数字很有意思,2019年,在全国注册的个体工商企业的法人代表中,女性平均只占17%左右;重庆则不然,占了30%左右,远远超出全国的平均数,商界女老板比比皆是。

二是敢闯。古时候在川江行船充满了凶险,甚至随时都有生命危险,但重庆没有那么多良田供你耕种,你不闯川江能行吗?这就养成了重庆人的敢闯精神,迎难而上,踏浪向前。

三是热情。做生意讲求和气生财,来的都是客,不管西和东。所以,久而久之,重庆人养成了耿直爽快、热情好客的待客之道,就像热气腾腾的火锅。

四是和谐。重庆人一辈子都在和大山、川江打交道,无论在山里、码头还是在川江行船,都需要认识自然、观察自然、利用自然,同时,更需要敬畏自然。这样,人与山水才能共荣共生。而今,重庆的市容市貌不就是山水共生、自然与人类和谐共存的典范吗!我觉得,这就是一座座像朝天门这样的码头带给山城重庆的文化瑰宝。

第十五章

巴山夜雨

城市文化自测题

1. "阳春白雪"和"下里巴人"的典故发生在_____。

    A. 蜀国都城成都　　B. 巴国都城江州　　C. 楚国都城郢都　　D. 吴国都城姑苏

2. 以下关于李商隐《夜雨寄北》的描述，不正确的是_____。

    A. 可能是他寄给妻子的一首诗　　　　B. 留下了"心有灵犀"的典故

    C. 在巴山的某地创作的　　　　　　　D. 遇到秋雨时创作的

3. 以下诗词名句中不属于李商隐创作的是_____。

    A. 曾经沧海难为水，除却巫山不是云　　B. 相见时难别亦难，东风无力百花残

    C. 身无彩凤双飞翼，心有灵犀一点通　　D. 春心莫共花争发，一寸相思一寸灰

4. 高罗佩是抗日战争时期寓居重庆的一位外交家、汉学家，他的国籍是_____。

    A. 美国　　　　　　B. 英国　　　　　　C. 法国　　　　　　D. 荷兰

5. 以下关于高罗佩的描述，不正确的是_____。

   A. 他非常喜欢李白的诗歌　　　　　　B. 他非常喜欢中国古琴

   C. 他在重庆去世　　　　　　　　　　D. 他写了一部小说《狄公案》

参考答案

1.C　2.B　3.A　4.D　5.C

城市诗篇

夜雨寄北

李商隐

君问归期未有期,巴山夜雨涨秋池。

何当共剪西窗烛,却话巴山夜雨时。

[注]我国是一个诗歌的国度,很多长江城市往往因为某些诗词名篇而知名。比如,说到扬州,人们往往会联想到"故人西辞黄鹤楼,烟花三月下扬州"(李白《送孟浩然之广陵》);说到苏州,人们往往会联想到"姑苏城外寒山寺,夜半钟声到客船"(张继《枫桥夜泊》);等等,诗词名篇和城市相得益彰。这种例子还有很多,那说到重庆,哪一首诗歌会和这座城市联系起来呢?在我看来,恐怕要数李商隐的《夜雨寄北》了。这首诗虽然只有短短28个字,却营造了"巴山夜雨""剪烛西窗"等美妙意境,成为唐诗的典范,令人回味无穷。

古代有很多诗词大家比如李白、杜甫、白居易、刘禹锡、李商隐以及黄庭坚、陆游等都曾经经行或在重庆停留,留下过不少作品。但要说哪一位诗人的哪一部作品最能代表重庆,也最能够被重庆人所接受,恐怕还要数李商隐的《夜雨寄北》:

君问归期未有期,巴山夜雨涨秋池。

何当共剪西窗烛,却话巴山夜雨时。

——李商隐《夜雨寄北》

你问我什么时候回家,我也不能确定归期;今晚巴山下着大雨,雨水已涨满池子。我们何时能够重新相聚?共坐西窗之下,剪去烛花,彻夜畅谈。这首诗缠绵悱恻、情深意长,世代流传,至今读来仍能引起强烈的共鸣。

那么,重庆这座美丽的山城是怎样和"巴山夜雨"的美妙意境联系在一起的呢?

一、阳春白雪与下里巴人

一座城市就像一个人,有它的过去、现在和未来。在不同的发展阶段,城市在变,对外的形象也在变。

重庆早期的对外形象是什么呢?前面我们讲过巴蛇吞象的故事,说明那个地区山水纵横,人烟稀少。先秦时期,在长江中下游的楚国还流传着这样一个故事,形象地说明了早期重庆给人留下的印象。

战国晚期,在楚国的都城郢(今湖北荆州纪南城,亦说湖北钟祥市),楚王(顷襄王)召见楚国的大臣宋玉。为什么要特意召见宋玉呢?宋玉是一位和屈原一样非常耿直的官员,楚王平时很信任他,但最近一段时间,经常有人在楚王跟前状告宋玉,楚王对宋玉产生了怀疑。所以,这才专门召见他,问个究竟。

知道楚王召见自己的缘由后,宋玉并没有马上回答楚王的问题,而是给楚王讲了这样一个事。说有一位行吟歌者(就像今天的流浪歌手)在楚国的都城郢唱歌,当他开始唱楚国最流行的两首民歌《下里》和《巴人》的时候,围观的人中足有几千人跟着他唱;接下来,这位歌手唱起比较高深的《阳阿》和《薤露》,跟着唱的就只有几百人了;再后来,当这位歌手唱起更加高雅的《阳春》和《白雪》,能够跟着他演唱的仅剩下几十个人了。最后,当歌者唱难度更高的雅乐的时候,能跟着他一块唱的就只有几个人了。讲完这个故事,宋玉话锋一转,说道:"唱歌是这样,一个人的行为也是这样,志向远大、行为高尚的人,往往不会被人理解。别人在大王您跟前对我说长道短也类似这种情况。"楚王听了宋玉的话,觉得很有道理,就没有再追究宋玉的过错。

大家熟悉的阳春白雪、下里巴人、曲高和寡等典故就是由此得来的。下里巴人代表了通俗易懂的艺术作品,属于百姓熟悉的底层文化;而阳春白雪代表了高雅的艺术作品,属于较高层次的文化艺术。

透过这个典故,说明了什么呢?

首先表明,在两千多年前的战国晚期,通过长江,重庆地区跟中下游的楚国之间有着一定程度的交往,两国之间对彼此的文化有一定的了解。楚国对巴人、巴文化不陌生;反过来,巴人对楚人、楚文化也有一定的认识。否则,我们就无法解释为什么反映巴文化的《巴人》这首歌曲能在楚国都城流行,唱和者达到几千人。

与此同时,也说明那个时候,巴国所辖区域的开发仍然很有限,人民相对质朴、淳厚。因此,楚国人才把巴人看作下里人(就像今天的乡下人、乡野人)。这种情况,即使经过了上千年,到了唐朝的时候,出现了什么情况呢?

有不少诗人都曾经在今重庆辖区游历过,或者在那里做过官,他们对重庆的描述往往集中在山水上面,陶醉于重庆的自然之美。比如,大诗人李白曾有这样一首诗:

峨眉山月半轮秋,影入平羌江水流。
夜发清溪向三峡,思君不见下渝州。

——李白《峨眉山月歌》

这是一首很轻松、明快的诗篇,是青年时期的李白(25岁)"仗剑去国,辞亲远游"时的作品之一,诗中的"渝州"就是重庆。除了这首诗,李白还作过10多首有关巴渝的诗歌,包括有名的《早发白帝城》"朝辞白帝彩云间,千里江陵一日还;两岸猿声啼不住,轻舟已过万重山",极力赞美重庆山川的秀丽、风景的优美以及长江交通的便利。

无独有偶,根据历史记载,唐朝有名的诗人中到过重庆地区,或者在重庆做过地方官的还有不少,比如杜甫、刘禹锡、元稹等,留下的诗歌名篇也不少,比如杜甫的《登高》:

风急天高猿啸哀,渚清沙白鸟飞回。
无边落木萧萧下,不尽长江滚滚来。

——杜甫《登高》

这是杜甫在经过长江三峡时的作品。

刘禹锡的《柳枝词》:

杨柳青青江水平,闻郎岸上踏歌声。
东边日出西边雨,道是无晴却有晴。

——刘禹锡《竹枝词》

这是刘禹锡在夔州(今重庆奉节)做刺史时的作品。

还比如元稹的《离思》:

曾经沧海难为水,除却巫山不是云。
取次花丛懒回顾,半缘修道半缘君。

——元稹《离思五首》(其四)

这是描写巫山的作品,等等。这些作品都成为重庆山水以及长江美好的记录,传颂后世。

李商隐创作《夜雨寄北》一诗也有相似的背景和韵味。

二、"巴山夜雨"与"剪烛西窗"

　　李商隐的《夜雨寄北》是唐诗中的典范，甚至被选入教科书中，世代流传。这首诗还为我们留下了"巴山夜雨"和"剪烛西窗"两个典故，而这两个典故背后的故事都与重庆有不解之缘。

　　我们先来说说"巴山夜雨"这个典故。《夜雨寄北》的前两句说"君问归期未有期，巴山夜雨涨秋池"。应该是有人寄来了信，询问李商隐（约813—859年）回家的时间。而这个时候，正好李商隐走到了巴山，当时，正下着绵绵秋雨，池塘都已经满了，回乡的路也受到了阻碍。李商隐没有正面回答，或者说不清楚回家的具体时间，只好用"巴山夜雨涨秋池"作答。这两句诗，一问一答，好像两人隔空对话，加上雨夜、秋池，描述了巴山的意境之美，显得空灵、静谧，给人以无限遐想的空间。那么，李商隐当年为什么会到巴山？又是如何遇见"巴山夜雨"的呢？

　　李商隐（字义山，怀州河内，今河南焦作人）是晚唐著名诗人，和杜牧被当时诗坛称为"小李杜"（李白、杜甫是"大李杜"）。科举入仕后，他曾经有两次入巴蜀的经历，有机会近距离接触巴山，遇见"巴山夜雨"情景。第一次，唐宣宗大中元年（847年），李商隐从长安远赴广西桂林，做了桂州刺史、桂管观察使郑亚的幕僚（掌书记）。仅过了一年，郑亚调任循州（今广东惠州）任职，幕僚解散。大中二年（848年），李商隐不得不返回长安家中。就在这年秋天，途经巴山地区（可能曾在重庆奉节等地停留），当时，秋雨绵绵不断，涨满了池塘，阻挡了回家路，李商隐不得不滞留于此。这是一次。

　　还有一次，唐宣宗大中五年（851年），柳仲郢做了梓州刺史、剑南东川节度（治所在今四川三台县），剑南东川节度使管辖的范围包括了今四川东部和重庆市辖区。柳仲郢力邀李商隐入幕，李商隐接受了邀请，就任东川节度使掌书记（亦说判官），再次离开长安，来到了巴蜀。李商隐在东川节度使幕府一直任职有将近五年的时间（851—856年），还亲自到过重庆城区附近，留下了这样一首诗：

> 巴江可惜柳，柳色绿侵江。
> 好向金銮殿，移阴入绮窗。
>
> ——李商隐《巴江柳》

这首诗是当年李商隐受节度使柳仲郢的委派，到重庆（渝州）边界迎送一位贵客时留下的。当时，剑南西川节度使杜悰从成都出发，走长江水路到扬州（淮南节度使治所）。走水路当然要经过东川节度使辖地，柳仲郢因公务无法走开，就派李商隐到重庆（渝州）去迎接那位杜大人，并在那里给杜大人饯行，留下了《巴江柳》这首十分清新明快的作品。

根据现代气象学家的研究，在重庆地区，秋天的时候，还真的经常夜间下雨，而且，下在凌晨的居多，这是重庆自然气候方面的一个特点。所以，这两次巴蜀经历，都使李商隐有机会近距离亲近巴山，并亲身体验"巴山夜雨"的景致和韵味。

如果说"巴山夜雨"活灵活现地再现了重庆的自然山水之美，那么，"剪烛西窗"则为后人营造了怀乡之情、思念之美。"剪烛西窗"这个典故来自于"何当共剪西窗烛"这句话，那时候没有电灯，家里往往点蜡烛照明，剪烛是把烛芯上的黑灰剪掉，让烛光更明亮一些。古代中原建筑窗多朝西，而西部、西北部也往往是战事多发的地方，所以，西窗往往寄托了亲人的离别和思念之苦。东窗则有另外的意蕴，常常用作"东窗事发"。那么，李商隐"剪烛西窗"的对象，也是"君问归期未有期"的"君"可能会是谁呢？

根据历史记载，李商隐很有才华，科举入仕后，得到了一位朝廷高官（泾原节度使王茂元）的青睐，把自己的姑娘王晏媄嫁给了李商隐。王氏属于大家闺秀，知书达礼。而李商隐这一生，写了很多和爱情有关的诗篇，一些诗篇至今还在广为流传，比如他的几首无题诗：

> 相见时难别亦难，东风无力百花残。
> 春蚕到死丝方尽，蜡炬成灰泪始干。
> ——李商隐《无题·相见时难别亦难》

> 昨夜星辰昨夜风，画楼西畔桂堂东。
> 身无彩凤双飞翼，心有灵犀一点通。
> ——李商隐《无题·昨夜星辰昨夜风》

> 飒飒东风细雨来，芙蓉塘外有轻雷。
> ……
> 春心莫共花争发，一寸相思一寸灰。
> ——李商隐《无题·飒飒东风细雨来》

其中的名句"相见时难别难，东风无力百花残""身无彩凤双飞翼，心有灵犀一点通""春心莫共花争发，一寸相思一寸灰"都饱含深情，缠绵悱恻，让人难忘。从这些诗作我们推测，李商隐与妻子王氏的感情的确很深，亲历过刻骨铭心的爱；自己做官经常不在长安，尝到过离别的相思之苦。

所以，《夜雨寄北》这首诗也应该属于这一类作品。当时，李商隐因为宦游，滞留在巴山。而在此之前，李商隐就收到了妻子寄来询问自己归期的家信，所以，以诗作答，写下了"君问归期未有期，巴山夜雨涨秋池"，很难说什么时候到家，因为写这封信的时候，巴山还下着绵绵的秋雨，涨满了池塘。接着写道"何当共剪西窗烛，却话巴山夜雨时"，我多么希望赶快回到家里，和你共坐西窗之下，剪掉烛花，让烛火更明亮一些，共话"巴山夜雨"的相思之苦。他用生花的妙笔把对妻子的思念、离别之苦等感情体验外化为流传千古的思乡和爱情诗篇。

因为李商隐生活在一千多年以前的唐朝，加上文献记载的不足，今天，我们很难确定李商隐到底是在哪一年、在巴山的什么地方创作了《夜雨寄北》这首优美的诗歌。不过，今天，在重庆渝中区老城西的佛图关，有一座寺院，叫夜雨寺。这座寺院建于明清时期，是后人根据李商隐的诗歌建立的。寺内还有秋池、夜雨石、夜雨阁等遗迹。这就是说，在重庆人的心目中，早已经把《夜雨寄北》留在了重庆，把"巴山夜雨"的美妙意境和重庆的自然之美紧紧地融合在了一起。

三、天风琴社里的外国人

《夜雨寄北》表现了李商隐作为一位游宦者在重庆思念远方亲人的强烈情感。而下面这首诗则反映了一个人在异地对重庆生活的追忆，以及对重庆深厚文化的美好感怀。请大家看下面这首诗：

> 漫逐浮云到此乡，故人邂逅得传觞。
> 巴渝旧事君应忆，潭水深情我未忘。
> 宦绩敢云希陆贾，游踪聊喜继玄奘。
> 匆匆聚首匆匆别，便泛沧浪万里长。

乍一读，大家可能感觉这首诗比李商隐、李白、杜甫的诗差点韵味。但通篇合辙押韵，用典恰当，不失为一首好诗。这首诗是谁写的呢？是一位外国人。什么样的外国人能作出如此具有中国传统文化韵味的诗篇？什么样的巴渝旧事让他如此感怀呢？

这个人的名字叫高罗佩（1910—1967年，英文名字为 Robert Hans van Gulik，罗伯特·汉斯·范·古利克），是一位荷兰人，高罗佩是他给自己起的中文名字。小时候，他家里面有一只中国花瓶，那上面的中国字、中国绘画令他着迷，从那个时候开始，他对中国文化产生了浓厚兴趣，一生都痴迷于中国文化，用毕生精力研究中国文化，成为世界著名的汉学家。很多外国人对中国文化的了解要么是懂中国文字，不会说中国话；要么是会说中文，但不能熟读中国的书，不能用中文写作。但高罗佩不同，他不仅会说一口流利的中国话，还精通中国文字，懂10种语言，能熟读中国的古典文献。对中国古典诗词、书画等有很深的研究，上面那首诗就是他创作的一首七律。上面这首诗中，他提到了重庆的旧称巴、渝，提到了古代的名人陆贾、玄奘，没有一定的中国传统文化知识，很难作出如此"中国"的诗篇。"巴渝旧事"几个字提示我们，此诗与重庆有关，是高罗佩与故人邂逅时追忆重庆生活时的作品。

那么，高罗佩怎么会来到重庆的呢？

高罗佩是一位外交家，在世界很多国家（日本、新加坡、美国等）做过外交官，抗日战争时期（1943年）来到重庆，身份是荷兰流亡政府驻中国大使馆的一秘。大家知道，重庆是抗战时期中国的临时首都，是当时中国的政治、经济和文化中心。为了躲避战乱，我国中东部地区的高等学校大量西迁，迁入重庆的大学达30多所，比如南京大学（当时国民政府的中央大学）、复旦大学、上海交通大学等。还有大量的文人知识分子、作家、戏剧家、史学家，像老舍、茅盾、曹禺、郭沫若等，也都避难来到重庆。大家知道，人是文化的载体，大量有识之士、文化精英的迁入，迅速改变了重庆的文化面貌，使它成为那一时期中国文化的绝对中心。就是在这里，高罗佩遇到了多年以前的中国朋友徐文镜，并写下了上面那首诗。

能够有机会近距离接触如此多的文化名人，高罗佩兴奋不已。他走茶馆、逛商场，与当地人聊天，读古书，利用一切机会加深自己对中国文化的了解和认知。了解了巴渝历史后，他十分喜爱李白的《早发白帝城》，喜欢到什么地步呢？为了体验"两岸猿声啼不住，轻舟已过万重山"的感觉，他竟然在自己家里养了一只长臂猿，听猿的叫声，寻找"两岸猿声啼不住"的猿啼到底怎么个啼法。后来，他还专门研究长臂猿，写了一本专著《长臂猿考》。

不过，高罗佩在重庆花费时间最长、投入精力最多的一件事是什么呢？是对中国古琴文化的研究。

琴棋书画是中国传统文化的代表和精髓。其中，棋很多人都能下两下子，书法入门也不难，绘画也是很多人的业余爱好，唯独这个琴，特别是古琴艺术，能够熟练掌握并懂欣赏的人不多。当年，发生在俞伯牙和钟子期之间的《高山流水》的故事也说明了这个道理，能找到一位知音并不容易。况且，经过数千年的发展，越到后来，古琴的影响越小，在近代，西方钢琴进入中国后，很多孩子转而学习钢琴，古琴的市场就更小了，能弹古琴和欣赏古琴的人也越来越少。高罗佩深知这个道理。所以，他特别喜欢中国古琴，对《高山流水》百听不厌，在他眼里，这才是中国文化最精髓的艺术呈现方式。

为了学好古琴，在来到重庆之前（1936年），他曾经专程慕名来到北京，拜在晚清古琴大师叶诗梦（叶赫那拉氏的后代，晚清著名的古琴大师）门下，成为叶诗梦登堂入室的正式弟子，学习古琴技艺。

抗日战争时期，高罗佩来到重庆后，参加了有名的民间古琴社团"天风琴社"（地址在今渝中区湖广会馆天风古琴院）。这个古琴社团是由两位古琴大师发起的，一位是因躲避日军从南京迁到重庆的徐元白先生，他曾经追随孙中山先生北伐，后来在南京成立了"清溪琴社"，带着自己心爱的古琴，沿长江来到重庆；另一位是重庆本地的古琴世家杨少五先生，家里藏有唐、宋、元、明数十把古琴，在重庆颇有名望。徐元白来到重庆后，亲自拜访杨少五先生，并开始筹建天风琴社，传授古琴技艺。在两位老先生看来，越是国难当头，越是需要传承和保留中国的传统文化和技艺，只要中国文化的精髓不会消失，国家就能在废墟上重建起来，民族复兴大业也会重拾信心。一句话，就是要以琴声琴艺传承好中国文化传统。

天风琴社成立后，在重庆引起很大反响，冯玉祥、于右任等社会名流都加入了琴社组织，频繁光临琴社，而高罗佩是唯一一位获准加入琴社的外国人。

他之所以被批准加入，不仅因为他会弹古琴，还因为他有独门绝技，能为琴社灌制唱片。加入琴社后，高罗佩得以有机会跟随徐元白、杨少五等先生研习古琴，古琴技艺获得了很大进步。

高罗佩在重庆期间，汉学水平达到了巅峰。中国传统文人所必备的"琴棋书画""诗词歌赋"他样样都能，他也成为那个时代西方世界为数不多的精通中国传统文化的著名汉学家。多少个夜晚，他一面听着"巴山夜雨"，一面深情地演奏着"阳春白雪"式的《高山流水》。

美丽的山城，深厚的中国文化，仿佛让这位外国人暂时忘却了抗日战争带给他的颠沛流离之苦。高罗佩在其自传中回忆道：

> 重庆是一座灰蒙蒙的城市，因为日本空军把它炸平了几次，到处是破烂房屋。但它依然充满欢乐，来自各地的中外人士，因为共同的苦难和危险来到这里。
>
> ——《高罗佩自传》

在高罗佩潜心学习中国古琴技艺的过程中，还有一个人要提，就是徐文镜。他是徐元白的弟弟，著名书画篆刻家，同时也是一位古琴大师。抗战爆发后，他也来到重庆。因为书画篆刻功底很深，所以，他与居住在重庆的张大千、齐白石、傅抱石、董作宾、沈尹默等书画艺术名流交往很多。同时，他又与一些精通印刻的文人共同发起成立了印学团体——巴社。所以，他平时参与天心琴社的活动少一些。不过，在此期间，高罗佩因为与徐元白交往很密切，逐渐与徐文镜先生的往来也多了起来，跟徐文镜学琴的同时，他也研习书画印刻，与徐文镜结下了深厚的师生之谊。抗战胜利后，徐文镜寓居香港，继续在香港传播书画和古琴文化。1951年，高罗佩来到香港，与徐文镜先生不期而遇。他设宴邀请徐文镜先生，席间，两人回忆起抗战时期在重庆的生活情景，高罗佩作七律一首，深情吟诵"巴渝旧事君应忆，潭水深情我未忘"，成为中荷文化交流史上的一段佳话。

四、"剪烛西窗"的高罗佩

自从李商隐创作《夜雨寄北》之后,"剪烛西窗"便成为中国人对爱人相聚、亲人团聚的美好期盼和表达方式。高罗佩到了重庆后,也十分喜欢李商隐的这首诗和诗中呈现的美妙意境。但他怎么也不会想到,自己竟然能在重庆,像一个中国人那样把"剪烛西窗"变为现实,和自己相爱的一位中国女子成就了一生的美满姻缘。

高罗佩爱上的这位姑娘叫水世芳。这个人的身份很不简单,她的外祖父是清朝末年朝廷重臣张之洞,和曾国藩、李鸿章这些大人物齐名,而且是洋务运动的一位领袖,所以,水世芳应该有良好的家族基因。她的父亲也不简单,做过中国政府驻苏联的外交官,后来担任过天津市的市长。所以,水世芳有条件从小接受良好的教育。她在北京读女子中学,后来在齐鲁大学就读,精通英语、西班牙以及荷兰语。抗日战争时期,为躲避战乱也来到了重庆。正好高罗佩的荷兰驻重庆大使馆招聘秘书,水世芳凭借良好的语言才能和出众的外貌以及杰出的沟通能力顺利获聘(社会事务部)。因为工作关系,高罗佩频繁接触水世芳,并请水世芳给他补习中文。在此过程中,高罗佩深深爱上了水世芳。在高罗佩看来,名门之后的水世芳就是最典型、最完美,没有一点瑕疵的中国女性。于是,他开始对水世芳展开疯狂追求。在水世芳眼里,高罗佩虽然是个外国人,却精通中文和中国文化,懂得东方礼仪,和他沟通起来没有任何障碍,就像一位风度翩翩的中国男人。所以,她接受了高罗佩的求婚,两人于1943年按照中国传统方式在重庆举行了婚礼,圆了"剪烛西窗"的美梦。

高罗佩在重庆度过了三年多的时间(1943年3月至1946年4月)。1946年和水世芳一起离开重庆回到荷兰(阿姆斯特丹)生活。据回忆,高罗佩一生都保持了对中国文化的热爱,几乎每天都要练习书法、弹奏古琴。两人经常在西窗(那是真正的西窗,西方社会之窗)之下,研读中国古书,而且,高罗佩创作的一部中国古典小说,还曾经风靡西方、风靡中国。

很多年轻的朋友都是狄仁杰迷,大家熟悉的《大唐狄公案》(或《狄公案》)就是首先出自高罗佩之手。他在重庆时读到了清代的公案小说《武则天四大奇案》,被主人公狄仁杰屡破奇案的本领所吸引。当时,在西方社会,福尔摩斯探案的故事已经很流行,但在高罗佩看来,中国的狄仁杰判案的本领丝毫不亚于福尔摩斯,况且,狄仁杰是一千多年前的一个人。于是,他就开始把部分经过加工的狄仁杰断案故事《铜钟案》《黄金案》等用英文形式、用现代侦探小说的写法发表在西方报刊上,深受西方读者喜欢,把狄仁杰称为中国的福尔摩斯。从此之后,他一发不可收拾。回国之后,他把狄仁杰的所有断案故事结集出版,成为"狄仁杰系列大全",即《大唐狄公案》。高罗佩凭借自己深厚的中国文化修养,在书中涉及了唐代政治、军事、外交、工商、民俗、饮食、宗教、社会生活等方方面面,简直就是中国传统文化的教科书,这本书被译成多种文字,风靡全球,成为世界汉学史上的一座里程碑。

后来,在2010年,高罗佩的外孙女高若兰受邀来到重庆,重庆(中国三峡博物馆)也曾派人到荷兰阿姆斯特丹,考察当年高罗佩生活的地方。高若兰陆续捐赠了高罗佩生前的一些遗物,如文房用品,他钟爱的古琴,书法作品、木制家具、瓷器、字画、古玩、《大唐狄公案》等出版物以及一些珍贵的图片等100多件(套)文物,至今还保留在重庆中国三峡博物馆里,成为中荷两国文化交流的重要见证。

总结起来,我们如何看待重庆城市文化的发展呢?

第一,重庆这座城市的发展是跳跃式的。在李商隐创作《夜雨寄北》那个时代,也就是唐代之前,重庆城市的发展是相对滞后的,不如成都、荆州、扬州这些长江中下游的城市。但到了后来,特别是近现代,重庆开辟为通商口岸以及抗日战争时期重庆成为战时首都的时期,重庆开始跳跃式地向前发展,迅速成为西南地区的政治、经济和文化中心,开放的前沿,开风气之先,引领西南地区文化发展的方向,也成为像高罗佩这样的外国人了解中国、吸取中国传统文化精华的最好的地方。当然，这主要得益于通过长江水系，重庆跟中下游的武汉、南京以及上海的密切联系。

第二，反映出当时重庆重要的文化地位。随着重庆成为抗战时期的陪都，政治和军事中心地位的确立，它的文化地位也快速提升。抗战时期，我国中东部地区的高等学校大量西迁，迁入重庆的大学达到38所，其中就包括像南京大学（当时国民政府的中央大学）、复旦大学、上海交通大学等。还有大量的文人知识分子、作家、戏剧家、史学家，像老舍、茅盾、曹禺、郭沫若等，也都避难来到重庆。人是文化的载体，大量有识之士、文化精英的迁入，对于改变重庆早期文化落后的面貌，形成更加开放、包容的文化体系提供了绝佳的条件。如果说早期的山地文化、码头文化属于下里巴人式的文化，那么，高罗佩苦苦追求的古琴不就是阳春白雪式的文化吗？这就使重庆的文化显得丰富多彩、卓尔不群。相信到过重庆的朋友都会有这种感触。

我觉得还有第三个方面，文化的不断交流是保持城市生命力的源泉。重庆是一座典型的移民城市，不同地域文化、中外文化在这里交流融合，下里巴人和阳春白雪的典故是巴文化与楚文化交流的产物，而历史上，巴文化和蜀文化之间的交流更加密切，从来没有断绝过。高罗佩在重庆的经历既说明重庆在鸦片战争之后开埠通商，主动汲取西方文化，学习西方的工业化和先进的城市管理经验；另一方面，重庆成为中国传统文化的代表，西方人也开始来重庆学习中国传统文化的精华，像中国的琴棋书画、中国的儒家思想、狄仁杰的传奇故事等，来丰富他们的精神世界。这更进一步说明，文化因交流而多彩，文化因互鉴而丰富这个道理。同时，透过这个故事，我们也应该增强中国人对传统文化的自觉和自信。

所以，今天，我们再说起这个"巴山夜雨"，除了当年李商隐在诗中为我们呈现的自然美景，对远方亲人的思念之情外，更给人一种美妙的、诗意的体验，想象着"共剪西窗烛"，共话"巴山夜雨"，享受现代社会说走就走的旅行，享受幸福生活的快乐。

第十七章

我住长江头

城市文化自测题

1. "我住长江头,君住长江尾"(《卜算子·我住长江头》)的作者是_____。

   A. 李煜　　　　B. 李之仪　　　　C. 李清照　　　　D. 李纲

2. 地理学家郦道元的《水经注·三峡》生动描写了三峡风光,郦道元是_____。

   A. 西晋人　　　B. 北魏人　　　　C. 南朝齐人　　　D. 南朝梁人

3. 北京故宫的柱、梁大都使用了珍贵的楠木,这些楠木可能产自_____(地区)。

   A. 北京西山　　B. 秦岭山区　　　C. 大别山区　　　D. 云贵山区

4. 清朝末年,麻乡约在重庆开办了私营企业"大帮信轿行",其业务不包括_____。

   A. 长途轿务服务　B. 轮船客运服务　C. 信件邮递服务　D. 货物快递服务

5. 长征途中留下了刘伯承元帅与彝族首领小叶丹在彝海（高山湖泊）结誓的佳话，二人结盟的彝海位于_____。

A. 四川　　　　B. 贵州　　　　C. 云南　　　　D. 甘肃

参考答案

1.B　2.B　3.D　4.B　5.A

尾章诗篇

卜算子·我住长江头

李之仪

我住长江头，君住长江尾。

日日思君不见君，共饮长江水。

此水几时休，此恨何时已。

只愿君心似我心，定不负相思意。

[注]长江上游（或者说长江之头）纯净、美丽、遥远、迷人，引起人们的无限向往，古人也留下了大量诗词来赞美长江之头。其中，宋代词人李之仪《卜算子·我住长江头》流传很广，算是其中的代表作之一。这首词语言朴实，明白易懂，但却寓意深刻，感情真挚，成为千古传诵的佳作。

前面，我们谈了玉树、丽江、遵义、成都、重庆等文化名城，它们都位于长江上游，就是所谓的长江头吧。自古至今，长江头就给人以纯净、美丽、遥远、迷人的印象，引起人们的无限向往，宋代词人李之仪有一首《卜算子·我住长江头》流传很广：

我住长江头，君住长江尾。

日日思君不见君，共饮长江水。

此水几时休，此恨何时已。

只愿君心似我心，定不负相思意。

——李之仪《卜算子·我住长江头》

这首词借助长江表达爱恋，语言朴实，感情真挚，成为千古传诵的佳作。

不过，当你查阅词作者李之仪简历的时候会发现，其实，李之仪并没有"住在长江头"，词中他想象的"君"也不在长江尾。李之仪，北宋沧州无棣人，才华横溢，进士及第后做官，曾跟随苏轼，被看作苏轼门人之一。苏轼遭贬，他也受到牵连，仕途多舛。晚年又得罪权臣蔡京，被贬到长江边的安徽当涂（编管太平州）。传说，卜居之时李之仪与当涂一位叫杨姝的歌伎相爱。有一次，李之仪和杨姝来到长江边，写下了这首深情的《卜算子》。

当然，诗词是文学作品，李之仪虽然没有亲自到过长江头，但会接触大量相关的文献资料和文学作品，可以展开丰富的想象。同时，他敬慕的老师苏轼的老家就在长江之头岷江岸边的眉山。两人长期相处，李之仪应该从老师那里了解了不少关于长江头的故事。当他与自己相爱的人一同面对长江时，便发挥想象，创作出这首传诵千古的作品。

长江头的美丽还吸引了著名地理学家郦道元和大诗人李白的关注，并创作出传颂至今的文学名篇。

一、郦道元的三峡情

一说到长江头的美景，很多朋友都会情不自禁地联想到美丽的三峡，接下来可能会联想到郦道元《水经注》里描写三峡的那篇美文。其中精彩的部分比如：

> 自三峡七百里中，两岸连山，略无阙处；重岩叠嶂，隐天蔽日，自非亭午夜分，不见曦月。至于夏水襄陵，沿溯阻绝。或王命急宣，有时朝发白帝，暮到江陵，其间千二百里，虽乘奔御风，不以疾也。……常有高猿长啸，属引凄异。空谷传响，哀转久绝。故渔者歌曰：

"巴东三峡巫峡长,猿鸣三声泪沾裳!"

——郦道元《水经注》

这段文字,文笔绚丽,语言流畅,生动描述了三峡山川的秀丽,为后人所喜爱。不过,遗憾的是,作者郦道元本人并没有到过三峡。

根据历史记载,郦道元(466—527年)是北魏范阳涿州(今河北涿州)人,父亲(郦范)是青州刺史。他因为父亲的关系,门荫入仕,做了北魏官员。但他最钟爱的事业却是地理,从小熟读经史,尤其喜欢地理著作,喜欢游览祖国大好河山。年少时,他曾经看到地理著作《水经》(据传为东汉人桑钦编著),觉得过于简略,立志长大后要为《水经》作注。为此,他曾在做官和闲暇时间,到各地调研水系,足迹遍布长城以南、秦岭以东广大的中原地区,但就是没有到过长江三峡。什么原因呢?

当时,国家分裂,南北对峙。郦道元属于北魏官员,但长江上游的三峡被南朝的齐、梁控制着。南北两个王朝水火不容,郦道元根本没有可能亲自到三峡考察。但是,黄河和长江是中华民族的母亲河,为《水经》作注,怎么可能撇开长江呢?不能撇开但又无法亲身到达,怎么办?

郦道元翻阅大量文献,并主要借鉴了东晋人袁崧(?—401年,亦作袁山松)《宜都山水记》(亦称《宜都记》)中的资料。袁崧曾任宜都(今湖北宜昌所辖市)郡守,是一位文学家,游历三峡时写下了游记《宜都记》。其中有这样的描述:

高山重障,非日中夜半,不见日月也。……峡中猿鸣至清,诸山谷传其响,泠泠不绝。行者歌之曰:"巴东三峡猿鸣悲,猿鸣三声泪沾裳。"

——袁崧《宜都山水记》

这是记载三峡最早也是最好的作品，具有开创性意义。我们把两者比较，就可以发现，郦道元《水经注》里描写三峡的那段文字就借鉴了袁崧《宜都记》里的主要内容。

不过，郦道元本人不仅是一位著名的地理学家，也是一位出色的文学家。他在为《水经》作注的时候，抓住大河这一主线，以水道为纲，详细记述了水道沿岸的地理，包括气候、地貌、土壤、物产、民俗、城邑、古迹、历史脉络、神话传说等。他的文字具有浓厚的文学色彩，而不是枯燥、刻板的地理描述。原来桑钦的《水经》只有1.5万字，而郦道元的《水经注》则多达30万字，增加了20多倍，记述了1200多条河流，成为当时最全面、最系统的综合性地理著作，具有很高的地理、历史和文学价值。

但无论怎么逼真、形象，郦道元毕竟没有亲身到过三峡，他所描写的三峡景观的真实性不由得让人打上一个问号。不过，到了唐朝，大诗人李白则用他的名作《早发白帝城》，为郦道元《水经注》三峡篇作了有力的佐证。大家都熟悉李白的这首诗：

朝辞白帝彩云间，千里江陵一日还。
两岸猿声啼不住，轻舟已过万重山。

——李白《早发白帝城》

李白这首诗创作的背景是，安史之乱后，李白曾加入永王李璘的幕府，而当时的皇帝唐肃宗怀疑永王李璘有谋权篡位企图，便对永王及其追随者进行打击报复，李白受到牵连，唐肃宗乾元二年（759年），被流放夜郎（今贵州遵义一带）。当他从长江下游向上游，走到三峡白帝城（今重庆奉节）的时候，忽然收到朝廷大赦的消息，他也属于被赦免之列，惊喜异常，随即乘舟东下江陵（今湖北荆州）。这首诗就创作于从白帝城到达目的地江陵时。

"朝辞白帝彩云间，千里江陵一日还。两岸猿声啼不住，轻舟已过万重山"

不就是郦道元《水经注》三峡篇里"有时朝发白帝，暮到江陵，其间千二百里，虽乘奔御风，不以疾也。……常有高猿长啸，属引凄异，空谷传响，哀转久绝"美妙情景的重现吗？只不过描写的形式不同罢了（一种是诗歌体，一种是散文体）。李白用自己的亲身经历验证了郦道元《水经注》记载的真实性。

袁崧，一个三峡的父母官，多次游历，深情描写；郦道元，一个黄河流域的地理学家，仰慕三峡，却无法亲历；大诗人李白，亲身经历，把壮美的长江三峡化作千古诗篇；词人李之仪，站在长江边，展开丰富想象，把人世间的美妙爱恋寄托于滔滔江水。这些，都成为长江之头珍贵的历史记忆。

二、故宫的楠木来自哪里

不过，关于三峡的文学作品只是展示了长江头自然美的魅力。其实，长江头与内地物资、信息、文化与民族情感方面的交流一直都没有停止过，这方面的感人例子也有很多。

游览过北京故宫的朋友无不叹服古代建筑的雄伟和古人建筑的智慧。那么，宫殿建筑需要的珍贵木料，特别是楠木柱、梁是从哪里得来的呢？我们看这样一则史料：

采木之役，自成祖缮治北京宫殿始。……万历中，三殿工兴，采楠、杉诸木于湖广、四川、贵州。

——《明史·食货志》

这段话出自《明史》，其中提到了"采木之役"，明成祖修建北京宫殿，以及万历年间从长江流域的湖广、四川和贵州采伐楠木、杉木等事件。这些事件发生的背景是什么呢？

明朝初期，身为燕王的朱棣发动"靖难之役"（1399—1402年），从北京出兵南下进攻南京，建文帝不知去向，朱棣继位为新皇帝，历史上称为明成祖。明成祖继位后，决定迁都北京，并开始在北京大规模修建宫殿（就是现在北京故宫的前身）。

大家知道，中国古代建筑的特色是木结构，皇帝的宫殿雄伟高大，为了凸显其尊贵地位，需要的木材特别讲究，尤其是大殿的梁、柱等。杜牧在《阿房宫赋》里说"蜀山兀，阿房出"，说秦始皇为了修建阿房宫把蜀山的木材都砍伐光，山变秃兀了。后来秦汉隋唐北宋时期，我国都城大都在西安、洛阳、开封等地，宫殿建设木材大都来自黄河中下游山西、陕西等地，木料主要是松木、杉木、榉木、樟木、银杏木等。到了明代，黄河中下游山地的巨大树木已经被砍伐殆尽，明成祖修建北京宫殿，只能从长江流域寻找木材。而这时候，长江流域的楠木就成为宫殿建筑的首选木料。

楠木属于常绿乔木，是我国和南亚特有的树种，别的地方没有。它的特点是：树干笔直挺拔，最高可达30多米（相当于十层楼那么高）。树干上下基本一般粗细，木质坚硬，经久耐用。尤其是，楠木有芳香气味，剖开之后还有美丽花纹，因此成为皇家宫殿建材的首选，被大量用于宫殿的栋梁、立柱等关键部位。我国的楠木分布在哪里呢？主要分布在长江头的四川、云南和贵州（中游的湖广地区也有少量分布）。因为这里绝大部分地区处于亚热带季风气候区，降雨量大，森林植被茂密，人迹罕至的大山里就生长着几十年、数百年，甚至上千年的楠木，都成树神了。如果不是朝廷动员大批人员，个人根本没有能力去砍伐。而到了明朝，这些珍贵楠木的命运就被人为地改变了。

为了得到长江头的楠木，明朝廷派专门的官员到贵州、云南、四川采集，历史上把这项工作称作"采木之役"。朝廷采木有三种方式：一是朝廷专员直接指挥、监督地方官员进行采木；第二种是委托商人采木；第三种是鼓励地方土司给朝廷献木。比如，位于贵州遵义（当时叫播州）的杨氏土司杨应龙就多次向朝廷献木，万历十三年（1585年），"献巨材六十"；万历十四年（1586年），"献大木七十"。这些巨材、大木绝大部分应该就是高大的楠木。因为献木有功，杨应龙还受到了万历皇帝的嘉奖，被赐予"飞鱼服"（仅次于蟒服的二品官员所穿的官服）。

不过，大家知道，古代交通条件差，交通工具落后，要从万里之外的长江头把巨大的楠木运输到北京，是一件十分困难的事。一般分两个大的步骤。

第一步，先要勘察采伐。巨大的楠木往往位于人迹罕至的穷崖绝壑、深山老林里，需要当地熟悉环境、吃苦耐劳的土人为向导，才能发现。找到合乎尺寸的巨木之后，由富有经验的专业斧手进行砍伐。而后，还要在砍伐好的楠木的合适位置凿孔，古人叫"穿鼻"，以方便穿进绳索，长途拖运。

第二步是水陆运解。先由砍伐地点拖曳到有溪流的地方，并通过溪流搬运到长江里。由于楠木庞大、笨重，搬运起来极其困难，很容易造成人员伤亡。当时，为了采伐楠木，往往以数万人甚至十万众入山，规模之大超出人们的想象。但采伐的工人却有大量伤亡，有民谣称伐木者"入山一千，出山五百"，一半人都死在了深山里。可见，为楠木出山人们付出了多大的代价。当巨大的楠木进入长江后，由专职官员负责验收，并进行扎筏（扎成筏子那样），通过长江向下游转运。最后，再通过大运河运到北京。这个过程，往往要历时数月、一年或者两年。然后，运来的楠木被集中在京师的大木厂、神木厂，并按等级进行归类，比如，树围长度在一尺以上为六等，二尺以上为五等，四尺以上为头等，五尺以上为神木。嘉靖年间，身为内阁首辅、大权在握的严嵩也曾负责皇木事宜，他在留下的一份奏折中说道：

> 斧斤伐之，凡几转历，而后可达水次。又溯江万里而后达京师，水陆运转岁月难计。

——《礼部尚书严嵩上陈奏折》

严嵩的这份奏折告诉我们，看起来雄伟壮丽的故宫大殿，是来自长江头数不清的珍贵楠木支撑起来的。而在这个过程中,万里转运的艰难程度简直是无法想象的。

不过,木结构建筑最大的缺点是什么?容易遭受火灾。北京的宫殿建成后,明成祖正式迁都北京(1421年),清朝这里也是皇宫,在长达500多年的时间里,这座宫殿曾经遭受数十次火灾。其中,明朝的永乐、嘉靖、万历、崇祯年间,清朝的顺治、康熙、乾隆、光绪年间,故宫都曾发生过大的火灾。在一场场无情的火灾中,那些几百年、上千年的楠木往往化为灰烬,而后,不得不再伐楠木,重新修缮或者重建。据有关资料统计,自明太祖朱元璋开始,明代大规模采办皇木,用于南京、凤阳、北京等地的宫殿、陵寝、寺庙等建筑。从明成祖永乐到崇祯年间,共计进行了二十余次大规模的皇木采办,其中,嘉靖和万历两朝最多。《明史》里的那段记载其实就反映了这个情况。

说到这里,我们做一个假设。如果没有长江上游特殊的自然环境,就不可能生长出楠木这种珍贵的木材;如果不是因为那里高山阻隔、人迹罕至,楠木也不可能被保存下来,静静地生长了几百年,上千年,成为神木。但即使有了楠木,如果没有长江,也不可能把它们从数千里之外的深山老林里运到北京。因为使用了楠木这种独一无二的珍贵材料,才使故宫显得富丽堂皇,成为中华民族乃至世界的宝贵文化遗产,供后人敬仰、凭吊。

所以,任何珍贵的文化遗产都是在非常特殊的背景下才形成的。任何一个中间环节出了问题,就不可能成就这份文化遗产。至今,在贵州遵义赤水河流域还有数十万亩原始森林,其中就有幸存下来的楠木。它们可能就见证了明朝的采木之役,也正在见证着长江头绿水青山新时代的到来。

三、麻乡约创业记

现代社会已经进入了信息时代,交通和信息发达,物流、人流和信息交流都很方便。但古代却并非如此,尤其在山河阻隔的大西南,交通、物资和信息的交流比内地更加困难。但西南独特的自然环境也给人们的创业带来了良机，看准机会，不仅可以成就个人创业的奇迹，更会给大西南的人们带来人员、物资和信息流通的便利。流传在大西南民间的麻乡约"大帮信轿行"创业故事就形象地反映了这一点。

乍一听，麻乡约这个说法怪怪的。他是个人名吗？"大帮信轿行"又是个什么行呢？

其实，麻乡约是一个人的绰号。这个人是清朝晚期重庆綦江人，姓陈，民间传说叫陈鸿义，人称麻乡约。为什么叫这个奇怪的名字呢？因为这个人脸上有麻点——患天花（出麻疹）留下了后遗症，导致脸上凹凸不平，有很多麻点——川菜名吃"麻婆豆腐"的发明者麻婆也应该是脸上有麻点的婆婆。陈鸿义的先辈是湖北麻城人，当过乡约——负责调解民间基层纠纷，具有一定威信的人员。在清朝初"湖广填四川"的时候，举家迁到了綦江（当时属于四川）。陈鸿义为人热情，乐于助人，办事公道，颇有其先辈乡约的遗风，所以，人们送了他麻乡约的绰号。这就是说，麻乡约出身草根，是普通底层百姓，但他做出的一番事业却很不一般。

"大帮信轿行"是麻乡约开设的一个行的名称，在清朝晚期乃至近代的大西南名气那是响当当的。这个行的主营业务是什么呢？给人家提供信轿服务，也就是送信、送货和轿子服务。

现代社会，送信、邮寄货物有邮政局、快递公司，出门旅行有私家车，甚至可以租车，坐轿子的人已经不见了。但那时候，在长江头的大西南，出门坐轿子的生意十分火爆，而麻乡约的信轿行也就是在这种背景下发展起来的。

麻乡约为什么要开设信轿行呢？麻乡约年轻的时候，家里很贫穷，他给别人抬轿子谋生。西南多山地，有钱人家出门都喜欢坐轿子。有一次，一个官员路过綦江，到云南昆明上任，途中，他的一个轿夫腿走瘸了，急需补充一名轿夫，经人介绍，麻乡约就前去顶替。一路上，麻乡约尽心尽力，热情周到，得到了那位官员的赏识。到了昆明后，那位官员想把麻乡约留在身边做官。麻乡约说，我一个大字都不识，怎么能做官呢？那位官员就问他想干点啥，麻乡约说，他想开一个信轿行，专门给出门远行的人提供抬轿子、为人们传递信件的服务。那位官员很大方，就答应出钱帮助麻乡约实现他这个愿望。

1852年（清朝咸丰二年），麻乡约的信轿行正式在昆明挂牌营业，取名为"大帮信轿行"。过了十多年，1866年（清同治五年），麻乡约觉得重庆离自己的家乡綦江更近，又是水上交通枢纽，于是把"大帮信轿行"总行迁到了重庆。麻乡约是轿夫出身，所以，他最重视轿行业务。有一个统计，说那时候，每天从重庆出发走长途到泸州、宜宾，甚至成都，雇用大帮信轿行轿子上路的轿子少则三五十乘，多的时候有一百多乘。这可都是长途业务，虽然辛苦一些，风险大些，但收入多，获利大。

长途坐轿子难免会感到寂寞、无聊，麻乡约就要求轿夫们不仅要抬得平稳，轿子要保持干净、整洁，而且还设计了"报路号子"。以前，我们曾经讲过川江号子，川江的船工、纤夫们行船的号子，没想到抬轿子也有"报路号子"。所谓报路号子，一是以高声喊唱的形式，告诉客人走到了哪里，随时把具体行程报给客人听，就跟现代的导游差不多。二是把沿途风景、民间传说精心编排成顺口溜，由轿夫们以一唱一答的形式唱给客人听。号子内容广泛、音调押韵、诙谐幽默，这样，既排遣了长途行路的寂寞，又博得了客人的欢喜。这是轿行业务。

还有就是信件、货运专递业务，就跟今天的快递差不多。在重庆民间运输行流传着这么一个故事，在民国初年的时候，麻乡约信轿行与重庆同行争运一批书籍到成都，就跟现代的投标差不多。怎么能看出哪家运输行业务更过硬，更让人放心呢？几个行约定，各自将已经包装好的书籍任意抽出一包，来到江边，放到长江里，任其向下漂流。等到漂流数里之后，打捞上来，开包验看。结果呢？别的运输行的书籍都浸水受损，唯独麻乡约包装的书籍毫无水迹，完好无损。那时候，塑料还没有广泛应用，只能用桐油纸、蜡纸来密封，麻乡约能做到这一点肯定有自己的秘方，商家当然愿意把这宗生意交给麻乡约了。而此事也被重庆民间运输界传为美谈，流传至今。

在经营过程中，麻乡约信轿行特别注重服务质量和企业信誉。早年，当麻乡约自己为客人抬轿、送货的时候，一次遇到了下雨天，他将自己的衣服脱下来遮盖住客人的行李，以免淋湿。货物运输过程中，除了无法抗拒的天灾人祸不赔，其他如偷窃、盗卖、拐逃、遗失、损坏等，一概负责赔偿，并且坚守不渝。比如，轿夫在抬轿子时脚滑致使顾客受伤，轿行负责医治；轿夫身体较差，或者中途逃走，立即更换新的轿夫，以免耽误行程。遇到赔付纠纷，不和顾客争吵，不推诿，甚至不该赔的也都赔了。客户认为，把货物交给麻乡约就如同进了保险柜，十分放心。

此外，麻乡约信轿行还特别注重用人、选人，一般喜欢聘用那些品行端正、忠实可靠、身体健康、做事勤快、服务周到的乡下人，并且特别注重保障员工的利益，对普通员工和基层管理人员也制定措施，给予特殊照顾。比如，长途轿夫，每五六天打一次牙祭，每次每人半斤到一斤肉，以保持体力；轿夫患了小病，行内免费治疗；对于那些长期在行内工作的员工，到了老弱、没有依靠的时候，安置到附近的茶馆中服务；贫穷没有依靠的员工去世后，行内拨付一定资金并施舍棺木用于丧葬。

麻乡约"大帮信轿行"一直存在了将近百年的时间（1949年解散），期间，在成都、昆明、贵阳、宜宾、泸州等交通要地还设有分铺（分行或分局），业务范围遍及大西南及长江中下游地区，甚至拓展到缅甸越南等东南亚国家。由于信誉高、速度快、服务周到，那时的"大帮信轿行"几乎盖过了所有同行，成为重庆乃至大西南赫赫有名的大品牌，成为那个时代民营企业成功创业的典范。

我觉得，麻乡约创业的成功一方面跟他个人找准定位、抓住机遇、善于打拼有关，另一方面，也是长江头经济活力的表现。这种活力的重要表现是大量移民的进入，麻乡约的祖上就是"湖广填四川"的时候来到西南的。此前，秦汉、唐宋以及后来的抗日战争时期，甚至大三线建设时期，都有大量的内地移民迁入，不仅给大西南开发提供了源源不断的人口资源，更提供了人才资源、文化资源，活跃了大西南的经济，成为那个时代大西南物资、信息和人员流动的特殊见证。

四、长征中的彝海传奇

我曾经多次到长江头的大西南城市，美丽的风光、独特的建筑、朴实的民风都令人陶醉。但要说长江头给我留下印象最深的是什么，我觉得还是那里丰富多彩的民族文化——多彩的云南、七彩的贵州、休闲的成都、动感的重庆。据第六次全国人口普查的数据，我国55个少数民族，均在西南地区有常住统计。仅仅云南一个省，就有25个少数民族。少数民族的热情、朴实和独特民风、民俗，仿佛使外来的客人忘却了大都市的滚滚红尘，置身于人间的世外桃源。为什么会形成这样一种文化特征呢？

当然，这首先跟大西南特殊的自然环境有关。我曾经问一个到河南大学上学的重庆学生，重庆与开封最不一样的是什么？他说了一个很有趣的事，说他在开封问路的时候，人家会告诉他向东走、向西走；而在重庆呢？就不这样说，人家会告诉你，向上走、向下走，或者向右拐、向左拐。为什么？开封是平原，大街平平坦坦，而重庆出门就是高高低低的坡或者坎。我还记得有一次到丽江，想体验一下行走在茶马古道的感觉，就特意雇了一匹矮马。虽然矮马走得很平稳，但心里还是不免紧张，民间把这种情况概括为：

上高山则疑为登天，下陡路则几同赴壑。

我也真正体验了这种感觉。这说明什么？长江头的大西南由于高山和大河阻隔，对外交通极其不便。而内部也被分割为一个个相对独立的小空间，这些小空间里就生活着不同的少数民族，他们长时期独立发展、延续、传承着自己的文化，很少被外界打断。

不过，我个人觉得，大西南之所以形成丰富多彩的少数民族文化，还跟民族一家亲的民族政策有关。

比如，诸葛亮七擒孟获的故事可以说是家喻户晓，此事发生在蜀汉时期（建兴三年，225年），诸葛亮准备北伐之前。此时蜀汉的大后方南中地区不稳定，在今贵州、云南、四川西南部等长江头少数民族聚居地，趁着东汉后期三国争霸，无力顾及大西南，多处发生了叛乱。其中，以南中地区的孟获势力最大。于是，诸葛亮亲自领兵，最终，南中地区的首领孟获，七次被擒获，七次释放。当孟获最后一次被擒获后，感到诸葛亮对自己仁至义尽，心服口服，终于顺服蜀汉。诸葛亮对孟获的七擒七纵成为后来对少数民族地区进行治理的有效方略，即充分信任和起用当地少数民族的上层分子，让他们在中央政府的指导下，自己管理自己，这样既保障了少数民族的利益，也保持了少数民族地区的长时期稳定和发展。

后来，宋元明清时期在西南地区实行的土司制度也起到了同样的作用。土司控制的地区一方面是半自治地区，有利于延续、传承原始信仰和本土文化；另一方面，土司看似土皇帝，但实际上又是知书达礼的中央朝臣，中央王朝的影响无处不在。土司王位的更替要接受中央政府的任命，定期给朝廷进贡，到朝廷给皇帝汇报工作；土司继承人从很小的时候开始，就要学习儒家礼仪。明清时期，中央政府还在土司地区开科取士，对少数民族实行教育倾斜制度。这就是说，高考向偏远的少数民族学生实行倾斜制度，古时候就有了。而且，各民族之间相互尊重、和谐共荣的民族政策在封建社会的大部分时期也很好地得以执行。

我们再说一个长征故事吧。1935年1月遵义会议后，红军继续踏上长征之路，向陕北进发。这一年的5月，红军先遣部队司令员刘伯承带领部队进入四川西南部的大凉山区。这里，山高路险，森林茂密，号称百里彝区，是彝族同胞居住的区域。当时，红军将士们纪律严明，秋毫无犯，打动了彝族百姓，也感化了彝族首领小叶丹（果基约达，1894—1942年）。不久，刘伯承司令员与小叶丹在彝海（今四川冕宁县，属于凉山彝族自治州，是一个高山淡水湖)边相见,以水代酒,歃血盟誓,结为兄弟,小叶丹护送红军顺利通过了百里彝区,为红军强渡大渡河、飞夺泸定桥赢得了时间,也为摆脱数十万国民党军队的围追堵截,北上陕北开辟了道路,成为红军长征途中民族一家亲的佳话,流传至今。

  彝海结盟只是红军长征途中的一个典型例子。实际上,有一个统计数据,红军长征期间,有三分之一或更多的时间和行程是在自然环境恶劣、少数民族聚居的地区,特别是少数民族聚居的大西南地区。后来,毛泽东主席在回忆长征的时候,写下了《七律·长征》这首诗:

  红军不怕远征难,万水千山只等闲。
  五岭逶迤腾细浪,乌蒙磅礴走泥丸。
  金沙水拍云崖暖,大渡桥横铁索寒。
  更喜岷山千里雪,三军过后尽开颜。

——毛泽东《七律·长征》

  在毛泽东这首关于长征的著名诗篇里,乌蒙山、金沙江、大渡河、泸定桥、岷山等都是位于长江头的万水千山。在国民党看来,这些地区都是蛮荒、不开化的地区,红军是难以逾越的。而党和红军严格执行党的民族政策,尊重少数民族的风俗习惯,最大限度地消除了彼此的隔阂;少数民族不仅主动为红军前进放开道路,而且纷纷加入红军,坚定跟党走。仅红一方面军和二、六军团,在云贵川三省就有近两万名各族青年加入红军,最终确保了长征的伟大胜利;而这种民族一家亲的政策,也一直成为党和国家的政策,并延续至今,对于长江之头各省区民族文化的保护、传承与弘扬发挥了重要作用。

  而今,长江头的这些山山水水和彝海结盟的传奇故事如同一个个闪亮的文化元素,最终汇入长江,铭刻成民族一家亲的永恒回忆,铸就为丰富多彩的中华文明,浩浩荡荡,奔涌向前!